公営競技史

競馬・競輪・オートレース・ボートレース

古林英一

角川新書

目次

第二章　公営競技の誕生
――戦後の混沌で　一九四五〜五五年　41

序章　活況に沸く公営競技界

七兆五〇〇〇億円の巨大アミューズメント産業

公営競技とは、地方自治体などが主催する競馬・競輪・オートレース・ボートレースの四競技のことだ。以前はボートレースの愛称は競艇だったため、これらを「三競オート」と総称することもあった。

競馬は世界各地で開催されているが、競輪・オートレース・ボートレースは日本で独自に始められたものだ。韓国で競輪とボートレース（競艇）が開始されるまでは世界に類をみないものだった。

公営競技は馬券・車券・舟券の売上で成り立っている。二〇二一年度のこれらの売上額の合計はおよそ七兆五〇〇〇億円。これは二二年度防衛予算の一・七倍に相当する。

馬券・車券・舟券（本書では投票券と総称することもある）の購入と払戻という行為は、金品を賭《か》けて勝負を競うギャンブル（賭博《とばく》）だ。

二〇二三年四月、大阪市に日本で最初のカジノを含むIR（統合型リゾート施設）の建設が認定された。カジノを含むIRを認めるIR推進法（特定複合観光施設区域の整備の推進に関する法律）が国会で成立したのは一六年一二月で、当時カジノの是非が大きな議論となった。カジノの議論が始まる以前から公営競技にパチンコ・パチスロ（法的には「賭博」ではなく「遊技」）を加えると、日本にはすでに巨大なギャンブルアミューズメント市場が存在している。

戦後の混乱期に誕生した公営競技は、時代に合わせてその内実を変えながら生き残ってきた。しかも、公営競技は現在バブル期に匹敵するか、もしくは上回る活況にある。

幾多の困難を乗り越え、続いてきたからには、それなりの理由があるはずだ。本書では七兆五〇〇〇億円という巨大なギャンブルアミューズメント産業が、なぜ、どのように形成され、幾多の危機と活況を繰り返してきたのか。さらに今後どうなっていくのかを論じていきたい。

あなたの街にも収益が

馬券や車券を買ったこともないし、住んでいる町には競馬場も競輪場もない。だから、自分は公営競技とは全く無縁だと思っている人も多いだろう。だが、そんな人でも実は公営競技と無関係ではない。公営競技の売上の一部は、それぞれの競技の中央団体を通じ、社会の様々な分野の補助事業に支出されている。また、公営競技を営む自治体ではその収益がインフラ整備の一般財源にも組み入れられている。

バブル崩壊後の一九九〇年代半ばから長期にわたった売上低迷期に公営競技から撤退した自治体は少なくない。それでも二〇二二年四月一日現在、二五の競馬場（中央競馬一〇、地方競馬一五)、四三の競輪場、五つのオートレース場、二四のボートレース場の、実に計九七もの公営競技場があり、四七都道府県のうち、一六の道府県、一三三の市と二三の特別区、一八の町と一つの村が公営競技を開催している。あなたの住む市町村も公営競技の施行者かもしれない。

もっとも、複数の自治体が一部事務組合を結成して競技を開催しているケースもあるし、単独の市町村がそれぞれで競技を開催しているケースもあるので、その関わりの深さは自治体によって様々だ。例えば、東京二三区は特別区競馬組合を構成し大井《おおい》競馬場で地方競馬を主催している。あなたが東京二三区の住民なら、二一年度には、あなたの住む区に大井競馬の収益から三億円が配分されている。また、東京都には二三の特別区以外に二六の市があるが、そのうち一六市は競輪事業かボートレース事業、もしくはその両方をおこなっている。

公営競技の存在理由

公営競技で最も大きな売上があるのが中央競馬。これは日本中央競馬会法に基づいて設立された国の特殊法人である日本中央競馬会(ＪＲＡ)が主催している。それ以外の競技はいずれも地方自治体が開催している。

賭博は刑法第一八五条で、賭博場の開帳は第一八六条で、さらに第一八七条では富くじの発売が禁じられている。「富くじ」は一般名称で、「宝《たから》くじ」やスポーツくじの「ｔｏｔｏ（サッカー）」や「ＷＩＮＮＥＲ（サッカー、バスケットボール）」はそれぞれ商品名だ。

では、なぜ公営で賭博が行われているのかといえば、刑法の例外としてこれらが許されているからだ。これを法律の世界では違法性の阻却という。本来は違法行為なのだが、特別の事情があれば違法とはしないという意味だ。公営競技はそれぞれの競技について立法措置がなされることで、違法性が阻却されている。

競馬は競馬法、競輪は自転車競技法、オートレースは小型自動車競走法、ボートレースはモーターボート競走法と、それぞれ競技にはその根拠法がある。それぞれの法律の第一条には競技をおこなう理由が以下のように掲げてある。

この法律は、馬の改良増殖その他畜産の振興に寄与するとともに、地方財政の改善を図るために行う競馬に関し規定するものとする（競馬法第一条）

自転車その他の機械の改良及び輸出の振興、機械工業の合理化並びに体育事業その他の公益の増進を目的とする事業の振興に寄与するとともに、地方財政の健全化を図るため、この法律により、自転車競走を行うことができる（自転車競技法第一条）

小型自動車その他の機械の改良及び輸出の振興、機械工業の合理化並びに体育事業その他の公益の増進を目的とする事業の振興に寄与するとともに、地方財政の健全化を図るために行う小型自動車競走（小型自動車競走法第一条）

モーターボートその他の船舶、船舶用機関及び船舶用品の改良及び輸出の振興並びにこれらの製造に関する事業及び海難防止に関する事業その他の海事に関する事業の振興に寄与することにより海に囲まれた我が国の発展に資し、あわせて観光に関する事業及び体育事業その他の公益の増進を目的とする事業の振興に資するとともに、地方財政の改善を図るために行うモーターボート競走（モーターボート競走法第一条）

いろいろな目的が記されているが、「地方財政の改善」または「健全化」という文言はすべてに共通している。公営競技の存在理由のひとつは地方財政への寄与なのだ。だが、地方財政への寄与だけなら宝くじで十分だろう。大がかりな施設や設備を要する公営競技に比べると、宝くじの発売と抽せんに要するコストなどたかがしれている。

もう一度、それぞれの根拠法をみていただきたい。馬の改良増殖だの自転車の改良だのを国策として推進することが現代の日本社会において必要だろうか？　そうは言えないだろう。だが、この法律が成立した時代、これらは決して飾り文句ではなかった。

それぞれの法律が制定された年月日をみると、競馬法は一九四八年七月一三日、自転車競技法は同年八月一日、小型自動車競走法は五〇年五月二七日、モーターボート競走法は五一年六月一八日。公営競技の根拠法は、第二次世界大戦終結から間もない終戦直後の混乱期に相次いでつくられている。当時、馬はあらゆる産業で活躍していたし、自転車も重要な交通・運搬機器だった。オートバイは急速に成長する新興産業だった。モーターボートは微妙（その点は後述する）だが、当時の社会事情からすれば産業振興に資するための公営競技というのは十分なリアリティをもっていた。

戦後復興を遂げ、姿を消すはずだった？

中央競馬を除く現在の公営競技は、いずれも第二次世界大戦後の混乱のなかで、たぶんに偶然的な条件のもとで誕生した。とりわけ開催主体が自治体、すなわち「公営」となったのはかなり偶然的なことだ。

公営競技は、本来であれば、大戦後の経済復興が果たされた段階で姿を消し、戦後混乱期における社会史の一エピソードとして忘れ去られてしまうはずのものだった。

それが今日にいたるまでなぜ残り得たのか。それを解き明かそうというのが本書の最大の目的だ。

馬や自転車が社会の中心から姿を消した後も、むしろそうなってから後に、公営競技は今日見られる巨大娯楽産業に成長した。

この成長が可能だったのは、競馬・競輪・オートレース・ボートレースが必要とされ、あまたの批判を受けながらも、それらを支持するファンを生み出し続けたからに他ならない。

競技そのものは戦後混乱期の発足当時とそう大きく変わっているわけではない。種類こそ増えたが投票券を発売し、その「アガリ」で競技を運営するという基本的な構造は発足当時と何ら変わるところはない。

公営競技は発足当初は想定されていなかった機能を果たすようになった。事実上意味を失った産業振興や、かつてに比べると相対的にその位置づけを低下させた自治体財政への寄与ではない役割を、七十数年の時を経るなかで果たすようになっている。

たとえば、公営競技場は地方都市における雇用の場として重要な存在となっている。

現在、北海道帯広《おびひろ》市のみで開催されているばんえい競馬は、バブル崩壊後の売上減少で廃止の危機に立たされた。

ばんえい競馬の存続に踏み切った当時の帯広市長は「騎手・調教師・厩務《きゅうむ》員とその家族数

百人の人たちが厩舎で暮らしている。これだけの規模の企業を誘致することは並大抵のことではない」とその理由を語っている。

機械化によって減少はしたものの、投票業務、場内整理など、公営競技場で雇用される人数は決して少ないものではない。人口減少の続く地方都市にとって、公営競技場の存在は貴重な就業の場でもある。

直接的な財政寄与は低下したかもしれないが、高齢化が急速に進行する日本社会で、公営競技場や場外発売所は高齢者の交流の場にもなっている。そこには同好の友がおり、彼らが長年培った知識と経験を生かせる場ともなっている。

バブル期に匹敵する売上高へ

公営競技は幾多の問題を抱えながら、時代の変化に適応すべく自らを変化させながら七十数年を生き延び、そして今バブル期に匹敵する売上をほこるようになっている。だが、これまでの拡大期もそうだったように、その内部構造は大きく異なっている。

さらに、今回の「拡大」にはこれまでになかった現象がみられる。スター選手やスターホースが誕生していないのだ。かつての活況期にはスター選手・スターホースが登場し、新たなファンを生んできた。

競馬でいえば、高度経済成長期前半のシンザン、高度成長期末期のハイセイコー、バブル期のオグリキャップや武豊《たけゆたか》のような存在がどの競技でも出現していない。競馬における現在のスターは、しいていえば、オンラインゲームの「ウマ娘《むすめ》」くらいではなかろうか。このゲームをきっかけに競馬に興味をもつ若者も多いと聞く。

競馬以外の競技も同様で、売上額を大きく伸ばしているボートレースにしても、野《の》中和夫《なかかずお》、中道善博《なかみちよしひろ》、植木通彦《うえきみちひこ》といった時代を代表するような選手は現れていない。

インターネット投票が中心となった今日、スター選手やスターホースがいなくても、十分成り立つ安定した娯楽産業になったのか、それとも、たまたま好景気にコロナの巣ごもり需要が加わっただけなのか。

本書の最後で筆者なりの見解は述べるつもりだが、その前に、この不思議な公営事業がどのような変遷をとげ、今日に至ったのかを振り返るのは決して無駄なことではなかろう。公営競技は日本社会の変化に対応し、変貌《へんぼう》し続け今日に至っている。公営競技の歴史は日本社会の変化の反映でもある。日本の経済・社会の変化を背景に、その歴史を振り返り、さらに現在を考えてみたい。

第一章　夜明け前

――競馬、自転車、オートバイの誕生　一八六二～一九四五年

1. すべては競馬から

近代競馬の誕生

序章でも述べたように、公営競技とは着順を当てるギャンブルである。競馬、競輪、オートレース、ボートレースのうち競馬以外はいずれも第二次世界大戦後に生まれたものだ。ギャンブルとしての競馬は世界各国でおこなわれており、競輪、オートレース、ボートレースはいずれも競馬をモデルに日本で始まったものである。厳密にいえば、競馬をモデルに競輪が生まれ、競輪をモデルにオートレースやボートレースが始まった。そこで、ここではまず競馬を概観していきたい。

競馬の歴史についてはこれまで数多くの文献が存在するので、詳細は他にゆずることとし、ここでは公営競技誕生に関わる点に重点をおく。

競馬（洋式競馬）が日本で始まったのは、幕末期の横浜《よこはま》外国人居留地であったというのが定説である。

尊皇攘夷《じょうい》の嵐が吹き荒れる一八六二年八月、東海道《とうかいどう》沿いの武蔵《むさし》国生麦《なまむぎ》村（現在の横浜《よこはま》市鶴《つる》見《み》区生麦《なまむぎ》）で薩摩《さつま》藩士がイギリス人を殺傷する「生麦事件」が起こった。この事件の賠償の一環として、幕府は東海道からやや離れた横浜根岸《ねぎし》の高台に西洋式の競馬場を建設した。これが後の横浜《よこはま》競馬場となった。

幕府の統制が外国人には及ばない時代だから馬券の発売もおこなわれていただろう。横浜市中区《なかく》根岸台《ねぎしだい》にある馬の博物館は、かつての横浜競馬場の跡地に建っている。横浜競馬場は第二次世界大戦中の一九四二年を最後に競馬が開催されることはなかったが、今も往時のスタンドが残っている。

イギリスなどでは、馬主らで構成する「ジョッキークラブ」が競馬を主催していた。日本では一八八〇年に有栖川宮熾仁親王《ありすがわのみやたるひと》や大隈重信《おおくましげのぶ》らが発起人となって「日本レース倶楽部」が設立された。これが日本初の洋式競馬の主催団体である。

日本レース倶楽部発足以前には、居留地の外国人を会員とした横浜ジョッキークラブがあり、根岸の競馬場で競馬が開催されていた。正式な会員だったのかどうかは不明だが、西郷《さいごう》隆盛《たかもり》の実弟で軍人（最初の海軍大将）・政治家として活躍した西郷従道《つぐみち》が自分の所有馬を出走させている。

日本レース倶楽部以降、全国に次々にジョッキークラブ（当時の日本では競馬会といった）が設立され、各地で競馬がおこなわれるようになる。民間有志が設立したジョッキークラブが競馬を主催していたため、この時代は政府も自治体も競馬に関与していない。

文明開化と富国強兵

明治初期の近代競馬には二つの意義があった。一つは文明開化と欧米文化受容の象徴としての、いわば鹿鳴館《ろくめいかん》的な意義である。一八八四年には上野不忍池畔《うえのしのばず》で明治天皇臨席のもとに競馬が開催され、多くの外国人が招待されている。もう一つは軍事的な意義だった。

軍事物資としての馬には、大別すると二つの役割がある。一つは騎兵の乗馬、もう一つは物資の輸送手段としての役割だ。競馬は騎兵の騎乗技術の向上に資するとされ、現役の軍人が騎手として競馬に出走することが奨励されたりもした。

北清《ほくしん》事変や日露《にちろ》戦争において、日本の軍馬が質・量ともに欧米各国に比べ格段に劣っていることを痛感した政府は国を挙げての馬の改良に挑む。そのなかで競馬は馬の選抜・淘汰《とうた》の手段に位置づけられた。

とはいえ、各地のジョッキークラブ設立者のすべてが近代競馬の政策的意義に賛同して設立したわけではない。馬券発売による利益目的の人の方が多かったろう。当時、馬券の発売には賭博性の観点から政府内に異論もあったが、明治政府は黙認する方針をとっていた。これを「馬券黙許」という。

日露戦争（一九〇四～〇五年）後になると、労働運動や社会変革を目指す運動が盛り上がりをみせる。これに対して政府は強権的な治安維持政策をとる。幸徳秋水《こうとくしゅうすい》らが死刑となった大逆事件（一九一〇年）はそのなかで起きた。一九〇八年三月には現役将校らの競馬会出場が禁じられ、一〇月六日には馬事改良を推進する政府機関として設立された馬政局（一九〇六年設置）から馬券の発売を禁じる通牒《つうちょう》が発せられる。さらに一三日には、国民に対して「忠實業ニ服シ勤倹産ヲ治メ」《ちゅうしつ》《きんけん》ることを求める戊辰《ぼしん》詔書が発せられた。政府は、天皇の言葉として、国民に遊び事を禁じ勤勉に働くことを求めた。

もっとも、政府は遊び事である馬券の発売・購入は禁じたが、競技としての競馬を禁じたわけではなかった。馬事改良のツールとして競馬の必要性は認識していたようだ。

馬券が売れる↓賞金を高く設定できる↓馬主の購買意欲が高まる↓良質な馬が高く売れる↓良質な馬を生産する、というのが競馬による馬事改良のメカニズムだ。これは現在でも同じである。馬券収入の代わりに、政府は競馬に対して奨励金を交付したが、競馬が市民の間で盛り上がることはなく、馬事振興の気運も低下した。

そんな状況を打開すべく、馬券発売の解禁を求める運動がおこる。その運動のリーダーが元陸軍騎兵将校の安田伊左衛門《やすだいざえもん》だ。安田は「日本競馬の父」と称され、後に初代の日本中央競馬会理事長となった人物だ。

安田らの活動が実を結び、二三年に競馬法が制定され、晴れて馬券の発売が認められた。

競馬法に基づいて開催される競馬を「公認競馬」という。この公認競馬が紆余《うよ》曲折を経て今日の中央競馬となる。

「非公認競馬」から公営の地方競馬に

日本の競馬には中央競馬と地方競馬という二つの競馬が存在する。前述した「公認競馬」が現在の中央競馬のルーツだが、「非公認」だった競馬が地方競馬のルーツとなっている。車社会の今日とは全く異なり、馬が社会の至るところに存在していた当時、全国の各地の町や村の祭礼では競馬がおこなわれていた。

競馬法は競馬会が主催する公認競馬以外で馬券を売ることを禁じているが、馬の競走を禁止しているわけではない。当時制定された競馬規程でも、競馬会以外が競馬を開催することは禁じられていたものの、「祭典競馬等に際し、専ら娯楽のためにするものはこの限りにあらず」とされていた。ここでいう「祭典競馬等」は「草競馬」とよばれている。馬券的なものも半ば公然と売っていたようだ。

競馬法制定から四年後の一九二七年、農林・内務両省の省令として地方競馬規則が制定される。この省令に基づく競馬が地方競馬である。馬の生産者団体（馬匹《ばひつ》組合や畜産組合およびその連合会）に地方競馬の開催権が付与された。地方競馬では「馬券」の発売は認められていなかったが、「投票券付き入場券」の発売は認められた。建前としては入場券だが、一人で何枚も購入可能だったため、事実上の馬券といっていいものだ。この地方競馬が紆余曲折を経て今日の地方競馬につながっている。

三一年九月一八日に発生した柳条湖《りゅうじょうこ》事件を契機として満州《まんしゅう》事変が勃発《ぼっぱつ》する。四五年八月まで続く一五年戦争の始まりである。三〇年代後半になると、戦時体制はさらに強化され、日中戦争開始翌年の三八年五月には国家総動員法が施行される。当時、馬は重要な軍事資源であり、五〇万〜七〇万頭といわれる膨大な数の馬が中国大陸などに徴発されていった。

戦時体制の下で競馬制度も変えられていく。地方競馬は三九年四月に公布された軍馬資源保護法に基づく「鍛錬競馬」として実施されることになり、投票券付き入場券の発売も停止された。公認競馬でも馬券の発売は停止され、馬の改良のための能力検定競走として実施されるようになる。

四五年八月、大日本帝国政府が連合国によるポツダム宣言を受諾し、一五年にわたる戦争が終結する。終戦により戦時法制が次々に廃止され、地方競馬（戦時中は鍛錬競馬）の根拠法であった軍馬資源保護法も廃止される。地方競馬の根拠法がなくなったということは、すなわち畜産団体が競馬を開催することができなくなったということだ。

そうなると公認競馬以外の競馬はできなくなってしまうと考えるのが当然なのだが、そこらが敗戦後の混乱期のことだ。娯楽に飢えた人びとは多数存在するし、一攫千金《いっかく》を目論《もくろ》む人も少なからずいる。さらに加えて馬はそこかしこにいる。もちろん、現在の競馬で供用されるサラブレッドなどではない。荷馬車を曳《ひ》いたり田畑を耕している馬だ。そんな馬で勝手に競馬をやり始めた人が各地に現れた。当然、馬券も売る。こうして各地に生まれた競馬は「ヤミ競馬」とか「国民競馬」とよばれた。

この当時ヤミ（闇）という言葉は統制経済をかいくぐる行為をさしている。「国民」というのも「お上」に対峙《たいじ》する一般市民というニュアンスを感じさせる。

浜松《はままつ》あたりで始まったのがヤミ競馬の最初だろうというが、そもそも公式記録に残ることではないので実際のところはわからない。

なかには連合国に取り入って競馬を開催し馬券を売った人もいた。札幌《さっぽろ》駐留の第一一空挺《くうてい》師団は、四六年七月四日のアメリカ独立記念日に、競馬を開催することを北海道庁（当時の北海道庁は地方自治体ではなく国の機関で、そのトップは知事ではなく長官だった）に命じた。競馬開催のノウハウを持たない北海道庁は、戦前に地方競馬を主催し、競馬施行のノウハウを持つ北海道馬匹組合連合会に実務を委《ゆだ》ねた。この「進駐軍競馬」が現在の北海道地方競馬（通称・道営ホッカイドウ競馬）につながる。

2．競輪前史

富裕層が始めた自転車競走クラブから

馬券発売とセットになった競馬はヨーロッパ発祥だが、自転車競走を賭《か》けの対象とする競輪は日本発祥だ。ちなみに、漢字表記の「競輪」ではなく、カタカナでケイリンと表記するときは、日本発祥の自転車競技の一種目を指す。

競馬をモデルに投票券を売るというアイディアの前提に、自転車による競走が日本にすでに存在し、それなりに人気を博していたことを見逃すことはできない。

『自転車の一世紀―日本自転車産業史―』（以下の自転車の歴史についての記述は同書によるところが大きい）によると、一八九五年に横浜クリケットクラブのトラックで実施されたものが日本の自転車競走の最古の記録らしい。

日本人による初の自転車競走は、一八九八年の東京上野の不忍池で開催された競走と言われている。同年東京九段《くだん》の招魂社《しょうこんしゃ》（現在の靖国《やすくに》神社）でも開催されたそうだが、正式な記録として残るのは九八年に設立された「双輪クラブ」が同年から上野不忍池畔で開催するようになってからである。

不忍池畔では競馬もおこなわれていたため、おそらく競馬と同じコースを走ったのだろう。一周はほぼ二キロメートルとのことなので、現在の競輪競技と距離的にはほぼ同じだ。

翌九九年には「輪友クラブ」が生まれた。輪友クラブは東京本所《ほんじょ》に四周一マイルのグラウンドを所有し、双輪クラブと輪友クラブは不忍池畔と本所のグラウンドで対抗戦をおこなった。

双輪クラブも輪友クラブも自転車愛好家が結成したものだが、当時の自転車は高級品で、一般庶民には手の出るような代物ではない。したがって双輪クラブも輪友クラブもメンバーはいずれも富裕層で、不忍池の競走会には柳橋《やなぎばし》あたりの芸者衆が集められたという。もちろん芸者衆が選手として走ったわけではない。競走会終了後には大宴会が繰り広げられたのだ。

ちなみに四周一マイルということは一周約四〇〇メートルだ。周長四〇〇メートルは現在最も一般的な競輪場の周長でもある。

製造は鉄砲鍛冶から始まった

文明開化以降、欧米から自転車が入ってきたが、高価で庶民が購入できるようなものではなかった。そもそも当時の自転車は居留外国人や富裕層の道楽であって実用的な意味はほとんど無い。

前掲『自転車の一世紀』によると、確かな記録に残る初の国産自転車の製作者は宮田栄助《みやたえいすけ》という人物だという。一八九〇年のことである。宮田は有名な鉄砲鍛冶《かじ》である国友《くにとも》家で修業した後、笠間《かさま》藩に仕えた人物だ。自転車愛好家にはおなじみの株式会社ミヤタサイクルの創業者がこの宮田栄助だった。

鉄砲と自転車はあまり縁がありそうには思えないが、銃身の製造・加工技術が自転車のフレーム製作に通じるのだそうだ。その当時丈夫な鉄パイプの製造・加工ができるのは鉄砲鍛冶しかいなかったのだろう。輸入自転車の修理を鉄砲鍛冶が委託されたのが始まりだった。

当初は宮田も自転車の製造・修理は副業に過ぎなかったらしく、九三年に宮田が日本初のセーフティ型自転車の製造を開始したときの屋号は宮田製銃工場だった。セーフティ型自転車とはチェーンを介して後輪を回転させる現在一般的な自転車のことである。それまでの自転車は子供の三輪車のように前輪にペダルを直結していた。

その前年の一八九二年、逓信省（後の郵政省、現在の総務省・日本郵便）が電報配達用に自転車を採用している。九四年度末の台数は、東京で配達用一〇台、練習用五台、大阪で配達用二四台、練習用六台などと、その数は僅《わず》かなものだった。一九一一年には電報のみならず郵便配達一般に広く自転車が使用されるようになる。後年、一九四八年に公営競技競輪が始まったとき、選手に応募したなかには脚自慢の郵便局員が多数いたという。

その後、鉄砲鍛冶の多かった大阪府堺《さかい》市には自転車メーカーが集積し、堺は自転車産業の中心地になっていく。当初はフレームの製造が中心で部品は海外からの輸入だった。かつて堺市にあった自転車博物館の収蔵品を自転車メーカーのシマノが引き取り、さらにそれを拡充するかたちで二〇二二年三月シマノ自転車博物館が同じ堺市内にオープンした。自転車に興味のある人には必見の施設だ。

宮田栄助が最初の国産自転車をつくった時期、すなわち明治二〇年代後半は日本の産業革命の時期にあたる。自転車産業は日本を代表する産業に成長していく。

自転車の輸入台数は一九〇七年の三万四五二三台をピークに減少に転じ、部品の輸入金額も一一年をピークに減少している。

一四年に始まった第一次世界大戦で欧米からの輸入が途絶したことを契機に国産車の生産が急拡大する。その後、中国やアジア諸国を中心に輸出も増大した。その結果、三七年度には自転車は機械輸出のトップに立つまでになっていた。現在では想像もつかないが、自転車産業はわが国の重要産業だったのだ。このことは公営競技・競輪の誕生にも大きく関わっている。

賞金レースの開催へ

二〇世紀に入ると、アメリカやイギリスから競走用の自転車も輸入され、輸入商が選手を養成し、自社の自転車の宣伝に競走会を利用するようになっていく。一般の輸入自転車が急速に普及してきたことがその背景にあった。

東京以外でも競走会が各地で開催されるようになり、東京の不忍池、大阪の住吉《すみよし》公園と桜宮《さくらのみや》の三か所が「三大グラウンド」とよばれたという。グラウンドといっても、現在の自転車競技場のようなカント（傾斜）をもつ走路ではなく、公園の周囲の道路を周回するようなものだったのだろう。

この頃になると、石川商会（現在の丸石サイクルの源流）所属の小宮山長造《こみやまちょうぞう》らスター選手も現れる。一九〇一年に双輪クラブ主催で開かれた第一回全国連合自転車大競走会では、その小宮山が優勝賞金一〇〇円を獲得した。小宮山はプロ選手第一号といっていいだろう。この大会の入場料は一円と五〇銭の二種で、数万の観衆が不忍池を取り巻いたという。明治三〇年頃の小学校教員の初任給が七～八円で、現在は二〇万円くらいだから、小宮山の得た優勝賞金一〇〇円は今なら二四〇万～二八〇万円くらいだろうか。

日露戦争後になると、新聞社主催の競走会が各地で開催されるようになる。〇八年には自転車競技で最初の統括団体である東京輪士会が結成され、一〇年には東京輪士会が競走規定を明文化し、競走のルールも徐々に確立する。

小宮山に続き、砂田松次郎《すなだまつじろう》、多田健蔵《ただけんぞう》、佐藤彦吉《さとうひこきち》といった有名選手が覇を競うようになる。

自転車競走の人気は大正期になっても続き、一五年には上海《シャンハイ》で極東選手権競技大会という国際大会も開催され、日本からは二名の選手が参加した。当時の自転車競走の競走距離は一〇マイル（約一六キロメートル）あたりが中心だったようで、ロードレースというほどの距離ではないが、現在の競輪競走（二〇〇〇メートルが中心）よりもかなり長い。

メジャースポーツだった自転車レース

第一次世界大戦後の不況から昭和恐慌にかけての時代、自転車競走の人気はやや衰え、沈滞の時代となった。昭和にはいり、一九三二年、兵庫県の鳴尾村《なるお》（現・西宮市《にしのみや》）の南甲子園《みなみこうしえん》グラウンドで開催された第二回西日本府県対抗（大阪毎日新聞社主催）では、一〇〇〇メートル、二〇〇〇メートル、一万メートル、団体追抜、ロードレースの五種目と、現在の自転車競技に近い形態での競技がおこなわれている。ただ、この大会は賞金が出なかったため、出場を断念した選手がかなりいたという。逆にみれば、当時のトップクラスの選手の多くは賞金を稼ぐためにレースに出走するプロ選手だったということだ。

三四年には日本サイクル競技連盟（三六年に日本自転車連盟に改称）が設立され、四〇年に東京で開催が予定されていた第一二回オリンピックに向け、三六年には国際自転車競技連合

（Union Cycliste Internationale：ＵＣＩ）にも加盟した。

この頃になると、新聞社主催のロードレースもしばしば開催されるようになっている。新聞では「競輪」という言葉もすでに使われている。ただし、その読み方は「ケイリン」ではなく「キョウリン」だったようだ。横田《よこた》隆雄《たかお》ら、この頃に活躍した選手のなかには、四八年に発足した公営競技・競輪の選手となった人も多かった。第二次世界大戦前の自転車競技選手の存在が、公営競技としての競輪の実現の背景にあった。

四〇年に予定されていた第一二回オリンピック東京大会は戦局の激化で中止となってしまったが、開催に向けて埼玉県大宮《おおみや》で建設が進んでいた自転車競技場は三九年に「大宮公園《おおみやこうえん》双輪場」として完工していた。この競技場が東日本で最初に公営競技としての競輪が開催された現在の大宮《おおみや》競輪場である。車券の発売こそなかったものの、自転車競技は当時としては比較的メジャーなスポーツとして存在しており、このことが公営競技の競輪が誕生する基盤をつくっていたことは強調しておきたい。

3．戦前のオートバイとモーターボート

普及しなかったオートバイ

すでに明治期に競走と投票券がセットになっていた競馬。投票券こそなかったものの、自転車産業がスポンサーとなってプロ化した選手が現れていた自転車競走。この二つに対してオートバイとモーターボートはどうだったのだろうか。まず富塚清《とみづかきよし》『オートバイの歴史』によりつつ、オートバイの歴史を概観しよう。

オートバイの歴史は自転車と大差ない。ドイツのダイムラーによって最初のガソリンエンジンが製造されたのが一八八三年。その二年後にはガソリンエンジン付き二輪車の特許を取得、さらにその翌年には実地運転に成功する。現在のかたちの自転車が考案されてからわずか七年後だ。小型のガソリンエンジンが開発されれば、それを動力として自転車に搭載することを発想するのはごく自然なことだったろう。

九六年、十文字商会を経営する十文字信介《じゅうもんじしんすけ》が、ドイツのH＆W号を輸入し、皇居前で公開試運転したのが日本でのオートバイの初公開だという（「二輪文化を伝える会」のウェブサイト。二〇二二年五月三日閲覧）。

『オートレース三十年史』によると、一九一〇年に東京上野の不忍池畔で自転車競走の余興として行われたのが日本初のオートバイ競走だ。

また、「二輪文化を伝える会」のウエブサイトによると、一二年に鳴尾《なるお》競馬場で開催された「第一回自動自転車競走会」が、日本初のオートバイレースとされている。不忍池畔と鳴尾競馬場のどちらをオートバイ競走の嚆矢《こうし》とするかはともかくとして、明治末期から大正初期にかけてオートバイ競走が始まったことは確かだろう。

前掲『オートバイの歴史』によると、〇九年に島津《しまづ》楢蔵《ならぞう》という人物が完成させたのが日本初の国産オートバイだという。

輸入から始まった自転車が大正期には国産に置き換わり、さらに重要輸出品にまでなったことに対して、オートバイ製造が産業化するのははるか後の第二次世界大戦後のことになる。第一次世界大戦の頃にはアメリカのハーレーなどのオートバイが多数輸入されるようになっていたものの、国産化はあまり進展しなかった。

実用生産された国産オートバイは、自転車製造大手の宮田製作所が三三年に完成させ、翌年から販売したアサヒ号が最も初期のものだという。その後、主として陸軍に納入された陸王《りくおう》やメグロ（一九三七年、目黒製作所が開発）などが製造された。

自転車産業と自転車競走に比べると、第二次世界大戦前の段階では、オートバイ産業もオートバイレースもメジャーな存在にまでは成長できなかった。ガソリンエンジンにはガソリンが必要だが、ガソリンスタンドが普及していない段階で、オートバイが産業動力として広く普及しなかったのも当然だ。小規模運搬は専ら馬か自転車という時代なのだ。

前史のないモーターボート

公営競技発足以前の競馬、自転車競走、オートバイ競走については、競馬・競輪・オートレースのそれぞれの年史に記述がみられるが、第二次世界大戦前のモーターボートによる競走については、ボートレース関係の文献にほとんど記述がみられない。

漕艇《そうてい》は学生スポーツとして盛んにおこなわれていたし、船員養成機関や帝国海軍の訓練でカッターボートも使われてはいた。だが、これら手漕《てこ》ぎの船とモーターボートには全く接点がない。モーターボートの動力は船外機だ。第二次世界大戦以前には、焼玉エンジンを積んだ小型船（いわゆるポンポン船）があるくらいで、あとは風力か人力が小型船の動力だった。

ごく一部の富裕層が輸入品のレジャー用モーターボートを所有していたとは思われるし、愛好家の団体もあるにはあったようだが、公営競技との関連は薄い。

モーターボートの極めて特殊な用途としては、第二次世界大戦中に帝国海軍が開発した特攻兵器・震洋《しんよう》がある。ベニヤ板で作られた小型軽量の船体の船首部分に爆弾を搭載し、敵艦に体当たりするというものだ。震洋を直接モデルにしたわけではないだろうが、今日ボートレースで使用されている船体もベニヤ板でつくられ推進力は船外機だ。今日残されている震洋の写真をみると、現在のボートレースで使われているものを大型にしたような形状だ。要するに、ボートレースは他の競技にみられる前史のようなものがほとんどない。つまり、ボートレースはほとんどゼロからスタートした公営競技といってよい。モーターも船体もボートレースのために新たに開発されたものといっていい。

ボートレースは、他の競技と異なり、公営競技発足の背景に関連産業が存在しないということであり、それが後にみるように、他の三つの公営競技とかなり異質な展開を遂げた一因ともなっている。

第二章　公営競技の誕生

——戦後の混沌で　一九四五〜五五年

1．地方競馬と中央競馬の成立

「食糧問題」解決のための地方競馬法制定

一九四五年八月一五日、玉音放送で日本国民の多くが第二次世界大戦の終結を知る。大戦中の連合国軍による空爆で、日本の多くの都市が焦土と化し、工業生産力は著しく低下しており、経済復興が喫緊の政策課題だった。

自治体が賭博《とばく》場を開帳するという、本来ならあり得ない事業である公営競技は、「戦後」という社会・経済のきわめて特殊な状況で誕生する。

この章では終戦直後の混沌《こんとん》のなかで、どのようにしてそれぞれの公営競技が生まれたのか、みていく。

四五年一一月二六日召集の第八九回帝国議会で衆議院議員選挙法が改正された。四六年六月二〇日には、戦後初の総選挙で選ばれた衆議院議員と貴族院議員で構成する第九〇回帝国議会が始まった。現在の日本国憲法制定前なので衆議院と貴族院による帝国議会だ。

議会開院の勅語に「今回《こんかい》の帝國議會《ていこくぎかい》には、帝國憲法の改正案をその議に付し、」とあるように、この議会最大の議案は新憲法の制定だった。同時に、戦後体制の構築に向け様々な法案が審議された。そのなかのひとつが地方競馬法だ。

戦時法制撤廃で地方競馬の根拠法だった軍馬資源保護法が廃止され、根拠法をもたない「ヤミ競馬」がおこなわれたことは既に述べたとおりだ。戦前は畜産団体が法的根拠に基づいて地方競馬を開催していたため、これを戦時体制以前の旧に復そうというのも無理はない。

地方競馬法案は小笠原八十美《おがさわらやそみ》外四名により共同提出された。小笠原八十美は青森県選出の自由党代議士で、馬産の中心地だった青森県の三本木《さんぼんぎ》産馬畜産組合の組合長や中央馬事会の理事をつとめた馬産界のリーダーのひとりだ。

第二次世界大戦中まで、馬に関わる行政（馬政）の中心は馬政局で、馬政を支える民間団体が各県につくられた「馬事会」で、馬事会の中央統轄団体が「中央馬事会」である。

ちなみに、共同提出した議員の所属会派は、自由党、進歩党、社会党および協同民主党となっている。後述するように、競馬法は政府立法だが、それ以外の公営競技の法案は、地方競馬法も含め、いずれも議員立法で、自由党・進歩党といった保守系党派に社会党が加わっている。後に公営競技廃止の論陣を張る社会党も、この頃は公営競技を生み出す側にいた。

法案の趣旨説明で小笠原は地方競馬の目的として、食糧問題の解決、産業馬の能力増進、畜産振興などをあげているが、なかでも食糧問題に最も言葉多く言及している。

第二次世界大戦直後、在外邦人の引き揚げや軍人・軍属の復員で、国内の食糧需要が増大したにもかかわらず、天候不順による凶作や物流の混乱などにより日本は深刻な食糧危機に陥っていた。食糧危機になぜ地方競馬による馬産振興なのか。農耕馬を含む産業馬の能力増進という理由もあったが、小笠原が強調したのは厩肥《きゅうひ》（馬糞《ばふん》を発酵させた肥料）なのだ。

小笠原は議会で「硫安其ノ他ノ化學肥料ハ、原料供給難其ノ他ニ制約セラレマシテ、急速ナル増加ヲ望ムコトハ出來ナイ」ので、「厩肥ヲ基本トナス自給肥料ニ依ルノ外ハアリマセヌ」と述べている。

「百姓ノ少シ氣ノ利イタ人ガ騎手」

競馬法に基づく公認競馬との違いを、小笠原は農林委員会での趣旨説明で「百姓ノ少シ氣ノ利イタ人ガ騎手ニナッテ競走スルノダト云フコトガ、地方競馬ノ主タル目的デアリマス」と述べている。今なら「百姓ノ少シ氣ノ利イタ人」などという発言はありえないだろうが、約八〇年前には問題になった形跡は全くない。

農林委員会における政府答弁では大石倫治《おおいしりんじ》農林政務次官が「公認競馬ハ主トシテ輕種ヲ用ヒルコトト存ズルノデアリマスガ、地方競馬ハ御話ノ通リ産業馬デアリマシテ、或ハ農耕用デアリ、或ハ輓馬ニ適スルモノヲ主トシテ生産シ、此ノ競爭（原文ママ）ニ走ラセルコトトナルト存ジマスカラ」と述べている。

軽種（馬）とは、「サラブレッド」、「アラブ」、サラブレッドとアラブの混血種である「アングロアラブ」などの品種の総称である。アングロアラブは本州や九州では農耕などにも使用されていたが、サラブレッドは競走専用の品種で馬車馬や農耕には全く不向きな品種だ。つまり、地方競馬法で想定された地方競馬とは、田畑、山、道路、鉱山など産業現場で働く馬と人による競馬であって、競走用に改良育成された競走馬を専業の騎手が走らせる競馬ではなかったのだ。

地方競馬法に基づく地方競馬の主催者は、馬匹組合や馬匹組合連合会（馬連）といった馬の生産者団体とされた。その意味で地方競馬法は戦前の地方競馬を復活させたものと言っていい。戦前と違うのは、「投票券付き入場券」ではなく「馬券」を発売できたこと、競走種目に輓曳《ばんえい》競走が含まれたことだろう。

地方競馬法は一九四六年九月二三日に貴族院を通過し、一一月二〇日に公布・施行となった。地方競馬法に基づく地方競馬の主催者は馬の生産者団体だから、自治体や国が主催する「公営」の競馬ではない。

地方競馬法は生産者団体を代表する小笠原らによって成立したが、現在、北海道帯広市だけで開催されているばんえい競馬は、生産者団体である馬匹組合や馬匹組合連合会よりも、馬車業者が組織していた輓馬組合が開催を強く要求し実現した競馬だ。

地方競馬法に基づくばんえい競馬が誕生した当時の旭川《あさひかわ》輓馬組合の組合長は五十嵐栄三郎《いがらしえいざぶろう》である。五十嵐の子息が旭川《あさひかわ》市長から代議士に転じ、一九九三年に非自民連立内閣で建設大臣、九四年に成立した村山富市《むらやまとみいち》内閣で官房長官を務めた社会党の五十嵐広三《こうぞう》だ。

また、戦前は無産政党の闘士として名をはせ、その後、北海道の荷馬車運搬業を率い、戦中・戦後を通じて衆議院議員だった正木清《まさききよし》という政治家がいる。後に衆議院副議長を務めた社会党の大物代議士だ。正木が地方競馬法の制定にどう関わったのかは定かではない。だが、正木が北海道の輓馬業界の大物であり、先述の五十嵐栄三郎が旭川地区の輓馬組合の組合長だったことを考えあわせると、正木が何らかの形で関与していたと考えるのが自然だろう。

地方競馬法に基づく地方競馬は、米軍の直接統治下にあった沖縄県以外のすべての都道府県で開催された。四六年一一月から四八年七月までのあいだに、六四の競馬場で一七〇四日間開催され、三五億八〇〇〇万円の馬券が発売されていた。

GHQが生んだ「公営」競馬

こうして発足（復活）した地方競馬だったが、その寿命は一九四六年一一月から四八年七月までの足かけ三年に過ぎなかった。

連合国総司令部（GHQ）の指示を受け、日本政府は閉鎖機関令（昭和二二年三月一〇日勅令第七四号）を公布する。

馬産が軍事産業だったため、ＧＨＱに目を付けられたと解説しているものを目にすることがある。確かに馬産は他の家畜生産に比べると軍事とのつながりは深い。だから、そういう面もなくはないだろうが、農協（当時は農業組合や農業会）や漁協（漁業組合や漁業会）の中央団体も解散を余儀なくされていることをみると、軍事関連団体だったからというよりは、中央馬事会などの中央団体が非民主的な独占機関だと見なされたのだろう。

連合国軍の命令よりも、日本人自らの判断としたかったからなのか、公認競馬の主催者である日本競馬会、馬匹組合連合会、中央馬事会は、閉鎖機関令を受け、自主的に解散・整理とすることでＧＨＱの了承が得られた。その結果、今度は地方競馬のみならず、公認競馬を主催する団体さえ消失してしまう羽目に陥ってしまった。

前章で述べた北海道の進駐軍競馬の件でもわかるように、ＧＨＱを主導していたアメリカ人たちが競馬を嫌っていたわけではなく、むしろ日本人以上に競馬好きは多かったと思われる。ＧＨＱは、政府が統制する競馬ではなく、アメリカやイギリスのように、民間団体であるジョッキークラブによる競馬制度を求めていたのかもしれない。

競馬の主催団体が解散してしまったため、監督官庁の農林省の官僚たちは大慌てで新たな法整備に取り組まざるを得なくなった。その結果制定されたのが現行の競馬法だ。この競馬法は後に何度も改正されてはいるが、私たちが楽しんでいる今の競馬はこの競馬法に基づいて開催されている。

主催団体の消滅にともない、公認競馬は政府が主催し、地方競馬は都道府県が主催することとなった。その結果、公認競馬は国による国営競馬に、名前は同じ地方競馬でも主催者は都道府県ということになった。ここに国営も含めた「公営」の競馬が誕生したのである。

競馬法の公布・施行は四八年の七月だった。その結果、地方競馬では七月までの開催は各地の馬匹組合連合会（馬連）の主催、それ以降は都道府県の主催となった。

主催者が替わったとはいえ、これまで農林官僚たちは競馬の開催業務に関わったことがなく、都道府県の公務員たちも実務には無関係だった。結局、日本競馬会の職員が農林省に、馬連などの職員が各都道府県に移籍するしかなかった。だから、実務に携わる人は従来どおりということだ。

実務担当者が同じであっても、それまでは独立した団体だったのが、国や都道府県の一部局になったため、収入・支出はすべて国や都道府県の会計に組み込まれることとなり、移籍した側の職員たちも、受け入れた側の官僚たちも戸惑うことが多かったろう。

2．競輪誕生

社会党主導だった競輪法案

第二次世界大戦前、帝国陸軍主導で設立された昭和通商という国策軍事会社が中国にあった。そこに海老沢清《えびさわきよし》という社員がいた。復員後、戦後の住宅難を目のあたりにした海老沢は「住宅建設宝くじ」を構想するが日の目をみることはなく頓挫《とんざ》している。

また、戦時中に帝国陸軍の現役軍人だった倉茂貞助《くらしげていすけ》という人物がいる。倉茂はスポーツと観光による「国際公都」を建設するという構想を描いていた。

この二人が出会い、「〝スポーツは平和とともに〟をモットーに、平和国家を建設し、敗戦日本の再建に貢献しよう」という目的を掲げ国際スポーツ株式会社を設立した。一九四七年六月のことだ。

国際スポーツは神奈川県湘南《しょうなん》地域に国際的なスポーツ・レジャー施設の建設を図ったが、資金調達などの理由で計画は頓挫してしまう。ここで海老沢が思いついたのが「報償制度による自転車競走」、すなわち競馬と同じような自転車競走だった。

海老沢たちは、当時の神奈川県知事内山岩太郎《うちやまいわたろう》に報償制度による自転車競走の設立趣意書を提出する。趣意書には、第二次世界大戦前は自転車が重要な輸出品であったこと、大戦により自転車の生産能力が著しく低下していること、自転車は交通手段として重要であること、さらにスポーツとしても大きな価値をもっていることを挙げ、自転車産業の振興に資するために報償制度による自転車競走を実施し、馬券類似のもの（富くじ）を発売することを提案している。

前章でとりあげたように、戦前の日本において自転車産業は重要産業のひとつであり、自転車競技もスポーツとして一定の地位を獲得していた。ここでの産業振興と競技の結合はまさに馬産と競馬の関係と同じだ。

馬券類似のものを発売するためには立法措置により違法性の阻却が必要であることから、海老沢・倉茂らは政界工作に乗り出す。伝手《つて》をたどり林大作《はやしだいさく》代議士に話を持ち込む。林は戦後弁護士となり片山哲《かたやまてつ》の事務所に勤務した後、四七年四月におこなわれた第二三回総選挙で社会党から立候補し当選した人物だ。

この第二三回総選挙は旧憲法の下でおこなわれた最後の選挙だ。この選挙で社会党は一四三議席を獲得し第一党となり、片山哲を首班とする社会党内閣が誕生する。報償制度による自転車競走のプランは社会党政権のもとに持ち込まれたものだった。

クリスチャンで高潔な人格で知られた片山は賭《か》け事を好まない人物だったようだが、この報償制度による自転車競走については「この暗い時代にこうした明るいものがあってもいいだろう」と賛意を表したという。自らに近い林からの話だったこともあるかもしれない。自転車産業は商工省（後の通産省、現・経産省）の所管であることから、林は水谷長三郎《みずたにちようざぶろう》商工大臣にも同意をとりつける。

一一月には衆議院内の食堂で九名の衆議院議員と海老沢・倉茂らの会合がおこなわれた。九名の所属会派は、社会党が四名、社会党と連立内閣を組んでいた民主党が二名、同じく連立与党の国民協同党一名、そして野党となっていた自由党からも二名が出席している。

臨時石炭鉱業管理法を巡る紛糾や平野力三《ひらのりきぞう》農林大臣の罷免《ひめん》とその後の対応などにより、片山内閣は八か月という短命に終わってしまい、報償制度による自転車競走の実現は次の芦田《あしだ》内閣に持ち越されることとなった。

海老沢・倉茂らと議員との会合に出席した社会党議員の一人が山口《やまぐち》シヅエである。山口シヅエは、四六年四月に選出された初の女性議員三九名の一人だ。後に社会党を離党、無所属を経て自民党に入党し、七六年には当時自民党で唯一の女性衆議院議員だったこともある。売春防止法の制定に尽力したことでも知られる。

山口は大手自転車メーカーだった山口自転車の創業者山口重彦《しげひこ》の娘なので、自転車産業と政界の橋渡しの役割を担ったと思われる。

一九四八年二月に自転車競技法期成連盟が発足した。この期成連盟を資金面で支えたのが自転車産業界だった。

「富くじ」を背景に

趣意書にある馬券類似のもの（富くじ）の発売については、すでに馬券が発売されていたこともあるが、この当時、各種の富くじが発売されていたこともその背景にある。

現在の宝くじの根拠法は当せん金付証票法であるが、その出発点は大戦末期の一九四五年七月に臨時資金調整法に基づき戦費調達のため政府が発売した「勝札」だ。七月発売・八月抽せんの予定だったが、抽せんをおこなう前に敗戦となってしまったことから、「勝札」ならぬ「負札」と揶揄《やゆ》される結果となってしまっていた。

三七年に日中戦争の戦費調達を目的に制定された臨時資金調整法は終戦後も存続し、これを根拠法として様々な富くじが発売された。なかには相撲《すもう》くじなどもあった。

この臨時資金調整法が四八年四月に廃止されたため、富くじの発売を継続すべく新たに制定されたのが現在の当せん金付証票法だ。報償制度による自転車競走で富くじの発売というプランを実現するにあたり、各種富くじが発売できなくなることが想定されたことが、新たな法整備を必要とした理由だったのだろう。ちなみに、宝くじと公営競技を自治体の「収益事業」という。

趣意書には、報償制度による自転車競走（以下、競輪）による富くじ（以下、車券）は「地方官庁においてこれをなし」とあり、さらに、競技場についても旧軍用地などを利用するか、「地方官庁の所有する公園または施設の各種運動競技場に臨時設備を行い実施する」とある。競技の実施は海老沢・倉茂の設立した国際スポーツ株式会社で、競技場を用意し車券を発売するのは地方自治体という構想だった。

実際、その後続々と建設された競輪場は旧軍用地や公園につくられたケースが多い。たとえば函館《はこだて》や札幌は陸軍の練兵場跡地だし青森や川崎《かわさき》は公園だ。なかには弥彦《やひこ》のように神社の境内を利用した競技場もある。

自治体が競輪場を建設する費用を捻出《ねんしゅつ》できなかったケースも多々あった。その場合は民間資本に競輪場を建設させ、それを施行自治体が賃借する形がとられた。東京の京王閣《けいおうかく》や横浜の花月園《かげつえん》がそのケースだ。京王閣や花月園は共に戦前は遊園地だった。戦前の花月園遊園地には少女歌劇団もあり、東の宝塚《たからづか》といわれていた。珍しいケースでは野球場を利用したところもある。阪急電鉄が所有していた西宮《にしのみや》競輪場だ。

自転車競技法は議員立法だが、法律案の作成には自転車工業を所管する商工省の官僚が関わっていた。この当時、若手事務官として法案作成の実務にあたった人物が「農林省に通い、競馬法の勉強をした」と言っているし、類似のものといえば競馬しかないため、競馬法がモデルとなったのは疑いない。

一二日間で売上二億四二五〇万円

当初構想されていた競輪の施行者は、都道府県と京都・大阪・横浜・名古屋《なごや》の各大都市だった。

京都市以外の大都市はいずれも第二次世界大戦で壊滅的な被害を受けた。戦禍を被ったのは大都市に限らない。数多くの都市が戦災を被り、政府が指定した戦災復興事業施行都市は一一五都市に及んでいる。終戦直後の一九四五年一〇月段階の市は全国で二〇五、実に半数を超える都市が戦災都市に認定されていたのだ。戦災復興のため、多くの地方自治体の財政がひっ迫し財源を渇望していた。

兵庫県姫路《ひめじ》市の石見元秀《いわみもとひで》市長を中心に全国戦災都市連盟が組織され、四七年一月姫路市内で結成大会が開かれた。石見は独創的な「市営企業論」を提唱した人物で、そのなかで、石見は、収益を戦災復興に充てるため、自治体による富くじ、競馬、輸送事業等の実施を求めた。

林大作外四七名提出による自転車競技法案は、四八年六月二六日に衆議院本会議で可決、七月三日に参議院本会議で可決・成立した。

趣意書段階では国際スポーツが競技実施団体となることが想定されていたが、法案作成段階では各都道府県の自転車振興会が施行者である自治体から業務を受託して実施することが決定し、競輪開催をめざして各地で自転車振興会が設立される。

ここでもＧＨＱが関係している。各地に自転車振興会が設立されたが、この段階で全国団体は設立されなかった。これは独占機関を嫌うＧＨＱの意向（もしくは日本側の忖度《そんたく》）だったようだ。

法案成立と同時に多くの自治体が雪崩を打って競輪に参入したかというと、実はそうでもない。幻の東京オリンピックのためにつくられた本格的な自転車競技場を有する埼玉県でさえも当初は知事が開催に消極的だったという。そのため大宮は競輪発祥の地になれなかった。真っ先に競輪開催に踏み切ったのが小倉《こくら》市（現・北九州《きたきゅうしゅう》市）の浜田良祐《はまだりようすけ》市長だ。浜田は元々競馬の開催を考えていた。しかしながら、福岡県内や隣の山口県で開催されていた地方競馬の状況をみて、競馬の開催で収益を得ることはそう簡単ではないことを知る。

浜田が海老沢・倉茂らとは別に独自に競輪を考えたという説もあり、浜田が海老沢・倉茂らとどういう経緯で接点を持ったのかはわからないが、浜田と海老沢・倉茂らが合流し競輪が誕生したことは確かだ。

四八年一〇月二九日から一一月三日にかけて第三回国民体育大会が福岡県で開催された。小倉市は人気競技の野球との抱き合わせで自転車競技を引き受け、市内三萩野《みはぎの》に自転車競技場を建設した。これは競輪場としての利用を念頭においたものだったといわれている。

国体終了後の一一月二〇日から二三日の四日間、小倉市の施行で初の競輪が開催された。自転車競技法が八月一日に施行されてから四か月後のことだ。

四日間の車券発売額は一九七三万円。延べ入場人員は五万五〇〇〇人におよぶ。予想以上の売上で初開催は大成功だった。このとき発売された車券は単勝と複勝の二通りだった。

小倉に続き、一二月には大阪市の住之江《すみのえ》公園に建設された大阪競輪場で大阪府が、翌年一月には大宮公園双輪場（競輪場ではなく双輪場という名称だった）で埼玉県がそれぞれ開催した。

競輪元年の四八年度の開催は上記三場のみで、開催日数は三場合計で一二日間、車券売上は三場合計で二億四二五〇万円だった。

この年地方競馬は全六一場で延べ五九五日間開催され、その売上が一四億四七〇〇万円だったことと比較すると、競輪の一二日間で二億四二五〇万円という数字がいかに驚異的であったかがわかる。

この成功をみて、各地の自治体は雪崩を打って競輪事業に参入する。四八年度からの五年間に六三場もの競輪場がつくられた。まさに乱立状態だった。大阪市内に二か所、東京都に三か所（後楽園、京王閣、立川《たちかわ》）、横浜市内の花月園競輪場と川崎《かわさき》市の川崎競輪場や、西宮競輪場と鳴尾《なるお》競輪場（後に甲子《こうし》園《えん》競輪場と改称）はかなりの近距離に立地していた。

3．挫折続きのオートレース

オートレースが「マイナー」な理由

各公営競技のなかで最も馴染《なじ》みが薄いのがオートレースだろう。なぜかといえば、他の三つに比べ競技の規模が格段に小さいからだ。

現在、中央競馬の競馬場は一〇場、減ったとはいえ地方競馬の競馬場が一五場、競輪が四三場、ボートレース場が二四場あるのに対し、オートレースは全国で五場しかない。

投票券の売上額でも、中央競馬三・一兆円、地方競馬九九〇〇億円、競輪九六〇〇億円、ボートレース二・四兆円に対し、オートレースは一〇〇〇億円程度にとどまっている。

自動車産業は日本経済を左右するビッグビジネスだ。オートバイを含むモータースポーツは世界的な規模で開催されファンも多い。だが、オートレースが世間一般に報じられるのは、SMAPの元メンバーの森且行《もりかつゆき》選手が話題になるときくらいだろう。なぜオートレースはマイナーな存在にとどまったのか。その理由は発足当初にさかのぼる。

オートレースの根拠法は小型自動車競走法だ。この法律でいう小型自動車とは気筒容積一五〇〇CC以下のエンジンを搭載した二輪車・三輪車・四輪車をいい、道路運送車両法でいう小型自動車の定義とは異なる。

自転車業界が競輪を発足させたことに触発された自動車業界が、競技実施に向けて動いたことがオートレースの出発点となった。すでに発足している競輪をモデルに、法制度の整備や競技の運営体制を構築したため、法制度づくりに苦労した形跡はみられない。加えて自動車工業の所管はすでに競輪を所管している商工省だ。

小型自動車競走法案は第七回通常国会（会期は一九四九年一二月四日～五〇年五月二日）に、自由党の栗山長次郎《くりやまちようじろう》外四一名が共同提出した。四二名の会派別内訳は自由党一七、社会党一六、民主党五、国民協同党と新政治協議会がそれぞれ二となっている。自由党・社会党・民主党その他の共同提出というのも自転車競技法と同様だ。

自転車競技法や小型自動車競走法の成立過程をみると、自由党や民主党といった保守政党と、いわゆる革新政党である社会党が共同歩調をとっており、この段階においては後のような対立はみられない。

法案は一九五〇年三月二五日に衆院で、四月二八日に参院で、それぞれ可決され、五月二七日に施行された。

　小型自動車競走法提案者の代表となった栗山長次郎はジャーナリスト出身で、四六年の第二二回総選挙で当時の東京二区で自由党から立候補し初当選し、その後四期連続当選している。後に全国小型自動車競走会連合会会長も務めた人物である。

オートバイ産業の急成長

　一九七三年五月に廃止されるまで、オートレースには四輪車競走もあったが、レースの中心は当初から二輪車（オートバイ）である。そこでここでは戦後のオートバイ産業について少しみておく。

　富塚清『オートバイの歴史』によると、第二次世界大戦中飛行機を製造していた中島飛行機の技術者が、連合国軍が持ち込んだスクーターに着目しスクーター（商品名・ラビット）の生産を開始したことが、戦後のオートバイ生産のきっかけとなったという。

　陸王内燃機、宮田製作所、みづほ製作所、目黒製作所は戦前からオートバイを製造していた。加えて、敗戦後廃業を余儀なくされた航空機産業から参入した三菱、旧中島飛行機（戦後は富士産業）、新明和工業（戦時中は川西航空機）、「起業家による冒険的事業としての参入」（太田原準《おおたはらじゅん》）をしたホンダやスズキなど、多様な企業が参入した。

五〇年代初頭には各種の経済統制も徐々に解除され、数多くのメーカーが雨後の筍《たけのこ》のように生まれる。富塚によると、その数は約一二〇社にのぼったが、「自転車店の店先を組立場としているようなものも多かった」（『オートバイの歴史』）という状況だった。

四六年にはわずか四七〇台に過ぎなかったオートバイの生産台数は、五三年には実に一八万三三四五台に急増する。オートレースはオートバイ産業急成長の時代に誕生した。四八年には日本小型自動車工業会も設立されている。

だが、オートレースがオートバイ産業の技術改良に直接影響することはあまりなかったようだ。多くのメーカーは公道などでおこなわれるレースで性能を競うことに関心を寄せていた。

とはいえ、自動車業界がオートレースを支援したのは確かだ。小型自動車競走法成立後、競技を実施するために小型自動車競走会が各府県に設立された。その連絡場所は、愛知県小型自動車競走会が愛知トヨタ自動車株式会社内、大阪府小型自動車競走会がニッサンビル、群馬県小型自動車競走会が群馬トヨタ株式会社内、広島県小型自動車競走会が広島マツダモータース株式会社内にあった。自動車業界が小型自動車競走を支援していたことがわかる。

初開催から「反対運動」

オートレースの競走形態は競馬がモデルだった。

一般的には競輪もオートレースも投票券は車券とよぶが、法律の条文では競輪が「勝者投票券」で、オートレースは「勝車投票券」で、馬券は「勝馬投票券」だ。法律上は動力源に投票するということだ。つまりオートレースで勝つのは人間ではなく車ということだ。たしかに競馬も「ダービーは武豊が勝った」と言うより「ダービーはドゥデュースが勝った」と言う方が自然だろう。

競馬はご存じの通り、各馬に名前がついているが、競輪では車体に名はついていない。オートレースの競走車には、Pタン3（佐藤摩弥《さとうまや》選手）、ハルク・73（青山周平《あおやましゅうへい》選手）、サバズシ・ヨン（藤本梨恵《ふじもとりえ》選手）のように車体に名前がつけられ、出走表にも車名が記載されている。

オートレースは、選手自身が車体を所有し、自らで整備を行ってレースに出走する。競馬においては、馬主が馬を所有し、調教師が馬の整備をして、騎手が騎乗してレースに出走する。

だが、当初の構想では、競馬と同じように競走車のオーナーと乗車する選手は別と想定されていた。モータースポーツの世界ではその方が一般的だろう。車体のオーナー、整備を担当するメカニック、そして競走で乗車するドライバーがチームを構成しレースに挑む。

オートレースも競馬や現在のモータースポーツのような分業が想定されていたが、実際にはそうならなかった。これは戦前のオートバイ競走がそうした仕組みだったことと、オーナーになることが想定されたメーカーがオートレースにあまり関心を示さなかったことによる。

オートレースが広がりをみせなかった最大の理由は競技場の問題だった。

法律制定段階で想定されていた走路は一周一六〇〇メートル（一級走路）か八〇〇メートル（二級走路）だった。中央競馬の競馬場の多くは、基本となる芝コースの周長が概《おおむ》ね一六〇〇メートル（一マイル）だ。また、地方競馬の競馬場は一周八〇〇メートル以上と規定されていた（現在、この規定はない）ことから、オートレースの競技場は競馬場の規模を想定していたのだろう。

競馬場は第二次世界大戦前から各地にある。実際、戦後の競馬は戦前から存在する競馬場で始まった。千葉県の船橋《ふなばし》競馬場、東京の大井競馬場、神奈川県の川崎《かわさき》競馬場などは戦後につくられたものだが、いずれも戦前からの競馬場を移転させたものだ。

競輪場は周長が四〇〇メートル程度で、走路の幅も競馬場に比べるとかなり狭いため敷地は小さくて済む。バンクは土盛りして固め、後は急ごしらえでスタンドと車券売り場をつくればいい。競馬場には厩舎エリアも必要だが、競輪場にはそれも必要ない。厩舎エリアに比べれば選手控室ははるかに小さくて済む。だからこそ練兵場跡や公園に容易に建設できたのだ。

ところがオートレースはそうはいかない。オートバイ競走は戦前からあったとはいえ、そのための常設のコースがあったわけではない。競馬場や河川敷の仮設コースでおこなわれた。関係者は専用競技場の建設も構想していたのだろうが、さしあたり競馬場を利用すればよいと考えていた。競馬場なら全国至るところにある。スタンドも車券売り場も新たに用意する必要もない。

実際、公営競技オートレースの初開催は千葉県の船橋競馬場だった。一九五〇年一〇月のことだ。船橋競馬場はそれまで使用されていた柏《かしわ》競馬場が移転したもので、八月にオープンしたばかりだった。

当初は市川《いちかわ》市の練兵場跡地が候補となったが、候補地近隣の復員兵による帰農隊の反対で断念を余儀なくされ、船橋競馬場のコース内側に八〇〇メートルの二級走路が設けられた。

翌五一年には大阪府と兵庫県でそれぞれオートレースが開催された。大阪府は大阪市の現在長居《ながい》運動公園になっている場所にあった大阪競馬場、兵庫県は現在も営業している尼崎《あまがさき》市の園田《そのだ》競馬場が使用された。いずれも競馬場での開催だ。

大阪では隣接する小学校のＰＴＡによる反対運動で、五一年一一月と翌年二月に合計一〇日、五二年度に四月に六日間開催しただけで廃止を余儀なくされてしまう。爆音はオートレースの魅力のひとつだが、爆音で小学校の朝礼も授業もままならなかったというから、廃止はやむを得なかったといえよう。

兵庫県では園田競馬場を利用して五一年に一〇日間オートレースをおこなったが、騒音などに対する競馬関係者からのクレームで、五二年度からは甲子園競輪場（鳴尾競輪場を改称）に開催場を移し、五二〜五四年度の三か年で計一三二日間オートレースを開催した。

一三二日間の車券売上額の合計は二億二三九〇万円で一日平均にすると一六九万円。同じ場所で開催した競輪は、三か年で二一五日間開催、売上額は三三億三七〇八万円。一日あたりにすると一五五二万円だった。競輪はオートの実に九倍だ。あまりに売れないため、兵庫県はオートレースからの撤退を決める。

山口県では四九年まで競馬を開催していた柳井《やない》競馬場の跡地をオートレース場に転用し、五一年度からオートレースを施行した。五一年度から五七年度まで七年間がんばったものの、年度別にみると、一日平均では五二年度（開催日数は五日間）の二二四万円が最高で、年を追うごとにその額は下がっていく。最終年度の五七年には四八日間の開催で一日平均の売上額は七六万円という惨憺《さんたん》たる結果だった。これでは続けようがない。

売れないオートレース

初開催だった船橋の開催初日の公式入場者数は三万三九一七人だった。小倉競輪の初日と比べてもそう遜色《そんしょく》ないように思えるが、競輪や競馬と異なり、幼児を同伴した観客が多かったという。そのせいか車券の発売額は当初の期待を大きく下回るものだった。

一九五〇年一〇月から翌年三月までの船橋オートの開催実績は、開催日数三〇日、車券売上額は二億五七四八万円、一日あたり平均は八五八万円だ。同年度の競輪は全国五七場で延べ二五二三日開催され、車券売上額の合計は三三一億円あまり。一日あたりでは一三〇〇万円である。オートレースは競輪よりかなり低い。

とはいうものの、五〇年一月から一二月の地方競馬は全国七一場で延べ二〇五八日の開催で馬券売上は七億円にとどまっている。一日あたりにすると三四万円に過ぎないから、地方競馬に比べればまだましだったかもしれない。もっとも地方競馬は場ごとの格差が大きいので一概にはいえない。

競輪なみに売れれば専用走路やスタンドの建設もできたろうが、思ったほど車券は売れない、競技場もままならないという、まさに苦難の出発だった。

4. ボートレースと笹川良一

続出するギャンブル法案

先にみたように、他の三つの競技にはそれぞれ産業面での基盤とレースの前史があるのに対して、ボートレースにはそうしたものは皆無に近い。モーターボート競走会の年史などをみると、戦前に競走がおこなわれたことは記載されているものの、現在のボートレースとのつながりはほとんど記されていない。モーターボートを所有し趣味的にレースをおこなっていた人たちもいたが、スポーツとして広がりをみせていたわけではない。また、当時はモーターボートの動力である船外機が産業的に重要だったわけでもなかった。

競輪が短期間に爆発的に拡大したのは、産業振興面よりも、競輪事業による収益が多くの自治体や政治家の目をひきつけ、競輪の施行を希望する自治体が続出したからだ。ギャンブルによる収益が期待できるとなると、ボートレース以外にも、産業的背景やレースの前史もない競技を公営競技化しようという動きがいくつも現れた。

第一〇回国会（一九五〇年一二月一〇日召集）ではドッグレース法案（畜犬競技法案）とハイアライ競技法案、それにモーターボート競走法案が提出されている。ドッグレースは農林省の所管とされた。犬は家畜だが日本において犬が産業動力として活用されたことはないし、犬の飼育・繁殖が畜産業として農林行政の対象となったこともない。ドッグレースとなるともはや産業的意義は求めようもないだろう。ハイアライはスペイン発祥の球技で、マカオではギャンブルとなっていたこともあるという。

法案化されることはなかったが、闘牛の公営競技化もささやかれていたらしい。闘牛は日本各地でおこなわれていたからドッグレースよりは実行可能だったかもしれない。こうみると、国民的なスポーツ競技の野球が公営競技にならなかったのが不思議なくらいだ。

自治体や国は公営競技に乗り出さなかったが、暴力団は野球に手を出し、野球賭博がその資金源となっていた時期もあった。後に野球賭博がオートレースに激震を与えることになる。

発案者は誰か

公営競技としてのモーターボート競走が誰の発想かについては諸説ある。A級戦犯として巣鴨《すがも》の獄中にあった笹川良一《ささかわりょういち》がたまたまみたライフ誌の記事に着想を得たのがボートレースの出発点という説が広く流布しているが、それを『全競労運動40年の記録』は「笹川良一が競艇界に君臨してからの神格化された『正史』の記録である」としている。

また、『競艇沿革史』の「神奈川県モーターボート競走会」の項目では、渡辺儀重《わたなべぎじゅう》という人物がボートレースの発案者とされている。同書によると、一九四九年頃、当時の逗子《ずし》観光協会副会長・渡辺儀重が逗子の海岸を散歩中モーターボートによる競走を思いつき、五〇年五月に日米モーターボートレースを開催した。この盛況をみた渡辺が競輪をモデルに公営競技化を考え、自由党神奈川県連や国会議員に働きかけたのがモーターボート競走法案の発端だという。

福島世根《ふくしまよね》という女性がボートレースの発案者だとする説もある。笹川良一・陽平《ようへい》親子の評伝である髙山文彦《たかやまふみひこ》『宿命の子』などによると、モーターボート競走を発想したのは、明治天皇のご落胤《らくいん》を称する福島世根で、彼女が元貴族院議員の村田省蔵《むらたしょうぞう》から笹川を紹介され、笹川が動いたことでボートレースが誕生したとしている。

発案者が誰だったのかはともかくとして、公営競技としてこれを確立させ、今日の隆盛をもたらしたのが笹川良一という稀有《けう》な人物であることは確かだ。

「笹川良一」といっても今の若い人たちは知らないかもしれないが、五〇代後半以上の人なら、火の用心をよびかける歌とハワイ出身初の大相撲力士高見山《たかみやま》が出ていたテレビCMを覚えている人も多いだろう。七〇年代後半から全国に流れたこのCMは日本船舶振興会によるもので、あのなかで、「親を大事にしよう、一日一善！」と言っている白髪の人物が笹川良一だ。今でもYouTubeで見ることができる。

当時、派手にテレビＣＭを流していた公営競技団体は他にない。ボートレースの収益が公益に使われていることを広く世間にうったえただけでなく、選手でもなくタレントでもない統括団体の長が前面に登場している点でも空前絶後だろう。

はっきり言えば、ボートレースは笹川良一が自らの社会活動をおこなうためにつくりあげたといっても過言ではない。モーターボート競走法の成立過程をみると、ドッグレースなどが実現せず、モーターボートだけが成立したのはまさに笹川の力があってこそということがわかる。

生みの親、大物右翼活動家・笹川良一とは

笹川の社会的属性を何とよぶか。ウィキペディアには「大正・昭和時代の日本の政治家、社会奉仕活動家」とあった。衆議院議員にもなっているから政治家というのはわかる。社会奉仕活動家というのはどうなのだろう。世間一般には、大物右翼とか、政界の黒幕とかいうあまり芳しくない表現をされることが多いのではなかろうか。

笹川良一は一八九九年、大阪府三島《みしま》郡豊川《とよかわ》村（現・箕面《みのお》市）に生まれた。このことを機縁として箕面市はボートレース住之江《すみのえ》の施行者になっている。

もともと笹川は船より飛行機が好きだったようで、一〇代で上京し、各務原《かがみがはら》の陸軍航空大

隊に入隊する。ムッソリーニを崇敬し、一九三一年に国粋大衆党を結成。三二年には国粋航空連盟（後に国粋義勇飛行隊）を組織する。三九年には自ら操縦桿《かん》を握りイタリアに飛び、ムッソリーニと面会している。第二次世界大戦中の四二年におこなわれた総選挙（大政翼賛選挙）では大阪五区から非推薦で立候補し当選。戦後はA級戦犯として巣鴨に収監されるが、四八年一二月に不起訴・釈放。それ以降戦犯の救済活動に尽力している。

右翼活動家としての活動は戦後も継続され、後のことにはなるが、六三年には世界基督教統一神霊教会（いわゆる統一教会、現・世界平和統一家庭連合）の日本進出に協力し顧問となり、六八年には統一教会の政治組織である国際勝共連合の会長となった。七二年には右翼活動からの引退を表明した（『最新　右翼辞典』）。

国粋大衆党で配下にあった藤吉男《ふじよしお》や吉松正勝《よしまつまさかつ》が後に東京都モーターボート競走会の会長・副会長となっている。

広川弘禅宅夜襲事件と法案成立

モーターボートレースの根拠法となるモーターボート競走法案が上程されたのは、一九五〇年一二月召集の第一〇回通常国会だ。

法案は会期後半の五一年三月一三日に神田博《かんだひろし》外四九名によって衆議院運輸委員会に提出さ

れた。神田は四六年四月の第二二回衆議院選挙で当選した自由党の衆議院議員で、自由党の中心人物の一人大野《おおの》伴睦《ばんぼく》の側近だった人物だ。

三月二九日の運輸委員会では全員一致で採決され、その後開かれた衆議院本会議でも賛成多数で可決された。ここまでは順当に進んだが、参議院本会議では法案が否決される。法案の提出者五〇名には、佐々木更三《ささきこうぞう》、西村栄一《にしむらえいいち》、松岡駒吉《まつおかこまきち》ら一一名の社会党議員が加わっていたにもかかわらず、参議院本会議では社会党の小酒井《こざかい》義男《よしお》が反対討論に立ち、六月二日に開かれた参議院本会議では賛成六五に対して反対九五という大差で法案は否決された。

この頃の参議院議員が多く所属していた緑風会は所属議員五六名中二八名が、社会党所属議員六二名中実に四七名が法案に反対票を投じている。また、このときの参議院で七五名を擁する第一会派の自由党からも上原正吉《うえはらしょうきち》と木村守江《きむらもりえ》の二人が反対票を投じている。

参議院本会議における反対討論で小酒井は「競馬競輪に原因を発する紛争や家庭生活に及ぼす弊害、又青少年に與《あた》える憂うべき影響は見逃すことのできない問題」と述べている。

前年の五〇年九月九日、公営競技における最大規模の騒擾《そうじょう》事件（群衆が暴徒化し施設の破壊などに発展する事件）である鳴尾事件が発生している。これは鳴尾（後の甲子園）競輪場で、本命選手の車体トラブルで波乱となり、観衆が暴徒化した事件である。警察に加えアメリカ軍憲兵も鎮圧に加わり、警察官の威嚇射撃により一名が死亡、逮捕者は二五〇名に及んだ。

競輪の騒擾事件は発足間もない時期から頻発していた。発足後半年も経たない四九年四月一六日に大阪で最初の騒擾事件が発生し、その一週間後には西宮で、さらに五月には再び大阪で二日連続発生した。鳴尾事件の七か月前の五〇年二月には、川崎競輪場で暴徒化した群衆が車券売り場に乱入し売上金を奪うという事件（川崎事件）も発生している。

騒擾事件の直接の要因は、競輪の施行体制の不備や競技のルールや戦法に対する観客の理解が不十分だったことにあるが、そもそも社会全体が不安定な状況にあったことも大きいだろう。四九年七月には国鉄総裁下山定則《しもやまさだのり》が轢断《れきだん》死体となって発見された下山事件、無人電車が暴走して死者が出た三鷹《みたか》事件、八月には人為的な線路破壊による列車転覆事件である松川《まつかわ》事件の、未解決だったり疑惑がいわれる決着だった国鉄三大ミステリーが発生し、治安が安定しているとはいいがたい時代だった。

こうした時代背景もあり、本来ならこのままモーターボート競走法は日の目を見ることもなく、ドッグレースやハイアライと同様、世間から忘れ去られてしまったに違いない。

だがここから大逆転が始まる。通常国会の会期は一五〇日だが、この第一〇回国会は数度の会期延長により計二八日間の会期延長があった。六月二日、すなわち参議院本会議でモーターボート競走法案が否決されたその日、あらためて三日間の会期延長が議決された。

笹川は腹心の藤吉男や吉松正勝らを自由党総務会長広川弘禅《ひろかわこうぜん》のもとに派遣し、モーターボート競走法の衆議院での再議決を働きかけさせた。これが「広川弘禅宅夜襲事件」である。広川は彼らとの面会を避けこっそり自宅から脱出をはかったが、その動きを察知され、藤らに捕まり強引に再議決を約束させせられたという。

藤は国粋義勇飛行隊参謀で児玉《こだま》機関（四一年に上海で児玉誉士夫《よしお》が作った特務機関）でも活動した経歴をもつ。吉松は国粋大衆党幹部で笹川のムッソリーニ会見に同行した人物だ。タヌキと評された広川も血の気の多い彼らに抵抗できなかったのだろう。

再議決は憲法五九条第二項、「衆議院で可決し、参議院でこれと異なった議決をした法律案は、衆議院で出席議員の三分の二以上の多数で再び可決したときは、法律となる」という条項を適用したものである。五一年六月五日の衆議院本会議では民主自由党福永健司《ふくながけんじ》による再議決の動議が採択され、出席議員の賛成多数によりモーターボート競走法が可決・成立した。

笹川自身の言を借りると「参議院で沈没したボートは、奇跡的にも浮上した」（『競艇沿革史』）わけだ。

覇権争いから初開催へ

モーターボート競走法成立後、新たに誕生する競技開催の主導権を笹川がすんなり握ったわけではない。

成立当時の運輸委員長は前田郁《まえだいく》だった。自由党の大物政治家大野伴睦に連なる人物で、福島世根は大野を通じて前田と知り合い、前田とともに競走会連合会や東京都競走会の設立を目論《もくろ》む。前田・福島らは歌舞伎座に事務所を設けたことから「歌舞伎派」とよばれる。

笹川の事務所が銀座《ぎんざ》にあったことから笹川らを「銀座派」という。銀座派が、歌舞伎派との対立を制し、一九五一年一一月銀座派主導で全国モーターボート競走会連合会（略称・全モ連）が設立された。初代会長には後に日本商工会議所会頭となった実業家の足立正《あだちただし》が就任し、法案成立に向けた政治工作でも活躍した矢次一夫《やつぎかずお》が運営委員長についた。矢次も戦後政治のフィクサーとよばれる人物で笹川とも懇意の間柄だ。笹川自身は競技委員長に就任している。

競輪は自転車競技法公布から三か月あまりで初開催され、オートレースは小型自動車競走法公布から約五か月後である。それに対して、ボートレースの初開催は五二年四月から、法案成立から初開催まで一〇か月近くを要している。

初開催までに日数を要したのは当然で、既に戦前から競技の歴史があった他競技と異なり、モーターボート競走は競技の蓄積がほとんどないに等しいため、選手の育成から始めなければならない。

自転車に乗ったことのない競輪選手はいないし、オートバイに乗った経験のない人がオートレース選手になることもまずないだろう。ところがボートレースはそうではない。今でもそうだが、ほぼ全員が選手養成所に入所して初めてモーターボートに乗ったという人たちだ。船外機（モーター）や船体の準備も必要だった。自転車、オートバイは選手自らが用意したが、船体や船外機を所有している人はいない。そもそも船体もモーターを製作する所もほとんどない。ゼロからのスタートだった。

五一年六月には琵琶湖《びわこ》に選手養成所が設立される。また、いち早く競走会を設立し、最初の開催地を目指した長崎県大村《おおむら》市も七月に選手を募集し二六名が訓練を開始した。

大村と琵琶湖で訓練を受けた選手を合わせて三五名の選手が初のモーターボート競走に参加した。選手数が少ないため、選手は一日に二回出走することを余儀なくされたが、一日二回出走はその後選手層が厚くなっても続けられ今日に至っている。

ボートレースの施行者は自治体だが、競走を実施するのは自治体から委託された競走会だ。この点は競輪やオートレースと同じである。競走会は都道府県単位で設立されたが、最初に設立されたのが長崎県モーターボート競走会だ。

長崎県モーターボート競走会の設立は法律公布から約一か月後の五一年八月。ちなみに、全モ連の設立は、前述のとおり同年一一月だった。

ボートレースは五二年四月に大村で始まったとされ、大村はボートレース発祥の地といわれるが、発祥の地は三重県津《つ》であるという見解もある。それは、大村での開催は本格的な開催に向けたテスト開催と位置づけられていたことによる。テスト開催とはいえ、舟券も発売してレースがおこなわれたため、大村を発祥の地とするのが妥当だろう。

五二年四月六日から始まった初開催の売上は二六四万一七〇〇円、入場人員は九一四九人だった。当時存在した長崎競輪の五二年度の開催成績は、一二開催七二日間で七億五五〇一万七〇〇〇円の売上で、一日平均にすると一〇四八万円なので大村ボートの初開催は入場人員の割には、売上は少なかった。

後発の公営競技であることに加え、水面を必要とすることから必然的に限られる競走場の立地の悪さもあり、発足当初のボートレースは苦戦を強いられる。それがその後、競輪・オートバイ・地方競馬をはるかに凌駕《りょうが》し、中央競馬にさえ売上が迫ることになるとは、当時誰一人想像しなかったろう。いや、もしかすると、笹川だけは想像していたかもしれない。

第三章　「戦後」からの脱却

——騒擾事件と存廃問題　一九五五～六二年

1．公営競技存続の危機

競輪の爆発的拡大と死者を出した鳴尾事件

終戦直後GHQの間接統治という特異な社会状況のもと、経済復興を掲げて出発したのが公営競技だ。戦後復興が進み、一九五〇年代半ばになると、日本の社会・経済は新たなステージにはいっていく。

日本社会が「戦後」から脱却したとき、「戦後」が生んだ公営競技はその存在意義が問われざるを得ない。本章では公営競技の戦後からの脱却をみていくことにしよう。

図表3―1は四八年度から六〇年度の各公営競技の売上額だ。ただし、中央競馬と地方競馬は一～一二月の合計で他の競技は四月～翌年三月の合計なので厳密には正確さを欠くがトレンドをみるには十分だろう。

さらに細かいことをいえば、この図の中央競馬の売上額は、四八年八月分までは日本競馬会による公認競馬、四八年九月分から五四年八月までは国営競馬、五四年九月以降は日本中央競馬会の売上額だ。

四八年一一月に小倉で産声を上げた競輪は瞬く間に全国に拡大する。それにともない車券

図表3-1 公営競技の売上額の推移（1948～1960年度）

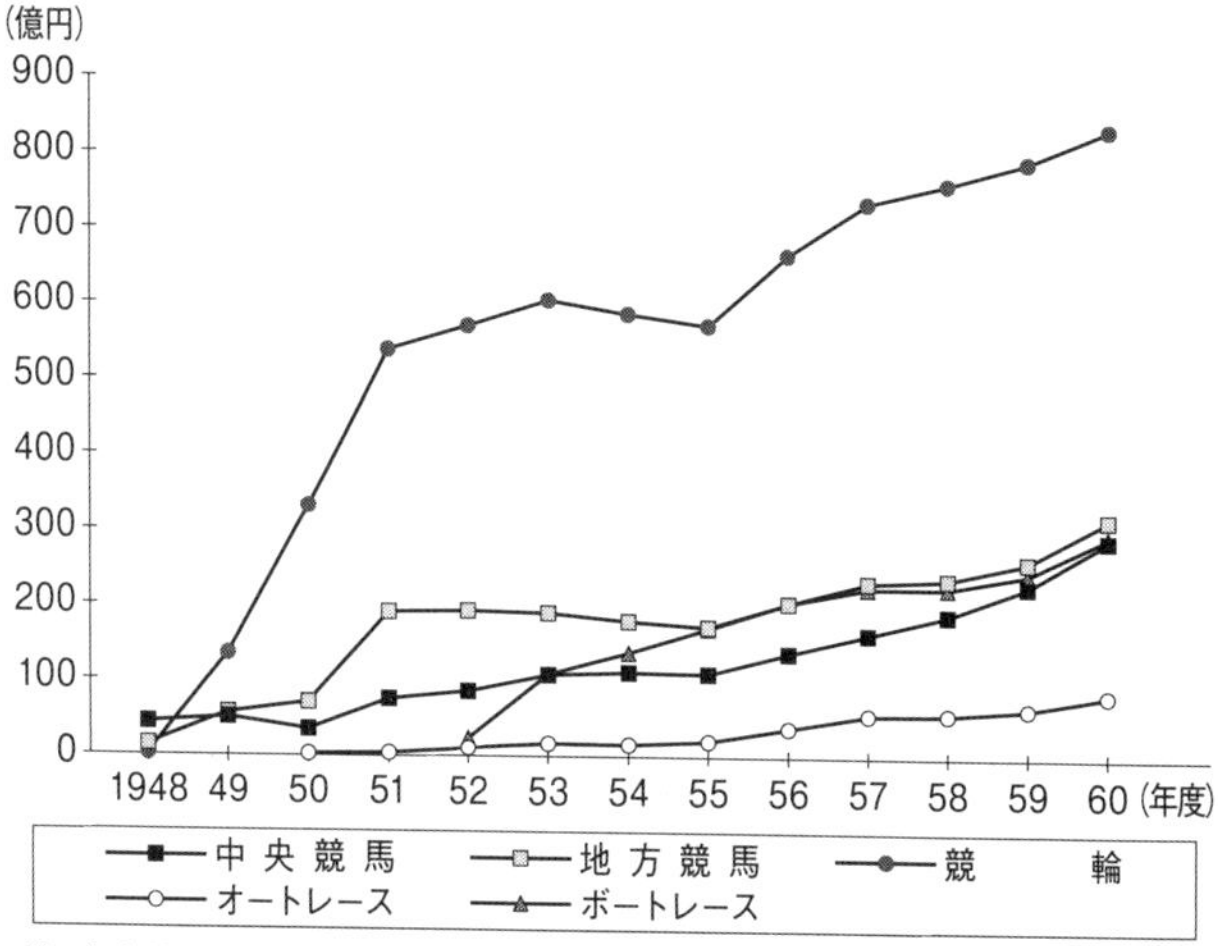

注：中央競馬と地方競馬は1月～12月。他の競技は4月～翌3月の合計。
出典：各競技年史より作成

の売上額も急増し、発足後数年のうちに中央競馬や地方競馬の売上額を上回るまでになる。

　競輪の伸び率はすさまじい。発足五年目の五二年度には開催場数は実に六二、開催延べ日数が四二三一日、車券売上額五七一億円となる。これは国営競馬八六億円の六・七倍、地方競馬一九三億円の三・〇倍だ。

　競輪の急成長は騒擾《そうじょう》事件をはじめ様々な問題を引き起こし、その後の公営競技のあり方を左右することになる。他の競技の関係者にとってはとばっちりをくらった思いだったろう。

　前章でもふれたように、競輪では発足当初から騒擾事件が続発している。

なかでも死者を出した鳴尾事件のインパクトは大きく、モーターボート競走法成立が危うくなった原因ともなったことも先述のとおりだ。

五〇年九月九日の鳴尾事件の発生を受け、競輪を所管する通産省（現・経産省）、施行者である全国競輪施行者協議会（全輪協）および施行者から委託を受けて競技を実施する各都道府県競走会の全国組織である自転車振興会連合会（連合会）。この三者は九月一五日に緊急合同会議を開催する。全輪協と連合会が連名で「当分の間競輪開催を全国的に中止し、競輪の明朗健全化を図ることに決した」という緊急声明を発表した。

緊急声明が発表される頃、そもそもギャンブル嫌いだった吉田茂《よしだしげる》首相らは競輪の廃止を決断していた。それを緊急声明翌日の一六日に横尾龍《よこおしげみ》通産大臣が吉田首相らに翻意を促し、辛うじて競輪の存続が認められたという。

五〇年度は競輪場の開場ラッシュで三二もの競輪場が全国で開場している。筆者の住む北海道でも札幌と函館で競輪が始まった。

競輪を始めようとしている自治体にとって、競輪事業開始直後や開始直前で突然廃止となるのは承服しがたかったろう。さしものワンマン宰相吉田茂も競輪の廃止は簡単にできなかった。

緊急声明にある「当分の間」とは具体的には二か月間だ。五月に発足した札幌競輪（施行者は北海道）や六月に発足した函館競輪（施行者は函館《はこだて》市）などの寒冷地では、九月から二か月の休催となれば再開時には冬季休催期間になってしまう。そこで、寒冷地の施行者は通産省に働きかけ、自粛期間中の開催を特例として認めさせている。

騒擾事件の多発は大きな社会的批判を招き、この段階で競輪事業からの撤退を考えた自治体首長も現れる。髙山義三《たかやまぎぞう》京都市長は鳴尾事件発生前の六月に新聞記者との定例会見の場で、社会的に批判が強いことから競輪の実施については考えねばならないと発言している。

髙山はこの年社会党公認候補として当選し、四期一六年にわたり京都市長を務めた人物だ。社会的批判を受けての撤退表明としてはかなり早い事例だった。

「ギャンブルホリデー」と大阪府の撤退

競輪が一九五〇年の廃止危機を何とか乗り切り、一〇月にはオートレースが船橋で産声を上げ、五二年四月には大村でボートレースがスタートする。

公営競技界が出揃ったその二年半後、再び「爆弾」が投下される。

五五年一月一〇日、前年一二月に発足した第一次鳩山一郎《はとやまいちろう》内閣で農林大臣に就任した河野《こうの》一郎《いちろう》が、前橋《まえばし》市での記者会見で「（一月）一一日の閣議に競馬は土曜、日曜および祭日以外は開催しないということを提案する。競輪も通商産業大臣と相談してこの線に沿うようにしたい」と発言した。

なぜこの時期に、どういう脈絡で河野がこの発言をおこなったのかはわからない。だが、競輪だけではなく、競馬でも騒擾事件がおこっていたため、公営競技全体を縮小させようという意図があったと推測される。

また、鳩山は衣食住の改善や冠婚葬祭の簡素化による生活の合理化を目指す「新生活運動」を提唱し、五〇年九月に鳩山内閣が新生活運動協会を発足させる。新生活運動では、「健全娯楽の奨励（レクリエーションの生活化、ギャンブルの廃止、スポーツ施設の拡充等）」も掲げられていたため、河野の発言はその意を汲《く》んだのかもしれない。

この河野の提案に競輪・オートレースを所管する石橋湛山《いしばしたんざん》通産大臣も賛意を示し、記者会見での発言どおり河野提案は一一日の閣議で了承された。ギャンブルを嫌った吉田茂らとは異なり、河野自身はギャンブル否定論者ではない。河野は自ら競走馬を所有する馬主でもあった。

河野の提案は「ギャンブルホリデー」とよばれた。中央競馬が土日の開催を原則とするようになったのはこのときからだ。

河野のギャンブルホリデーについて、『競輪十年史』では「戦災都市復興の財源などの目的はもはや達成したから、競輪は廃止すべき時期であるということであろう」としている。

実際、競輪以外の競技も含めて公営競技から撤退した自治体があらわれた。大阪府だ。

ギャンブルホリデーは法改正を伴う強制的なものではない。それぞれの競技を所管する農林省（競馬）、通産省（競輪・オートレース）および運輸省（現・国交省、ボートレース）が施行者に対しておこなった要望に過ぎない。そのため、すべての施行者が素直に従うことはなかった。従わなかったというより、従えない事情があった。

競輪場が乱立したため、競輪場が近接する大都市圏で平日開催が制限されると、開催日が競合し車券の売上が落ちることは明らかだったのだ。

この段階で赤間《あかま》文三《ぶんぞう》大阪府知事が競馬・競輪からの撤退を表明する。赤間知事の競輪・競馬からの撤退表明は関係者の多くにとって寝耳に水だったようだ。一九五二年三月の府議会で、赤間は「個人としては競輪のようなものは嫌いだから廃止したいと思っているが、府の財政上競輪収益が相当大きな役割を果たしているのでこの点も考えねばならぬ」と発言していた。

この言い方だと「個人的には嫌いだが継続する」という意味にとれるが、知事答弁の以前から編成中だった新年度予算に競輪収入は計上されていなかった。つまり府営競輪の廃止は既定方針だった。ギャンブルホリデーは公営競技からの撤退表明のきっかけだったのだろう。

大阪府に続き福岡県と福岡市が競輪事業から撤退した。福岡県と福岡市が共有する福岡競輪場でそれぞれが競輪を施行していた。

とはいえ、福岡市が大阪府のように公営競技から全面的に撤退したわけではない。福岡市は五三年度からボートレースを施行しており、こちらの方は現在に至るまで手放していない。

この当時、広く社会問題化していた競輪が公営競技批判の主な標的となっていたことは確かだが、このときそのまま競輪が廃止に向かっていれば、オートレースやボートレースも同様の道をたどっていた可能性も十分あった。公営競技の大きな第一の危機だったといえる。

撤退を喜ぶ衛星都市

大阪府は、競輪と競馬を施行していた（オートレースも施行したがすぐに撤退した）。競輪は豊中《とよなか》競輪場と大阪競輪場（大阪市住之江）で施行していたが、豊中競輪場を五五年に廃止。大阪競輪場は競輪を施行する府下の自治体に賃貸することで存続が決定した。

競馬は、大阪競馬場（現在の長居運動公園にあった）と岸和田《きしわだ》市の春木《はるき》競馬場で主催していた。大阪府は競馬事業から撤退したが、府下の衛星都市が大阪競馬場や春木競馬場を賃借して競馬開催を継続した。

ほとんどのファンは、施行者が誰かなどということに関心は持たないだろう。レースがおこなわれ、馬券や車券を買えればそれでいい。大阪府の撤退は、結果的には、赤間の個人的嗜好《しこう》で財源を手放しただけに過ぎず、公営競技が引き起こしていた社会的問題の解決には全くなっていない。

大阪府とともに公営競技を施行していた府下の衛星都市は、府の公営競技からの撤退を歓迎した。池田《いけだ》市長の武田義三《たけだぎぞう》は「大阪府が競輪、競馬の開催を禁止したことはいいことだ、よくやってくれたと思う。むしろ遅すぎたくらいで赤字財政で弱っている衛星都市がその分だけ潤うならばそんな結構なことはない」と言っている。

競馬と競輪から撤退したとはいえ、大阪府は競輪場と競馬場を所有し、競馬や競輪を施行する自治体から賃貸料をしっかり受け取っているのだから、公営競技と完全に手を切ったわけではなかった。第二次世界大戦終結から一〇年。日本は戦後復興期から次のステージに移りつつあった。次節では戦後復興の産物である公営競技が新たなステージにどう対応したのかをみていく。

2.「戦後」からの脱却

「国が主催する」是非が問われた

「もはや「戦後」ではない」――『昭和三一年経済年次報告』（経済白書）の結語に記され

た有名な一節だ。この言葉を、暗かった戦後が終わり未来に向けた明るい希望を表現した文言であるかのように引用しているのを見かけるが実はそうではない。戦後復興という成長バネがなくなり、これからは経済の近代化なくして将来の展望はないという経済構造の転換を促す警鐘の文言だ。

戦後の混乱のなかで、戦後復興を旗印に誕生した公営競技にとって、「もはや「戦後」ではない」ということはその存在意義を問われることでもあった。

政治面では、一九五五年一一月、日本民主党と自由党の合同、いわゆる保守合同が成立し自由民主党が誕生した。戦後生まれたいくつもの小政党も姿を消している。

保守合同前月の一〇月には、五一年に講和条約と安保条約への対応をめぐり左右に分裂していた社会党が再統一を遂げている。

モーターボート競走法案をめぐり社会党所属議員の対応が割れたのも五一年だった。つまりその頃の社会党はそもそも党としての統一性を失っていたのだ。

左右社会党の統一と保守合同で生まれた政治体制は五五年体制といわれている。五〇年代半ばから七〇年代初頭までの高度経済成長を支えた要因のひとつが五五年体制による政治的安定だった。

公営競技界も「戦後」から脱却し、「五五年体制」が構築されようとしていた。

公営競技界で最初に戦後体制から脱却したのが国営競馬だ。五一年九月サンフランシスコ講和会議が開かれ、連合国軍による統治が終わった。講和会議で日本が名実ともに独立国となった頃から、国が競馬を主催することの是非が問われるようになる。

競走馬の生産者団体である日本軽種馬協会や馬主の団体である馬主会などの競馬関係団体から民営化の要望が出され、政府は国営競馬を民営化し、新たに特殊法人を設立してこの特殊法人が競馬を主催することとした。

五四年七月、日本中央競馬会法が制定され、特殊法人日本中央競馬会が設立された。九月一六日が日本中央競馬会の創立記念日だ。国営競馬事業は農林省から日本中央競馬会に移管され、国営競馬は中央競馬となった。

今日の競馬関係者のなかには中央競馬を「お役所競馬」などと揶揄《やゆ》する向きもあるが、当時の認識では日本中央競馬会の設立は競馬の「民営化」なのだ。

ここで補足すると、経験に基づく私見だが、日本中央競馬会は決して「お役所」ではない。大組織だからもちろん官僚的な面もあろうが、情勢の変化に対する素早い対応などを見る限り優秀な競馬のプロ集団だ。他の公営競技を主催・施行する自治体では公営競技部署と他の部署との異動があるが、日本中央競馬会の職員は入職時から競馬一筋だ。場外発売所の展開やインターネット社会への素早い対応で、中央競馬を大きく成長させてきたことは高く評価されよう。

日本中央競馬会は政府が全額出資する特殊法人である。政府が設立した特殊法人は数多くあるが、そのほとんど全ては政府からお金をもらって運営されている法人だ。だが日本中央競馬会は国庫納付金というかたちで政府にお金を差し出している。政府に金を出す唯一の特殊法人だともいわれている。

日本中央競馬会の初代理事長には第一章でもとりあげた安田伊左衛門が就任する。だが安田の理事長在任期間は短く、設立翌年の一九五五年四月には有馬頼寧《よりやす》が第二代の理事長に就任した。

安田は旧競馬法制定の時代から活躍しており、「日本競馬の父」と称されているが、有馬は競馬や馬産と特段深いつながりをもっていたわけではない。

有馬は一八八四年に旧久留米《くるめ》藩主有馬伯爵家当主の長男として生まれた。東京帝国大学農科大学（今の農学部）で学び、農商務省で農政に関わり、さらに東京帝大の教官も務めたこともある人物だ。

農政においては石黒忠篤《いしぐろただあつ》らのいわゆる革新官僚たちを支援した人物で、第二次世界大戦前には職業野球（プロ野球）の東京セネタースの経営に携わったという面白い経歴もある。

現在、年末の中央競馬のビッグレースとして開催される有馬記念競走はこの有馬頼寧を記念するレースだ（同様に、安田記念は安田伊左衛門に由来する）。

有馬記念は、プロ野球のオールスターゲームのように、ファン投票で選出された馬を走らせるレースをつくってはどうかという有馬の発案で創設された。競馬をよく知らなかった有馬だからこそ出てきた発想かもしれない。

「社会経済の安定に伴い、廃止されるべきもの」

後述のように、競走馬資源の不足や売上不振で競馬を維持できなかったところは少なくない。だが、好調な馬券売上を背景に競走専用種を導入することで競馬事業を継続し得た地方自治体にとって競馬は貴重な収入源となりつつあった。

GHQのおかげで棚ぼた式に手に入れたとはいえ、厳しい財政運営の続く地方自治体にとって、競馬はせっかく手に入れた貴重な財源だ。そう簡単に手放したくはなかったのだろう。地方競馬を主催する自治体で構成する全国公営競馬主催者協議会（全主協）は地方競馬の民営化に反対し、結果的に地方競馬の民営化は阻止された。

中央競馬は国営化の直前までは日本競馬会という主催者が存在し、それをそのまま農林省に移行していたため、組織を復活させればよかった。だが、地方競馬の場合はそう単純にはいかなかったという事情もあるかもしれない。というのは、公営化以前に存在していた馬連や馬匹組合は完全に消失してしまっており、受け皿となる団体を新たにつくることが難しかったからだ。その結果、中央競馬は戦前に近いかたちになったが、地方競馬は自治体が主催する「公営」のまま今日に至っている。

競馬以外の公営競技には、発足当時、売上の一部を国に納入するという国庫納付金制度が設けられていた。だが、一九五三年一二月、大蔵省（現・財務省）は公営競技の国庫納付金制度を五三年度限りで廃止することを表明した。

これには戦後の税制に大きな影響を与えたシャウプ勧告が関係しているようだ。シャウプ勧告とは、経済安定のために日本政府がＧＨＱに招聘《しょうへい》を依頼したコロンビア大学教授カール・シャウプらによる勧告だ。シャウプらは四九年に来日し、国庫補助金の廃止と地方自治の財政的裏付けを担保する財政平衡交付金制度の創設を提言した。

国庫納付金はそれぞれの産業振興策の財源に充当される。競輪の場合は自転車競技法第一条に記された「自転車産業の振興」の財源だ。

政治家のなかでも、国庫納付金制度廃止に反対する意見があった。翌年二月の衆議院予算委員会で、大蔵大臣小笠原《おがさわら》三九郎《さんくろう》は、廃止の理由として、国民の射倖《しゃこう》心に基づく収入を見込むことは穏当を欠くことと、地方に財源を与えてもいいという二点を述べた。

それに対し、質問者の本間俊一《ほんましゅんいち》は、前者について、国営競馬からの収益で畜産・馬産を奨励しているではないか。馬券も車券も射倖心から来る収入としては同じだ。緊縮財政下で入るはずの収入を放棄するのはおかしいと質問した。この議論は細かい話のようにみえるが、この国庫納付金制度の廃止が公営競技の組織体制を大きく変革させることになる。

五四年五月、政府案どおり国庫納付金制度の廃止が決定され、その代替措置として臨時特例法がつくられた。臨時特例法に基づき、産業振興のための臨時の納入金制度が新たにつくられ、この臨時納入金を財源として、自転車、小型自動車、モーターボート以外の機械工業一般の振興対策もおこなうこととなった。

先の小笠原の発言にあるように、国庫納付金制度の廃止は施行者である地方自治体の取り分を増やすことになるため、当然施行者側は大賛成だ。だが、産業振興政策の財源が失われる自転車業界は当然反対の立場をとった。

施行者団体の全輪協は国庫納付金制度廃止に賛成の陳情書を提出し、日本自転車産業協議会と日本自転車工業会他八つの業界団体は連名で反対の陳情書を提出する。

競馬は国または地方自治体の直営だが、競馬以外の競技は施行者から委託を受けた競技実施団体が競技を実施する。このあたりが競馬は「主催」、その他は「施行」という用語の違いかもしれない。競輪で採用された形態がオートレースやボートレースでも踏襲されている。

臨時特例法はあくまで「臨時」であり、臨時納入金に基づく産業助成は一年限りとされた。

だが一年限りの時限立法だったはずの臨時特例法は二回も延長された。

なぜそんなことになったのか。問題は特例法の条文に盛られた内容ではなく、法案成立に附された附帯決議にある。この附帯決議への対応が、公営競技が戦後のあだ花に終わってしまうのか、それとも恒久的な自治体の収益事業として存続するかの分かれ目になった。

参議院の附帯決議には「自転車競技法等は、戦後の異常な時期に対応する制度であり、社会経済の安定化に伴い、廃止されるべきものであるから、政府は、社会経済の安定度を勘案しつつなるべく速やかに善処すべきである」と明記されていた。

「競馬法等」ではなく「自転車競技法等」とあることから類推すると、競輪とその後生まれたオートレース・ボートレースが廃止の対象に想定されているようだ。競馬（少なくとも中央競馬）は対象外だった。これは、主催者の変遷はあるものの、競馬そのものは第二次世界大戦前からおこなわれており、「戦後の異常な時期に対応する制度」ではないためだろうか。

瞬く間に全国に拡がった競輪・オートレース・ボートレースが附帯決議にある「戦後の異常な時期に対応する制度」であるならば、もはや戦後ではない段階に事業を続けることはできない。その一方で、公営競技事業は自治体にとって重要な財源となっていた。臨時特例法は公営競技の存廃の決着をつけきれなかったことを如実に表している。

各競技の組織変革

臨時特例法は二度にわたり延長され、失効した。産業振興や公益に資するため、臨時納入金に代わる制度が必要となり、公営競技界は新たに納付金を受け入れ、それを交付する仕組みをつくることとなった。これは恒久事業化への公営競技界側からの布石ともいえるものだ。

自転車競技法と小型自動車競走法が改正され、新たに特殊法人である日本自転車振興会（以下、日自振）と日本小型自動車振興会（以下、日動振。現在のＪＫＡ）が設立された。その設立と同時に、各競技場で競走業務を受託している振興会・競走会の連合会が解散する。自転車振興会連合会と小型自動車競走会連合会は各競走会が納付する賦課金で成り立っている組織だったが、新たに設立した日自振や日動振は施行者からの交付金で運営される組織だ。つまり競走会の統括組織がなくなったということである。

産業振興や公益に使われる資金は施行者が交付金として日自振や日動振に納入し、日自振や日動振が産業振興や公益に資する事業に助成するというかたちとなった。

だが、笹川良一が率いるボートレースは競輪・オートレースとは異なる対応をとっている。競走会連合会が存続し、船舶振興などの補助事業も当初は連合会がおこなうこととなった（後に補助事業をおこなうために日本船舶振興会が設立される）。

競技の組織体制が変革されたからといって、公営競技の存廃がこの段階で明確に確定していたわけではない。自・社両党所属の国会議員による公営競技審議会が一九五八年四月に発足したあたりから、公営競技の存廃に関する本格的な議論がはじまる。

松戸事件と過熱する廃止議論

公営競技全体の存廃が重大な局面に立ち至っていたまさにそのとき、その主役ともいえる競輪でまたしても大きな騒擾事件が発生する。

一九五九年六月二三日、松戸《まつど》競輪場で着順の判定をめぐり八百長《やおちょう》だと観客が騒ぎ、それが暴動に発展して競輪場の施設が破壊されるという事件が発生した。松戸事件だ。

施行者は一部の暴動参加者に「車代」として一人一〇〇〇円の現金を手渡し、事態を収拾しようとした。六〇年以上前の一〇〇〇円だから、決して安い金額ではない。騒ぎを起こせばカネになるという前例をつくってしまうため、これは最も避けるべき事態収拾策だった。

松戸事件発生まで大きな騒擾事件はしばらく発生していなかっただけに、公営競技、とりわけ競輪の関係者に与えた衝撃は極めて大きかった。

競輪を監督する通産省は、施行者の千葉県に対して三か月の開催停止を、競技を実施した千葉県自転車振興会に対して役員の更迭《こうてつ》を命じた。さらに、発足間もない日自振に対しては、池田《いけだ》勇人《はやと》通産大臣から事故防止策を講じることを命じる大臣命令が出された。ここでいう

「事故」とは騒擾事件などのことである。

ちなみにこの年には戸田《とだ》ボートレース場や飯塚《いいづか》オートレース場でも騒擾事件が発生している。競輪の騒擾事件が取り上げられることが多いが、騒擾事件は他の競技でもしばしば発生している。

松戸事件の余波が収束しつつあった五九年一一月、朝日新聞が近畿《きんき》ダービー事件を報じた。事件そのものは二年も前の五七年七月に起こったもので、甲子園競輪場で開催されたレースで八百長により選手の大量処分がおこなわれた事件だ。

実際のところは八百長レースといえるものではなかったらしいが、マスコミは大がかりな八百長がおこなわれたかのように報道した。大量処分の二年も後になって朝日新聞が大きく報道したことから、近畿ダービー事件の報道は公営競技廃止キャンペーンの色合いが濃かったことがうかがわれる。

世論は総じて競輪をはじめとする公営競技に厳しい目をむけていた。

近畿ダービー事件報道の直後、甲子園競輪の施行者である兵庫県の阪本勝《さかもとまさる》知事は県営競輪の廃止を表明し、明石《あかし》と神戸《こうべ》の両競輪場が廃止された。

五四年一二月におこなわれた兵庫県知事選挙で左右社会党統一候補として当選したのが尼崎市長から転じた阪本だ。

尼崎《あまがさき》ボートレース場の開場は、阪本が尼崎市長だった五二年だった。つまり、ボートレースを始めた市長が知事としては競輪を廃止したことになる。矛盾した行動にもみえるが、阪本が市長として尼崎にボートレースを誘致した五二年頃に比べると、知事として競輪事業の廃止を決断した五九年頃の、競輪を中心とした公営競技に対する世論の風当たりは厳しくなっていた。

北海道では函館市と北海道がそれぞれ競輪を施行している。また北海道は地方競馬も主催している。

五九年四月、田中敏文《たなかとしふみ》に次ぐ二人目の北海道知事（四七年五月二日までは北海道庁長官）に就任した町村金五《まちむらきんご》は、知事就任後まもなく開催された第二回北海道議会定例会で、社会党議員からの質問に対して、競輪は戦後の混乱期にできたもので、各種の不詳な事故が頻発しているだけでなく、社会風潮に非常な悪影響を及ぼしており、一日も早くやめるべきと考えていると答弁した。この質疑応答は松戸事件からひと月も経っていない七月一八日におこなわれたもので、質問者も答弁者も松戸事件を念頭においていたことは間違いない。

ただ、このときの知事答弁は北海道庁内でコンセンサスを得たものではなかった。三か月後の一〇月一三日の予算特別委員会で、競輪を所管する商工部長は、「知事の発言は競輪は将来、これにかわる財源が見当たった場合にはできる限り廃業をしていきたいという意味」

だと述べている。

それでも町村は意見を変えることはなく、北海道は六〇年度をもって競輪事業から撤退した。元内務官僚でギャンブル嫌いの町村は競馬もやめたいという意向をもっていたらしいが、社会問題となったのが競輪であったことと、北海道が馬産地であるという事情もあり、競馬事業は継続し今日に至っている。

道営競輪についての商工部長の発言からもうかがわれるように、競輪は社会問題化しながらも、地方自治体の財源として簡単に手放し難いものにもなっていた。

一九五九年度の北海道の競輪特別会計（北海道自転車競技費）をみると、歳入（そのほとんどが車券の売上）が一二億八〇三四万円、一般会計への繰出は一億五〇三八万円あった。ちなみに競馬事業（北海道地方競馬費）の繰出額は二〇三六万円に過ぎない。

この年度の北海道の普通会計歳入総額は五八八億円だから、競輪事業からの繰入額は普通会計の歳入総額の〇・二五パーセントに相当する。当時の一億五〇〇〇万円が今でいうとどれくらいに相当するのだろうか。たとえば二〇二〇年度の北海道の一般会計歳入総額が三兆六二三七万円だから、その〇・二五パーセントだと九億円となる。

プロ野球の北海道日本ハムファイターズの本拠地移転で深刻な経営難に陥るとみられている札幌《さっぽろ》ドームは、コロナ前の二〇一八年度の売上高が三八億八九〇〇万円で純利益が一億六三〇〇万円。九億円という金額は札幌ドーム五個分の収入を失う計算になる。

この比較は非現実的なものだが、もし仮に今、北海道知事が九億円の財源を手放すと発言すれば、そこそこ大きな政治問題となるかもしれない。

財政規模が比較的大きな都道府県にとって、公営競技の収益は小さなものかもしれないが、財政規模が小さい市町村にとって公営競技の収益はさらに貴重な財源となっていた。

政府の決断

一九五八年の自社両党有志による公営競技審議会の発足に続き、五九年一二月には自民党が政務調査会内に公営競技特別委員会を設置する。

六〇年二月には公営競技審議会の意見書、自民党公営競技特別委員会答申、そして社会党の「競輪等の廃止に対する党の態度」と「自転車競技法等の廃止に関する法律案要綱」がまとまる。

公営競技審議会意見書では、地方自治体の財源となっている公営競技を直ちに廃止することは妥当ではないが、さりとて、公営競技の現状については相当な改革を行う必要があるとし、存廃については両論併記である。

自民党の公営競技特別委員会の答申は「公営競技全般につき、その改廃並びに改廃後に起こりうべき改善方策及び経過措置等に関してなにものにも捉われない審議を行わせしめ、政府はその答申に基づき必要な措置を講ずべきであるとの意見の一致をみた」というもので、公営競技の存廃について政府に下駄を預けた。

三月には通産省の競輪審議会の答申もあったが、ここで存廃は決定できないので、改革の上三年後に存廃をあらためて検討するという、結論先送りの内容にとどまっている。

兵庫県の阪本知事は社会党、大阪府の赤間知事と北海道の町村知事は自民党なので、地方自治体レベルでは自民党か社会党かで対応が異なっているわけではないが、中央レベルでは社会党は公営競技廃止の方向で、自民党は明確な方向を出せない状態だった。

また、公営競技廃止といっても、その中身は競輪だけの廃止なのか、それとも他の公営競技全部も廃止なのか、そのあたりにも曖昧《あいまい》な部分がみられる。

いずれにせよ、公営競技が「戦後の異常な時期に対応する制度」で終わるのか、それとも恒久的な収益事業として存続させるのかの決断は、最終的に政府に委《ゆだ》ねられることになった。

六一年二月、政府は総理大臣の諮問機関として公営競技調査会を設置する。このときの首相は池田勇人である。委員長には元大蔵省事務次官の長沼弘毅《ながぬまこうき》が選任されたことから、この調査会の答申は「長沼答申」とよばれている。

約半年の審議を経て、七月二五日、公営競技調査会の答申（長沼答申）が池田勇人首相に提出された。この答申は「現行公営競技の存続を認め、少なくとも現状以上にこれを奨励しないことを基本的態度」とし一三項目の改善すべき点を指摘した。

長沼答申は公営競技の「戦後」に終わりを告げるものだった。公営競技は戦後復興期の一時的な事業ではなく、産業振興や地方財政に寄与すべき恒久的な収益事業として存続が公認されたのだ。だが、その一方で、長沼答申はその後の公営競技に強い制約を課すものでもあった。

七七年に設置された公営競技問題懇談会の意見書（吉国《よしくに》意見書）が七九年に提出されるまで、長沼答申は約二〇年にわたり公営競技全体を規制することになる。長沼答申が公営競技に課した制約とその帰結は次章で詳しくみることにする。

かくして公営競技の「戦後」はようやく終わりを告げた。以下ではこの時期の各競技がどのようなものだったのかをみていこう。

3. 地方競馬の変貌

消える産業馬と地方競馬

競輪が社会問題化し、公営競技の存廃が議論されていた時期、地方競馬は大きな変化をみせていた。前章でのべたように、軽種馬による公認競馬、産業馬による地方競馬というのが、地方競馬法制定時の基本コンセプトだった。

産業馬の品種が種々雑多だったことから、産業馬を使う地方競馬の出走馬の品種も種々雑多だった。

時期が少し遡《さかのぼ》るが、地方競馬法に基づいて一九四七年に開催された北海道地方競馬の出走馬の記録の血統欄には、アノ（アングロノルマン）、アア（アングロアラブ）、サラ（サラブレッド）、ギド（ギドラン）、ペル（ペルシュロン）、といった品種の他、軽半、中半、重半、不詳などと記載されている。

軽半・中半・重半の半は「半血」の略で、交雑種という意味だ。サラブレッドやアングロアラブの血が色濃く出ているが、血統がはっきりしないのが「軽半」、ペルシュロンなどの大型馬の血がはいっているが血統が明確ではないのが「重半」だ。そもそもどんな品種の血がはいっているかもわからないと「不詳」となる。

現在の競走馬で血統が「不詳」などという馬はいない。当時の産業馬がいかに多様だったかがうかがえる。

品種が様々だったことに加え、せん馬（去勢した雄馬）の比率が高いのも産業馬の特徴だ。雄馬と雌馬では総じて雄馬の方が力は強い。だが、去勢していない雄馬は気性が荒く扱いにくいため、馬車馬などは去勢した雄馬が使われる。

　馬の生産頭数は大戦中の一九四三年をピークに減少に向かう。大戦中は軍馬需要で増産が続いた。四五年の終戦後しばらくは年間一〇万頭程度が生産され続けたが、五〇年代になると生産頭数は大きく減り続ける。

　一方、へい死頭数とと畜頭数の合計は五〇年代には増加傾向となり、生産頭数を上回り続けている。と畜された馬の多くは馬肉となった。生まれる頭数より死ぬ頭数が多いのだから、飼養頭数は年々大きく減少していったことがわかる。

　これはいうまでもなく、産業動力が馬から自動車やトラクターなどに急速に転換したことによる。今では農耕に馬を使った経験を有するのは七〇代後半以上の人だろう。六〇年代後半までは札幌の街なかでも荷馬車をみることもあったようだが、七〇年頃にはほぼ姿を消している。

　地方競馬が産業馬の競馬である限り、産業馬が姿を消せば競馬は成り立たない。一九四九年には全国七二の競馬場で延べ一七五九日間地方競馬が開催されたが、五五年になると競馬を開催した地方競馬の競馬場は五一に減っている。それでもまだ五一場もあったというべきかもしれない。

　地方競馬法時代には沖縄を除く全四六都道府県で開催された地方競馬が、秋田県、富山県、静岡県、三重県、奈良県、鳥取県、香川県、長崎県、大分県の九県で五五年までに姿を消している。

姿を消した地方競馬場のなかには、三重県四日市《よっかいち》市の霞ヶ浦《かすみがうら》競馬場や奈良市の奈良競馬場のように、競輪場に転換したところもある。ここでは奈良競馬場の例をみよう。

奈良県が主催した奈良競馬の四九年一二月一日付けの登録馬主は六三名、免許騎手五名、登録馬五三頭という記録が残っている。そもそも登録馬の数が馬主数より少ないというのはどういうことだろうか。

おそらく、奈良競馬場の所属馬以外の、近隣の大阪府や和歌山県から馬や騎手をかき集めて何とか競馬を開催したのだろうが、これでは継続的に競馬を開催できる状況にはない。

翌五〇年には奈良競馬場の敷地内に競輪場が開設される。五〇年度には競馬と競輪の両方が同じ場所で開催された。競馬が一八日間で二一〇〇万円の売上だったのに対して、競輪は五四日間で四億七〇〇〇万円を売り上げている。これではもう全く勝負にならない。奈良競馬は五〇年度をもって戦前からの歴史に終止符を打った。

奈良県を含む近畿圏の農業は、もともと馬耕より牛耕が中心で馬産も盛んではなかったため農耕馬も多くはなかった。また、トラックの普及で馬車馬も急速に姿を消し、競走馬資源が枯渇したことが地方競馬の消滅の要因となった。

古くからの馬産地である南九州の宮崎県や鹿児島県でも地方競馬は姿を消している。

宮崎市内には第二次世界大戦前から宮崎競馬場があり公認競馬が開催されていた。しかし、第二次世界大戦後は、公認競馬・国営競馬・中央競馬のいずれも開催されることはなかった。公認競馬は開催されなかったものの、宮崎競馬場を借りて県営競馬と宮崎市営競馬が開催された。都城《みやこのじょう》にも競馬場があり、こちらでも都城市営で競馬が開催されている。

山口富郎『馬と宮崎と二十世紀』によると、都城市営競馬は一開催六日間で年三回開催され、一回の開催で多いときには一三〇頭前後が出走した。その後、出走頭数は年々減少し、一日一〇競走で一競走あたりの出走頭数が五、六頭となり、ほぼ毎日同じ馬が出走という状況に陥ってしまっていたという。

都城市は六一年を最後に、宮崎県は六二年を最後に競馬事業から撤退している。

宮崎県と並ぶ馬産地の鹿児島県でも、鹿児島市内にあった鹿児島競馬場と馬産の中心地であった大隅《おおすみ》半島の鹿屋《かのや》競馬場で地方競馬が開催されたが、鹿児島競馬場は五六年を最後に、鹿屋競馬場も六一年を最後に廃止を余儀なくされている。

競馬法ではこの宮崎競馬場と在日米軍用地となった横浜（根岸）競馬場の二か所を含む一二場が長らく中央競馬の競馬場とされていたが、宮崎と横浜は、ついに一度も国営競馬も中央競馬も開催されることはないまま、九一年の競馬法改正で競馬場から削除された。

図表3-2 地方競馬の売上額と開催日数(1948〜1961年度)

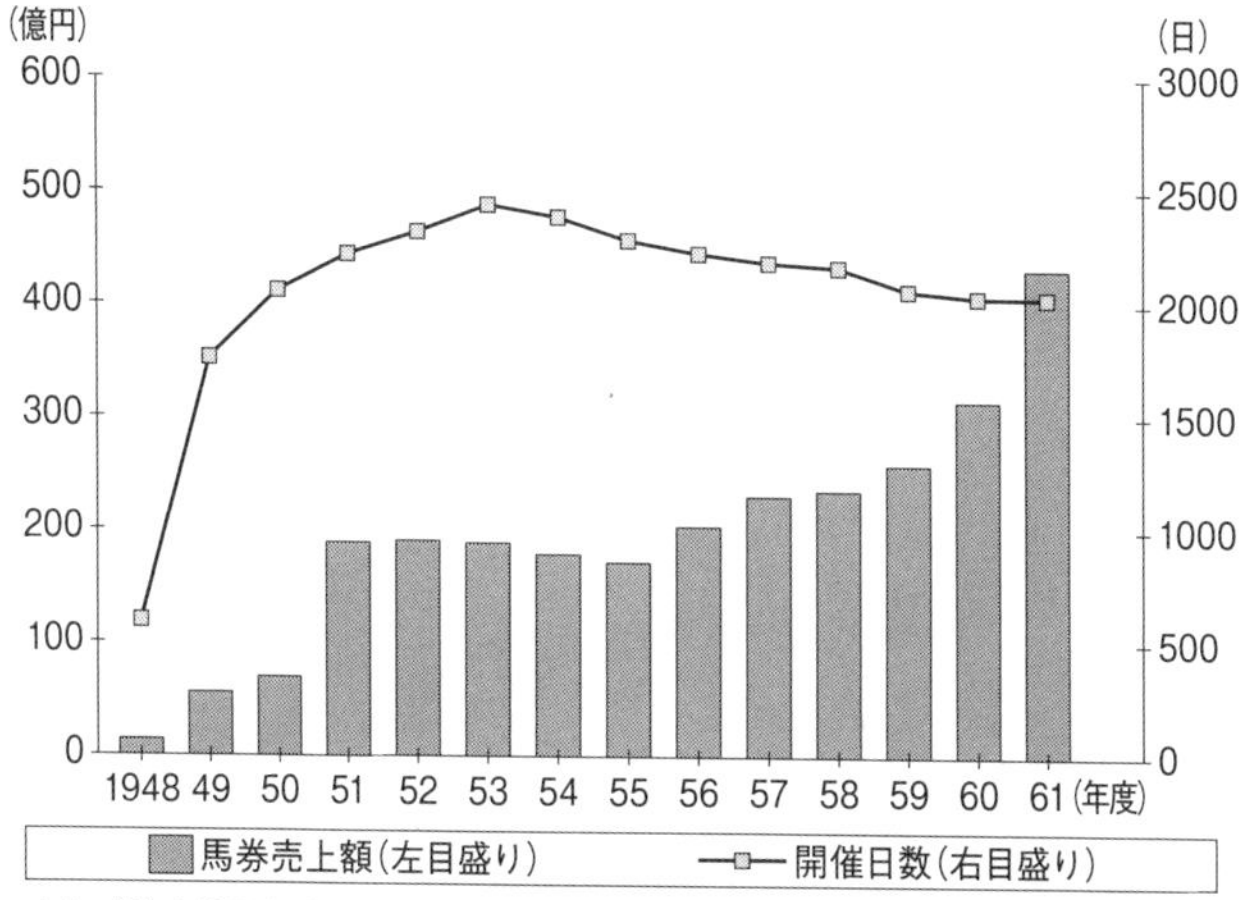

出典:『地方競馬史 第二巻』(地方競馬全国協会 1974年)より作成

宮崎競馬場は、現在日本中央競馬会宮崎育成牧場となっており、往時のスタンドも一部残っている。横浜競馬場にも当時のスタンドが残っており、歴史的建造物として保存活動がおこなわれている。

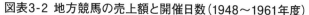

成長スパイラルに入った地方競馬

一九五五年には五一あった地方競馬の競馬場はさらに年を追うごとに減少し、六四年には四九年の半数以下の三二にまで減少した。

その一方で、高度経済成長期をむかえ、地方競馬全体の馬券の売上額は急激に増大していった。図表3―2は地方競馬の馬券売上額と開催日数をみたものだ。五〇年代前半は開催日数が増えたものの売上は停滞ないしは減少傾向にあったのが、五五年度以降、開催日数は減少傾向にあるものの売上は増加基調に転じている。

多くの競馬場が競走馬資源の不足で廃止を余儀なくされるなか、一部の競馬場は軽種馬を導入することで高度成長による売上増大の恩恵を享受することに成功する。

馬券の売上が増えると開催費用も潤沢になる。賞金や出走手当（これらを報償金という）も増やすことができる。報償金が増えれば馬主が競走馬を所有しようという意欲も高まる。競走馬が増えれば、レース数も多く組めるようになり、一レースあたりの出走頭数も増えて馬券の妙味も高まる。

その結果馬券の売上額は増大し、主催者の収益も増大するし、報償金も増額できるという成長スパイラルに入っていった。そこには高度成長による可処分所得の増大があったことはいうまでもない。

廃止を余儀なくされた最大の理由が競走馬資源の不足だとすれば、逆にいえば競走馬資源を確保できれば競馬は事業として成り立つということだ。産業馬がいないのなら、産業馬による競馬というコンセプトを放棄して競走専用馬を導入すればよい。

競走専用馬の導入で生き残り、今日まで地方競馬が継続している岐阜県の笠松《かさまつ》競馬の事例をみよう。

『岐阜県競馬沿革史』には、出典は明らかではないが、「岐阜県における馬の頭数の変遷」という表が掲載されている。これによると、四七年には一万九六七七頭の馬が岐阜県内にいたが、五八年には半分以下の九四〇〇頭に減っており、県下から産業馬が急速に姿を消していることがわかる。

競走馬生産が増加した理由

笠松競馬では一九五一年から「抽選馬制度」を実施し、競走専用馬の軽種馬を導入した。抽選馬制度とは馬主会や主催者がセリ市などでまとめて馬を購入（団体購買という）し、馬の所有を希望する馬主に抽選で販売する制度だ。

『岐阜県競馬沿革史』に五一年度から五三年度までの団体購買馬が掲げられている。三年間に購入したのは四〇頭で、これらを品種別にみると、サラブレッド一頭、準サラ二頭、アングロアラブ八頭、アラブ系一九頭、軽半血一〇頭となっており、すべて競走用の軽種馬である。

笠松競馬で団体購入した馬にある「準サラ」とか「アラブ系」などは、現在の競馬でみることが無くなった品種だ。

北海道の帯広《おびひろ》競馬場で開催されているばんえい競馬を除き、現在では中央・地方を問わず、すべての日本の競馬はすべてサラブレッドによるものだがかつてはそうではなかった。

ごく簡単にいうと、サラブレッドと思われるものの血統書が不明確なのがサラ系、サラブレッドの血が濃いがアラブなどの血が少し入っているのを準サラ、アラブとサラブレッドの混血でアラブ血量が二五パーセント以上のものを競走馬としてのアングロアラブ（出走表などでは「アア」と記載される）という。

純血アラブと純血サラブレッドを交配して生まれた馬はアラブ血量五〇パーセントだ。この馬とサラブレッドを交配して生まれた産駒はアラブ血量二五パーセントとなる。祖父母四頭のうち三頭はサラブレッドだから、サラブレッドとアングロアラブは見分けにくい。実際、スピードで勝るサラブレッドをアングロアラブとして競走に出走させる不正（これを「てんぷらアラブ」という）が横行したこともあるので、プロでも見た目で区別するのは難しいようだ。

サラブレッドに比べ、アングロアラブはタフで粗食に耐え暑さにも強く飼養しやすいとされる。飼養しやすいということは他の業種から競走馬生産に転業しようとする生産者に好都合だし、タフで暑さに強いという性質は、高温多湿の日本で数多くレースに使えることにもなるので馬主や競馬主催者にとっても好都合だ。

こうしたことから、サラブレッドの主産地北海道日高《ひだか》地方ではアングロアラブの生産から競走馬生産をスタートさせた牧場も少なくない。

兵庫県の園田・姫路、広島県の福山《ふくやま》などでは専らアングロアラブだけで競馬をおこなっていた。中央競馬でもアングロアラブのレースがおこなわれていたが、アングロアラブについては中央競馬より地方競馬の方が強いともいわれていた。

五五年以降の軽種馬の生産頭数をみると、六八年産駒まではアラブ系（アラブ、アングロアラブ、アラ系を含む）がサラブレッド系（準サラ、サラ系を含む）を上回っていた。その後はサラブレッド系がアラブ系を上回るようになるものの、アラブ系の生産頭数は増え続け、八四年のピーク時には三六四七頭のアラブ系馬が生産された。ちなみに、この年のサラブレッド系生産頭数は七六九四頭だった。

九五年に中央競馬で、翌九六年に大井競馬でアラブ系競走が廃止されたことを契機に、他の地方競馬でもアラブ系競走が減っていったことで、アングロアラブの生産は急速に減少する。九五年には二三三三頭だった生産頭数は激減し、一〇年後の二〇〇五年にはわずか六二頭になり、近年の生産頭数は一桁《けた》となっている。当然ながら、現在もなお生産されているアラブ系の馬は競馬用ではない。

当時の軽種馬の生産頭数と馬券の売上額（国営・中央と地方の合計）の推移をみると馬券の発売額の増加と軽種馬の生産額の増加が見事に一致していることがわかる。競馬の売上増が競走馬の需要を生み、競走馬資源が豊富になることでさらに競馬が成長するという、産業と競技の成長スパイラルが生まれたわけだ。

馬の妊娠期間は約一一か月である。概《おおむ》ね四～六月に種付けをおこない三～五月に出産期を迎えるのが一般的だ。生産者が市場動向をみながら種付けし、その翌年に実際に馬が生まれることになる。生まれた仔馬《こうま》は翌年に販売され、生後二年で競走馬としてデビューするというのが最も一般的なかたちだ。したがって生産者の意思決定と市場動向にはどうしてもタイムラグが生じることになる。

中央と地方の壁

中央競馬と地方競馬が、いずれも軽種馬による競馬となれば、それまでごく一部に限定されていた中央競馬と地方競馬の関わりも強まる。中央競馬で供用された後の馬を、地方競馬に転用することも多くなる。地方競馬側からみれば中央競馬から転出してきた「中央下がり」の馬も地方競馬の重要な競走資源となっていく。

種も同じになり、競走の形態は元々同じだからといっても、中央競馬と地方競馬の交流がおこなわれるようになったわけではない。馬主の登録は中央競馬と地方競馬では別（中央と地方の両方で馬主登録することは可能）だし、中央競馬で出走した馬が地方競馬に一度転出すると中央競馬に戻ることは認められなかった。

これは中央競馬の側が地方競馬に関わる人たちを警戒していたのが大きな原因だ。はっきりいえば、地方競馬に巣くう「怪しげな」人たちを中央競馬側が避けたのだ。実際、地方競馬では、馬主の名義貸しが横行していたようだ。

中央競馬と地方競馬の間の壁が崩され、交流が盛んになるのははるか後の一九九〇年代半ば以降となる。「われわれからみると、地方競馬はわれわれよりも、競輪や競艇などに近い存在という認識だった」という言葉を筆者は日本中央競馬会の職員からかつて聞いたことがある。

また、戦前の公認競馬の時代から、中央競馬では馬主が所有馬を調教師に預け、競走に出走させていた。競走馬のオーナーは富裕層だから、自分の愛馬とともに働くなどということはあり得ない。

地方競馬は元々産業馬による競馬で、第二章でとりあげた地方競馬法案の小笠原による趣旨説明にあるように「百姓ノ少シ氣ノ利イタ人ガ騎手ニナッテ競走スル」ものだったが、馬券の売上額が増えれば騎手や厩務員《きゅうむ》の受け取る報酬も多くなる。他に仕事を持ち、自分の所有する馬に自ら騎乗して競馬に出走していた人の中から、競馬を本業とする人たちが増えていった。

馬主兼調教師兼騎手だった地方競馬でも職能分化が進む。まず、馬主が調教師・騎手と分離し、次いで調教師と騎手も分離する。制度的にも馬主が調教師や騎手を兼ねることは禁じられるようになった。

とはいえ、調教師や厩務員が競走馬の馬主になることが禁じられても、馬主の名義を借りて、実質的には調教師や厩務員の持ち馬というケースもあった。事実上の馬主である厩務員のことを「ベットウ馬主」といった。

今でも年輩の人は言うかもしれないが、これはかつて厩務員をベットウとよんだことによる。ベットウは「別当」のことだろう。古代・中世の官制で、検非違使《けびいし》別当や侍所別当などのように、組織の長官が別当だ。院や摂関家の厩司の長を厩別当《うまやのべっとう》といった。それが江戸《えど》時代には武士の家で飼養する馬の管理にあたる雇い人も別当とよぶようになっていた。厩務員をベットウとよんだのはその名残だろう。

この時期、全国の地方競馬をとりまとめる地方競馬全国協会（地全協）が設立される。地全協は六二年の競馬法改正で設立された特殊法人である。

競輪などの競技では、競走会が施行者から委託を受けて競走を実施する。それに対して、地方競馬は主催者が競走実務をすべて実施するため、競走会にあたる存在がない。したがって騎手免許の交付や競走馬の登録はそれぞれの主催者が独自におこなっていた。北海道の場合だと戸籍謄本と申請書を提出するだけで騎手免許が交付された。

地元の産業馬だけでレースをおこなっていた時代はそれでよかったのだろうが、軽種馬が地方競馬の主体となり、馬の移動も頻繁になると、地方競馬全体を統括する組織が必要となる。地全協は、こうした背景に基づいて設立された。

地全協は、馬主や競走馬の登録、騎手や調教師の免許交付、騎手の養成などの業務をおこなうと同時に、地方競馬主催者から納入される交付金を原資として畜産振興事業などを助成する。いわば競輪の日自振やオートレースの日動振の役割を担う組織といっていいだろう。

地全協の設立以前は各主催者がそれぞれ独自に競走馬登録や競走成績を記録していたことから、六二年度以前の地方競馬の記録は残されていないことが多い。

4．膨張と混乱の競輪

乱立する競輪場の明暗

一九四八年の小倉を皮切りに、五三年三月の静岡競輪場まで、わずか五年間で開設された競輪場は実に六三場にのぼる。
図表3―3は開催日数と車券の売上額をみたものだ。社会的批判と開催自粛に加え、ドッ

ジ不況などもあり、五三年度から数年は売上額も伸び悩んだが、高度経済成長期に入ってからは売上額も毎年急増を続けている。

競輪の開催日数は、原則として一開催六日間を一二開催で計七二日と制限されたため、開催日数が増えているわけではない。

現在のようなネット投票がある時代ではない。車券を買うためには競技がおこなわれている競輪場（競技を実施している開催場を「本場《ほんじょう》」という）に行くか場外発売所に行くしかない。この当時の場外車券発売所には映像配信もないため、宝くじ売り場のように車券を買うだけだ。レースを見ながら車券を買うためには本場に行くしかない。多くの観客が詰めかけたのだから、その混雑は相当なものだった。

五四年に川崎競輪場で開催された日本選手権競輪では、観客スタンドに観客を収容しきれず、走路の内側にまで観客を入れる有様だった。

もっとも、全国に乱立した競輪場のすべてが成功したわけではない。

全国で真っ先に店じまいしたのが長野県松本《まつもと》市だ。松本市は一九四九年九月に市営競輪場を完成させ競輪事業に参入する。これは全国的にみても早い方だ。翌五〇年度からは市役所に観光競輪課を設け本腰を入れた。

開催初年度の四九年度は一二日間の開催で車券売上が三四九三万円、二年目の五〇年度は

図表3-3 競輪の売上額と開催日数（1948～1962年度）

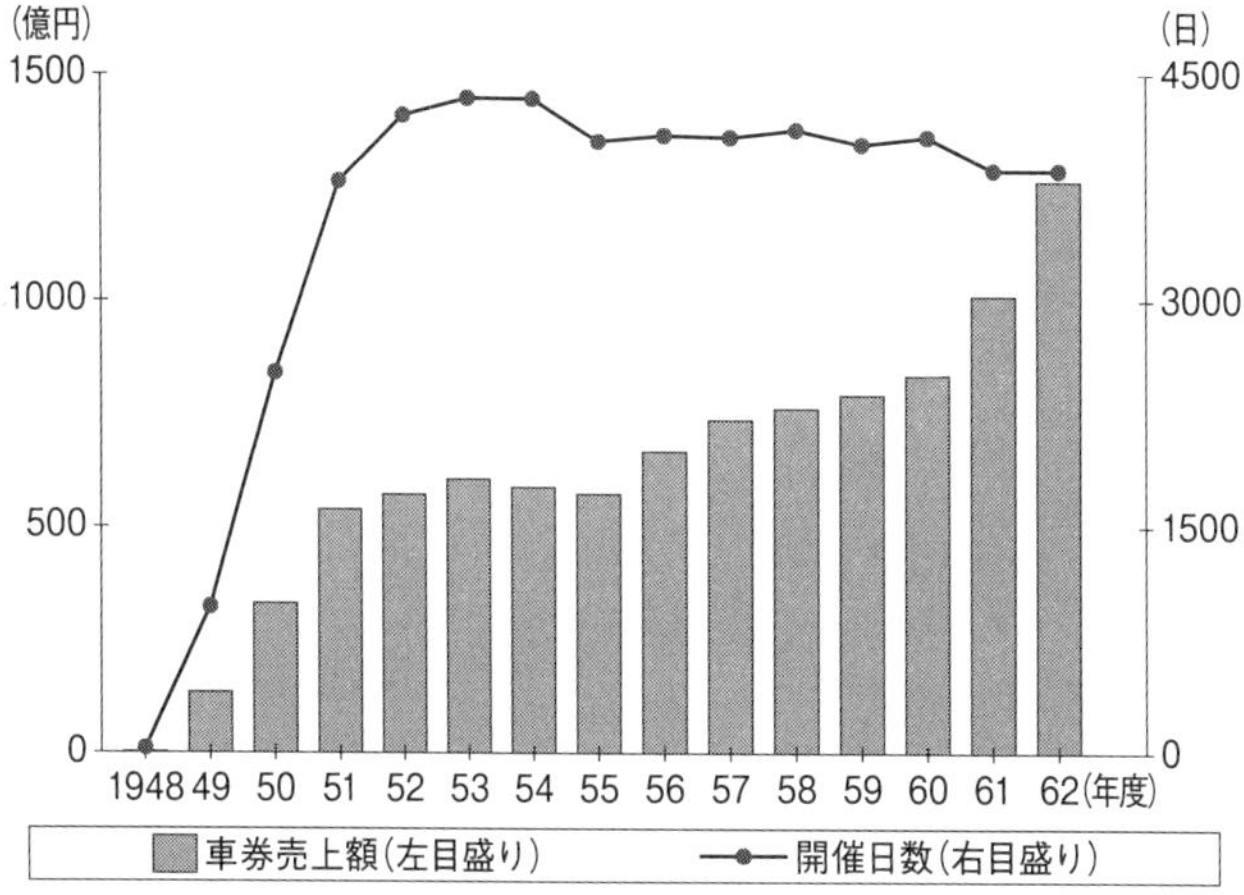

出典：『競輪関係資料』（JKA 2022年）より作成

四三日間で九九〇六万円、五一年度は三〇日間で二四〇五万円で、三か年の合計は八五日間の開催で売上は一億五八〇四万円、一日平均の売上は一八五万円だった。

この当時、自転車競技運営協議会が示した標準収支では一日平均の売上は五〇〇万円とされているから、松本競輪の売上は標準収支の四割に満たない。

標準収支では、報償金その他の諸経費を負担し、さらに自転車振興会への交付金を納付すると、一開催（六日間）あたりの支出は二七五一万円とされている。一日あたり売上が一八六万円だと一開催では一一一六万円である。これでは施行者である長野県や松本市の財政に寄与するどころか逆に負担になってしまう。

四八年の発足から五年間に六三場もの競輪場が開設されたものの、松本や島根県の松江《まつえ》のように目論見《もくろみ》通りの収益をあげることができず、早々に撤退する競輪場もあったし、京都市、兵庫県、大阪府、北海道のように、十分な売上額があったものの、競輪に対する社会的批判から施行自治体の首長が撤退を決めたところも少なくなかった。

その結果、長沼答申のあった六一年度の開催場は五六場となっている。

事件防止策としての「訓練学校」と高速度カメラ

競走資源である選手を比較的簡単に集めることができたことが、競輪がごくわずかの期間に爆発的に成長できた大きな要因のひとつだ。だが、競輪における相次ぐ騒擾事件の直接の原因は着順判定の発表や投票業務の不備などの開催業務の不手際に加え、選手の資質の問題もあった。

発足当初の競輪選手のなかには横田隆雄ら戦前の自転車競技で鳴らした選手もいたが、その一方で、募集広告につられて選手登録をした脚自慢の素人も多かった。競走に不慣れであったり、競走に取り組む姿勢に問題がある選手もおり、こうした選手の資質が騒擾事件の原因にもなっていた。

業界としても対応策を考えていなかったわけではなく、選手の教育・訓練施設をつくろうとしていたものの、教育・訓練施設を発足させる前に騒擾事件が連続して起こってしまった。

一九五〇年九月一五日、競輪選手の教育・訓練施設として日本サイクリスト・センター（ＮＣＣ）が東京都北多摩《きたたま》郡調布町《ちょうふまち》（現・調布《ちょうふ》市）で発足した。翌五一年八月からは選手養成をおこなうようになり、五五年四月からは日本競輪学校と改称された。

奇《く》しくも、ＮＣＣが発足した九月一五日は鳴尾事件を受け競輪の開催自粛の緊急声明が発表された日である。

ＮＣＣでは三年間をかけて登録選手の再訓練がおこなわれた。

六八年四月、日本競輪学校は静岡県修善寺町《しゅぜんじちょう》（現・伊豆《いず》市）に移転、二〇一九年五月に日本競輪選手養成所と改称され今日に至る。ＮＣＣが選手養成施設として機能するようになってからは、この施設での訓練を受けることなく競輪選手となることは事実上不可能となった。さすがに今ではもういなくなったが、ＮＣＣで選手養成を開始する以前に選手登録をおこなった選手はレースの出走表に「期前」と記されていた。

また、騒擾事件の対策の一環として、四九年に高速度カメラが導入された。

競馬で、着差を一馬身、半馬身、首差、頭差などと表すように、公営競技では着差をそれぞれ競技ごとに独特の用語で表現する。競輪では、一車身、一輪差などが使われるが、小差の場合はタイヤ差とか微差などというのもある。

タイヤ差というのはタイヤの幅だからほぼ三センチメートルだ。時速七〇キロメートルの高速で数台の自転車が重なってゴールインしたとき、三センチの着差を肉眼で判定できるものだろうか。現在の競輪を見慣れていると、競輪の着順判定を肉眼による目視で判定するなど無謀としか思えないが、発足間もない競輪はそれをやっていたのだ。

見る角度がわずかに違えば結果は異なって見えて当然だ。着順判定を巡るトラブルが頻発したのも当然だろう。

この問題を解決したのがスリットカメラだ。普通のカメラは一瞬の位置関係を記録する。それに対して、スリットカメラは特定の場所の位置関係の変化を記録する装置だ。

スリットカメラは五〇年に船橋オートレース場に導入されたのを皮切りに、各公営競技場に次々に導入された。この装置がなければ、騒擾事件はさらに多く発生し、もしかすると競輪はこの世から消え去っていたかもしれない。

実はスリットカメラは、四〇年に開催が予定されていた第一二回オリンピック東京大会のために開発されたものだった。

開発したのは理化学研究所出身の技術者渡辺《わたなべ》俊平《しゅんぺい》。渡辺はオリンピック組織委員会科学施設研究会写真分科会主査を務め、この装置の開発をおこなった。四九年に渡辺が発足させた日本スポーツ判定写真協会は、その後五七年に日本写真判定株式会社となり、さらに二〇二一年に社名をＪＰＦに変更して今日に至っている。

現在、俊平の孫である俊太郎《しゅんたろう》がＪＰＦを率いている。俊太郎は元弁護士で、その後ＪＰＦを引き継いだ異色の人物で、彼が後に競輪界に大きなインパクトを与えることになる。

5．オートレースの苦闘とボートレースの成長

聖地・川口オートは苦難の出発だった

前章でみたように、一九五〇年一〇月に船橋で発足したオートレースは、大阪・兵庫・山口でも始まったものの船橋以外は長続きしなかった。

埼玉県では埼玉県小型自動車整備組合がオートレース開催に向けて動き出し、五〇年六月に競走会が設立された。

埼玉県には浦和《うらわ》競馬場が存在するものの、船橋などと異なり、競馬場と併設ではない初の専用競技場として川口《かわぐち》オートレース場が建設された。走路の周長は八〇〇メートルの二級走路だ。その後つくられたオートレース場はいずれも周長五〇〇メートルで、結果的に一級走路はおろか二級走路すら実現することはついになかった。

五二年二月一日、川口オートレース場は開場初日を迎える。ところが、前日からの降雪に

よる積雪で開催初日はレースが実施できず、実際の競走は一日順延し、二月二日から七日までの六日間の開催となった。

当時のオートレースは現在のような舗装路面ではなく、ダート（土）コースだ。降雪でドロドロになった路面での初開催だったという。

六日間の開催実績は入場者数のべ二万九六三九人、売上額二八五一万八五〇〇円。一日あたり売上額は四七五万円だった。三月の開催も売上低迷が続き、新年度最初の開催となるはずだった四月の開催は中止となってしまう。

現在ではオートレース界の一年を締めくくるスーパースター王座決定戦が開催され、オートレースの聖地とさえいえる川口オートレース場だが、その出発は惨憺《さんたん》たるものだったのだ。

五一年度の開催成績を比較すると距離的にも近い浦和競馬が七二日間で七億六九〇八万円、一日あたり一〇六八万円、大宮競輪が六六日間で一二億七八九〇万円、一日平均一九三七万円。初顔の川口オートは一二日間で五六三二万円、一日平均四六九万円。

競輪や競馬には大きく水をあけられている。先行きが危ぶまれる売上だが、それでも兵庫や柳井に比べるとまだ良好な成績だ。

東京に隣接しているという立地条件もあるし、既に船橋オートが発足し、ファンも多少は形成されていたこともあったろう。安定して利用できる専用競技場という強みもある。いずれにせよ、川口オートの発足でオートレースにわずかながらも光明がさしはじめた。

五四年一一月には、大井競馬場横にオートレース場がオープンした。施行者は東京都だ。これで東京都は、競馬（大井）、競輪（後楽園《こうらくえん》・京王閣）、ボートレース（江戸川《えどがわ》）、オートレース（大井）とすべての公営競技の施行者となったことになる。

大井オートも当初は大井競馬場を利用することが想定されていたようだが、競馬関係者の反対で競馬とオートレースの併用は見送られ、コースとスタンドが別に建設された。競馬場との併用を断念した結果、敷地内に十分な面積を確保できなくなり、八〇〇メートルの走路は断念せざるを得なくなった。その結果、大井オートレース場は周長五〇〇メートルとし、さらに、レースにスピードと迫力をつけるためにアスファルト路面の舗装走路とすることとなった。

大井競馬場は東京都が出資して設立した東京都競馬株式会社が建設・所有している施設だ。後にふれるが、美濃部亮吉《みのべりょうきち》知事によって東京都が公営競技から撤退した際、施行者を失った大井オートレース場は開催ができなくなった。そこで東京都競馬が競技場を「移転」させた先が群馬県伊勢崎《いせさき》市で、それが今日の伊勢崎《いせさき》オートレース場である。

初年度で成果を挙げた浜松オート

オートバイ産業は、戦中・戦後に設けられた各種の経済統制が緩和され、ガソリンの入手が容易になった一九五〇～五一年頃から「春の若草が萌《も》え出るように多数のメーカーが躍り出て、歴史始まって以来の大活況を呈する」（富塚『オートバイの歴史』）状態になっていた。オートレースが発足したのはまさにそういう時期だった。

富塚によると、全国で一〇〇社以上が生まれ、そのうち浜松には二九社があったという。現在では世界的なメーカーに成長したホンダやスズキも浜松が創業の地だ。

全国的にオートバイ競走も盛んにおこなわれるようになり、メーカーはレースにも力を入れていたようだ。このあたりは明治・大正期に自転車メーカーがスポンサーとなって自転車競走が盛んにおこなわれたのと似ている。

各メーカーがオートバイ競走に力を入れたのは、エンジンや車体の改良に競走が役立つという技術的な理由だけでなく、メーカーの知名度を高めるためでもあったろう。オートバイ産業の中心地浜松でオートレースが始まったのもごく自然なことといえるだろう。

浜松ダイハツ（現・静岡ダイハツ）社長の中野《なかの》勘次郎《かんじろう》やスズキ株式会社の前身鈴木自動車工業社長の鈴木俊三《すずきしゅんぞう》らがオートレース開催に尽力したという。メーカーはオートレースがエンジンテストの機会になると考えていたようだ。競馬が馬の改良に資するのと同じ理屈だ。

先発の各オートレース場が苦闘するなか、一九五六年五月に発足した浜松《はままつ》オートは順調な滑り出しだった。浜松オート開催初年度の五六年度の各場の一日あたりの売上額を比較すると、浜松が九九日間開催で一〇億五三九八万円、一日平均は一〇六四万円。川口が開催日数一〇八日間で一一億九〇二六万円、一日平均にすると一一〇二万円。

開催初年度で首都圏の真ん中にある川口オートに匹敵する成果を浜松オートは挙げたことになる。ちなみに、この年の他場の一日あたり売上額は、発祥の地船橋が六四一万円、大井が八七二万円、柳井に至ってはわずか一二〇万円だ。

浜松オートと競合する公営競技場は五三年八月に開場したボートレース浜名湖《はまなこ》だが、五六年度のボートレース浜名湖の売上は一四四日間開催で一〇億一七二三万円だった。総額でも一日あたりでもオートレースに軍配があがる。まさにオートバイの町浜松というべきだろう。

浜松に続き、五七年二月には福岡県飯塚《いいづか》市でも飯塚オートレースが始まり、オートレース場は全国六場体制となった。だが、翌五七年度に四八日間開催したのを最後に柳井オートレース場が廃止を余儀なくされ、五八年度には、船橋、川口、大井、浜松、飯塚の五場となり、六五年に山口県厚狭《あさ》郡山陽町《さんようちょう》（二〇〇五年に小野田《おのだ》市と合併し、現・山陽小野田《さんようおのだ》市）で新たに山陽《さんよう》オートが始まるまで、五場体制がしばらくの間続くこととなる。

全国一〇場程度は開設したいという業界の願いはついに叶《かな》えられることはなかったが、高度成長のおかげで五五年度以降売上額は年々増加し、図表3―4に示したように、広がりはなかったものの事業経営は安定していく。

五年間で二五場が開場

全国に展開できなかったオートレース場に対しボートレースは初開催の一九五二年度中に、津、琵琶湖《びわこ》、狭山《さやま》、尼崎、丸亀《まるがめ》、児島《こじま》、若松《わかまつ》、芦屋《あしや》、大村の九場が開場。翌五三度には、浜名湖、半田《はんだ》、常滑《とこなめ》、三国《みくに》、鳴門《なると》、徳山《とくやま》、福岡、唐津《からつ》が加わり、開始以来わずか二年で一七場となる。

その後、五四年度に戸田、平和島《へいわじま》、多摩川《たまがわ》、宮島《みやじま》、下関《しものせき》、五五年度に江戸川と蒲郡《がまごおり》、そして五六年度に桐生《きりゅう》がそれぞれ開場し、ボートレース場は発足から五年で二五場となった。特筆すべきはこの五年間に開場したボートレース場のほぼ全てが現在も営業していることである。

すでに見たように、他の公営競技では高度成長期以前に廃止された競技場が数多くある。ところが、ボートレース場で現在に至るまでに廃止された場は一場しかない（三国のように移転したケースはある）。

廃止されたのは愛知県の半田《はんだ》だ。現在愛知県下には常滑と蒲郡の二場があるが、愛知県で

図表3-4 オートレースの売上額と開催日数（1950～1962年度）

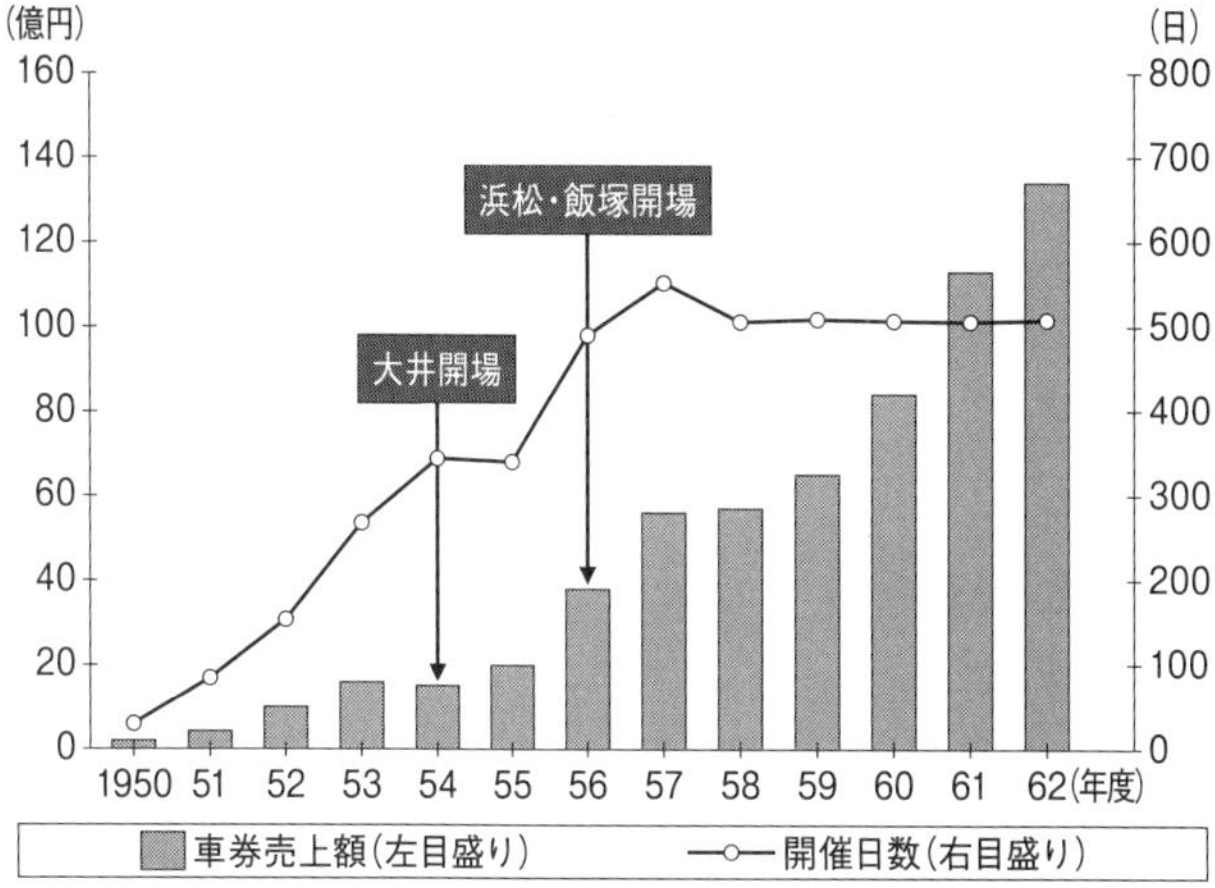

出典：『オートレース30年史』（日本小型自動車振興会 1981年）より作成

最も早く開場したのが半田だった。半田《はんだ》市が施行する半田競艇は五三年四月にスタートし、順調に売上額を伸ばしていった。

だが、五九年九月二六日夕刻、紀伊《きい》半島に上陸した台風一五号が愛知・三重両県に甚大な被害を与えた。死者・行方不明者あわせて五〇九八人の犠牲者をもたらした伊《い》勢《せ》湾《わん》台風だ。伊勢湾台風で半田競艇場は選手控室一棟を残して他はすべて流失。場内は一面の砂原と化してしまう。半田市は再建を断念せざるを得ず、半田競艇場は七年で姿を消すこととなった。自前の競走場は失ったものの、現在も半田市はボートレース常滑でボートレースを施行している。

狭山から住之江へ

ボートレース住之江は全国でもトップクラスの売上を誇っているが、ボートレース発足当初からあったわけではない。

一九五二年、大阪府で最初にボートレースが開催されたのは大阪府南河内郡《みなみかわち》狭山町《さやまちょう》(現・大阪狭山市《おおさかさやま》)の狭山池《さやまいけ》だった。

この地は第二次世界大戦前から南海電鉄が狭山《さやま》遊園という遊園地を開設していた場所で、ボートレース場の施設も南海電鉄の系列会社大阪競艇施設株式会社が建設し、施行者に賃貸するかたちをとっていた。狭山遊園は戦後も長らく存在し、沿線住民に親しまれた遊園地だったが二〇〇〇年に閉園した。

五二年九月に第一回五日間が開催され、五日間で二万四〇〇〇名の入場者があったものの、売上は一七六七万円にとどまり、二六一万円の欠損だった。狭山競艇はその後も売上が伸びず、五五年八月には旱魃《かんばつ》で池が干上がり、レースが実施できないことさえあった。

五五年度の一日あたりの売上は二八二万円にとどまり、これは尼崎の五八二万円の半分以下だ。狭山池は南海電鉄高野《こうや》線沿いにある。南海電鉄南海本線にある岸和田《きしわだ》競輪場の五五年度の売上額は六二日間で一一億円。一日あたりでは一七七四万円だから、発足当時のボートレースの苦闘ぶりがうかがわれる。

狭山池での開催を断念し、一九五四年七月には当時塵芥《じんかい》処理場や湿地帯だった大阪市南部の住之江の地に新たにボートレース場を建設し、五六年六月住之江での初開催となった。大阪府の住之江公園に隣接しており、同地には大阪競輪場もあり交通アクセスもよかった。

住之江に移った五六年度の売上額は六億九〇〇〇万円、五七年度は九億七〇〇〇万円と伸びたものの赤字が続き、黒字に転じたのは五九年度のことだった。

狭山・住之江の施行者は当初は大阪府都市競艇組合で、五四年度からは箕面豊川競艇組合が加わる。豊川村（五六年に箕面市と合併）は笹川良一の故郷である。箕面市や豊川村が施行者になったのは笹川良一の縁らしい。

他の公営競技では競技場の所在自治体が施行者になっているが、ボートレースでは地元自治体が施行者ではないことも珍しくない。ボートレース住之江の施行者は箕面市と大阪府都市競艇事業団だ。大阪府も大阪市も施行者にはなっていない。また、ボートレース多摩川の所在地は東京都府中《ふちゅう》市だが、施行者は青梅《おうめ》市と、小平《こだいら》市、日野《ひの》市、東村山《ひがしむらやま》市、国分寺《こくぶんじ》市で構成する東京都四市競艇事業組合で所在地の府中市は多摩川の施行者ではない。では府中市がボートレースを施行していないかというとそうではなく、平和島でボートレースを施行している。

売上トップクラスの尼崎と平和島の苦戦

かつて尼崎市内の阪神電鉄の線路沿いには湿地帯が拡がっており衛生上大きな問題となっていた。蚊が大発生することから「尼蚊崎」と揶揄されたりする有様だった。そこに持ち込まれたのがボートレースである。湿地帯の有効利用方策として阪本勝市長（先に述べたように後に兵庫県知事となる）はボートレース場を誘致した。これが現在のボートレース尼崎である。

ボートレース尼崎は「尼崎センタープール」という愛称で親しまれている。レース場の開場にともない尼崎《あまがさき》センタープール前《まえ》駅が設置され、現在も阪神電車の駅名は「尼崎センタープール前」だ。かつては開催日のみの臨時駅だったが、現在は常設駅となっている。

ボートレースは水面を利用するということから立地が限られる。したがって交通アクセスに恵まれないところが多い。そのなかで大阪市に隣接し、なおかつ阪神《はんしん》間を結ぶ阪神電鉄の線路のそばという好立地の尼崎ボートは当初から比較的好成績をあげることができた。

大村から始まり尼崎を含め九場がボートレース元年の一九五二年度に開場したのだが、尼崎は九場の売上合計二四億二一〇三万円の約四分の一にあたる六億一〇八七万円を売り上げ、その後も長くトップクラスに君臨し続ける。

とはいえ、尼崎市の隣の西宮市の甲子園（鳴尾）競輪場と西宮競輪場は、同じ五二年度に

図表3-5　ボートレースの売上額と開催日数（1952～1962年度）

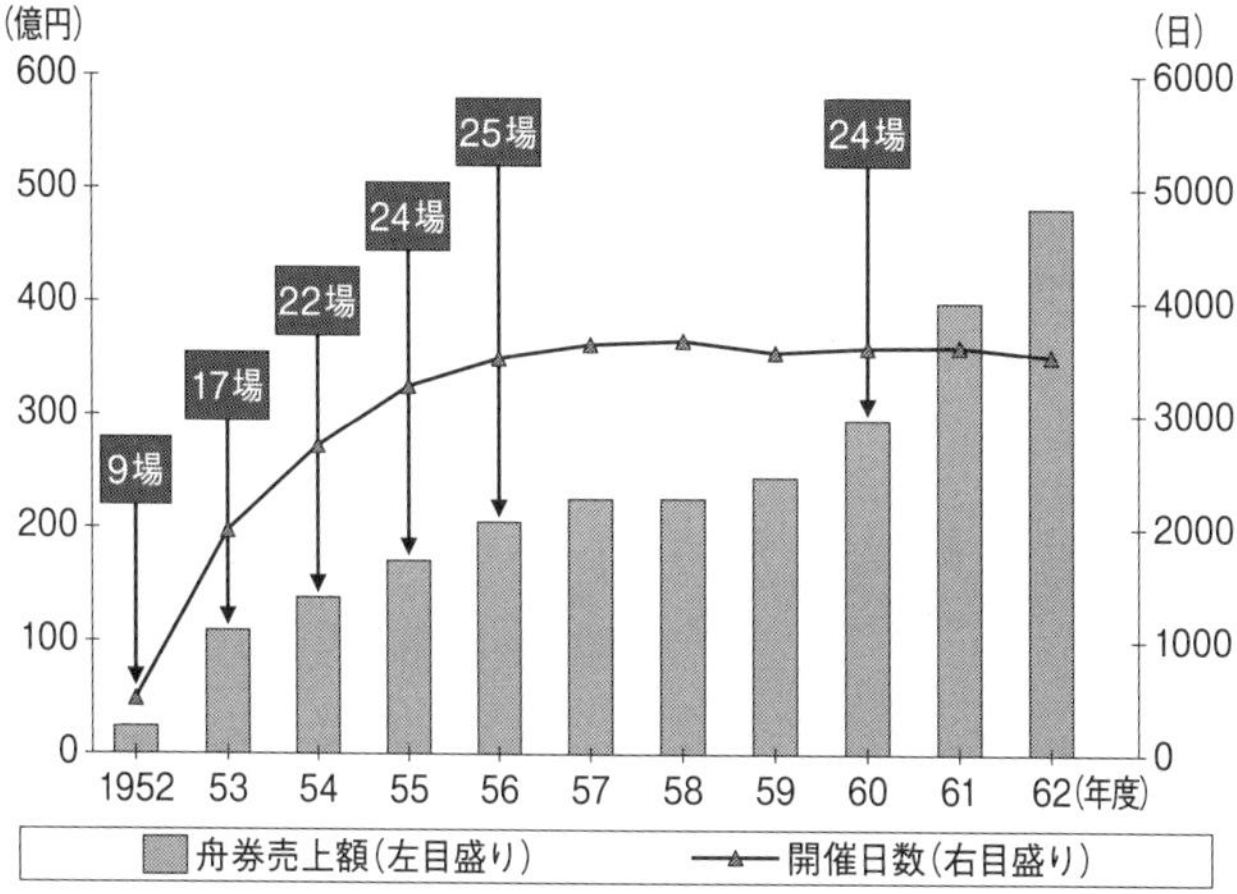

出典：『モーターボート競走30年史』（全国モーターボート競走会連合会 1984年）より作成

甲子園が七二日間で一一億円、西宮が七一日間で一四億円を売り上げている。開催一日あたりでみると、尼崎ボートが六七八万円なのに対して、甲子園は一五二七万円、西宮は一九七一万円と大きな差がある。

ボートやモーターを用意することや、競技場の管理経費を考えると、ボートレースは競輪よりも経費がかかるため、競輪に比べ初期のボートレースは施行者にとってあまりうまみのある収益事業ではなかった。

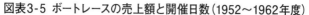

関東で最初にボートレースを施行したのは東京都だ。大森《おおもり》競艇場（現・ボートレース平和島）で東京都がボートレースを初開催したのは一九五四年六月のことだった。

だが売上は伸び悩み、施設会社の大森水上レクリエーション株式会社も音を上げてしまい、五五年九月をもって撤退となってしまう。

東京都に代わり施行者となったのが府中市だが、その後も売上低迷が続く。五五年度には三三〇万円の収益をあげ辛うじて黒字だった。その後売上は五七年度から上昇に転じ経営はようやく安定していく。大森競艇場が平和島競艇場と改名したのも五七年だ。

発足当初は伸び悩んだものの、五〇年代後半にはいるとボートレースも成長軌道に乗っていく（図表3―5）。

第四章　高度成長期の膨張と桎梏

――「ギャンブル公害」の時代　一九六二〜七四年

1．課せられた制約――長沼答申

「長沼答申」によって存続へ

第二次世界大戦直後からの約一〇年は政治の時代だった。新生日本の進むべき方向をめぐり、様々な動きが交錯した時代といっていいだろう。

世界的な視点でみれば、アメリカを盟主とする自由主義陣営とソ連・中国を盟主とする社会主義陣営が鋭く対立した冷戦の時代でもあり、それは日本にも強く影響を与えていた。一九五九年から六〇年にかけて闘われた三井三池労働争議は総資本対総労働の対決といわれ、六〇年安保闘争では死者も出た。

六〇年七月、安保問題を乗り切った岸信介《きしのぶすけ》首相（安倍晋三《あべしんぞう》の祖父）が退陣し、池田勇人内閣が誕生する。財務官僚出身の池田は所得倍増政策を打ち出す。これは「政治の時代」から「経済の時代」への転換を示すものだった。

池田は吉田茂の腹心で、大蔵次官を経て衆議院議員に当選するとすぐに第三次吉田内閣の大蔵大臣に抜擢《ばってき》されている。

池田が提起した所得倍増政策は一〇年間で国民所得を二倍にするという経済プランで、当時はその実現性を疑う声も少なくなかったが、実際には一〇年どころか五年後に達成された。もっとも、物価上昇率も高かったので、実質成長率は名目値よりは低いが、それでも国民の物的生活が豊かになり、可処分所得の増大でレジャー需要が高まっていった。公営競技はレジャーのひとつとして急成長を遂げる。

だが、高度経済成長の時代を迎え、公営競技の存在根拠だった戦後復興は時代にそぐわないものとなり、改めてその存在意義が問われることとなる。

前章でもふれたように、五八年四月には自民・社会両党の国会議員による公営競技審議会が発足し、五九年一二月に自民党は政務調査会に「公営競技特別委員会」を設けている。六〇年二月には公営競技審議会の意見書、自民党公営競技特別委員会答申、そして社会党の基本方針が公表される。社会党の基本方針は「競輪等の廃止に対する党の態度」および「自転車競技法等の廃止に関する法律案要綱」として発表され、そこでは公営競技廃止の方向が示されている。

こうした国会議員の動きに対応し、池田首相は総理大臣の諮問機関として「公営競技調査会」を六一年二月に設け、長沼弘毅を委員長とする。

長沼は池田の二代後の大蔵次官を務めた人物だから、池田もその人となりをよく知っていたと思われる。ついでながら、長沼はシャーロック・ホームズの研究家としても世界的に知られる人物で、江戸川乱歩《えどがわらんぽ》の薦めで推理作家協会に加盟し、後に江戸川乱歩賞の選考委員も務めている。さぞ多忙だったろうに、世の中には多才な人がいるものだ。

六一年七月に、池田勇人首相に提出された長沼答申では、公営競技は「社会的に好ましくない現象を惹起《じやつき》することが少なくないため、多くの批判を受けているが、反面関連産業の助成、社会福祉事業、スポーツの振興、地方団体の財政維持等に役立ち、また大衆娯楽として果している役割も無視することはできない」ので、「本調査会としては現行公営競技の存続を認め、少なくとも現状以上にこれを奨励しないことを基本的態度とし、その弊害を出来うる限り除去する方策を考慮した」と記されている。

公営競技が戦後のあだ花ではなく恒久的な事業であると認知されたことで、公営競技は新たな時代に入った。だが、その後の展開をみると、長沼答申が桎梏《しっこく》となり、新たな問題の起点となったのも事実だ。

可処分所得の増大とファンの急増

ハナ肇《はじめ》とクレージーキャッツのヒット曲に「ドント節」がある。サラリーマンを気楽な稼業と歌うこの歌で、サラリーマンの遊びとして、競輪、競馬、さらにパチンコと麻雀《マージャン》があげられている。

この曲の作詞者は、放送作家・タレントとして新興メディアだったテレビの寵児《ちょうじ》として大活躍し、さらには参議院議員や東京都知事を務めた青島幸男《あおしまゆきお》だ。クレージーキャッツのヒット曲には青島の作詞によるものが多い。

「ドント節」の発表は一九六一年（正確には六一年に発表されたが、一部歌詞に問題があるとされ、六二年に修正バージョンが再発売された）。長沼答申が提出された年だ。この年の公営競技の売上額は三〇〇〇億円に達している。「ドント節」に歌われたように、公営競技はサラリーマン層の代表的なレジャーのひとつになっていた。歌詞で「競馬・競輪」ではなく「競輪・競馬」となっているのは、競輪の売上が競馬の売上を凌駕《りょうが》していたことを正確に表してもいる。

政府に「奨励しない」と言われて競馬や競輪をやめる国民はいない。高度成長で国民の可処分所得が増大し、公営競技の売上額は増大の一途をたどる。

図表4―1は一九六〇年度から七四年度までの一五年間の各競技の売上額の推移を表したグラフだ。競技ごとに差はあるものの、全競技の合計は、六〇年当時一八二二億円だったのが、七四年には三兆七九六三億円と、実に二〇・八倍に膨れ上がっている。

同じ一五年間で国内総生産（名目）は八倍になっている。公営競技の売上額は国内総生産を大きく上回って増大したわけで、奨励されずとも、国民は馬券や車券を買いまくった。

「射倖心の過熱を避け、紛争を防止する」長沼答申の足かせ

長沼答申では「弊害を出来うる限り除去する方策」として、一三の改善すべき点を掲げた。なかには、「7、公営競技場数、開催回数、開催時間及びレース数等については現規定よりも増加しない。なお、開催日は原則として土曜、日曜及び国の定める休日とする。」とあるが、この項目の後半部分は中央競馬以外では実現しなかった。

このように実施されなかった「改善」項目もあるが、一三の改善項目の多くは公営競技の基本方針として遵守され、そのことが新たな問題や矛盾を生み出したことも確かだ。

長沼答申は、射倖心《しゃこう》の過熱を避け、紛争を防止するためとして、重勝式の廃止、単勝・複勝を中心として連勝式の制限などを提言している。

重勝式とは複数のレースの一着を当てるもので、連勝式は一つのレースの一・二着を当てるものだ。単勝は一つのレースの一着を当てるもの、複勝は予想した馬または選手が三着までに入れば的中とするものだ（ボートレースは二着まで）。

単勝・複勝に比べ重勝や連勝は的中させにくい。その分、的中したときの配当は大きくなる。確かに単勝・複勝は射倖心をあおりにくいかもしれないが、射倖心をあおりにくくすることが家計破綻《はたん》など当時問題とされていたことの解決につながるわけではなかった。

図表4-1　公営競技の売上額の推移（1960〜1974年度）

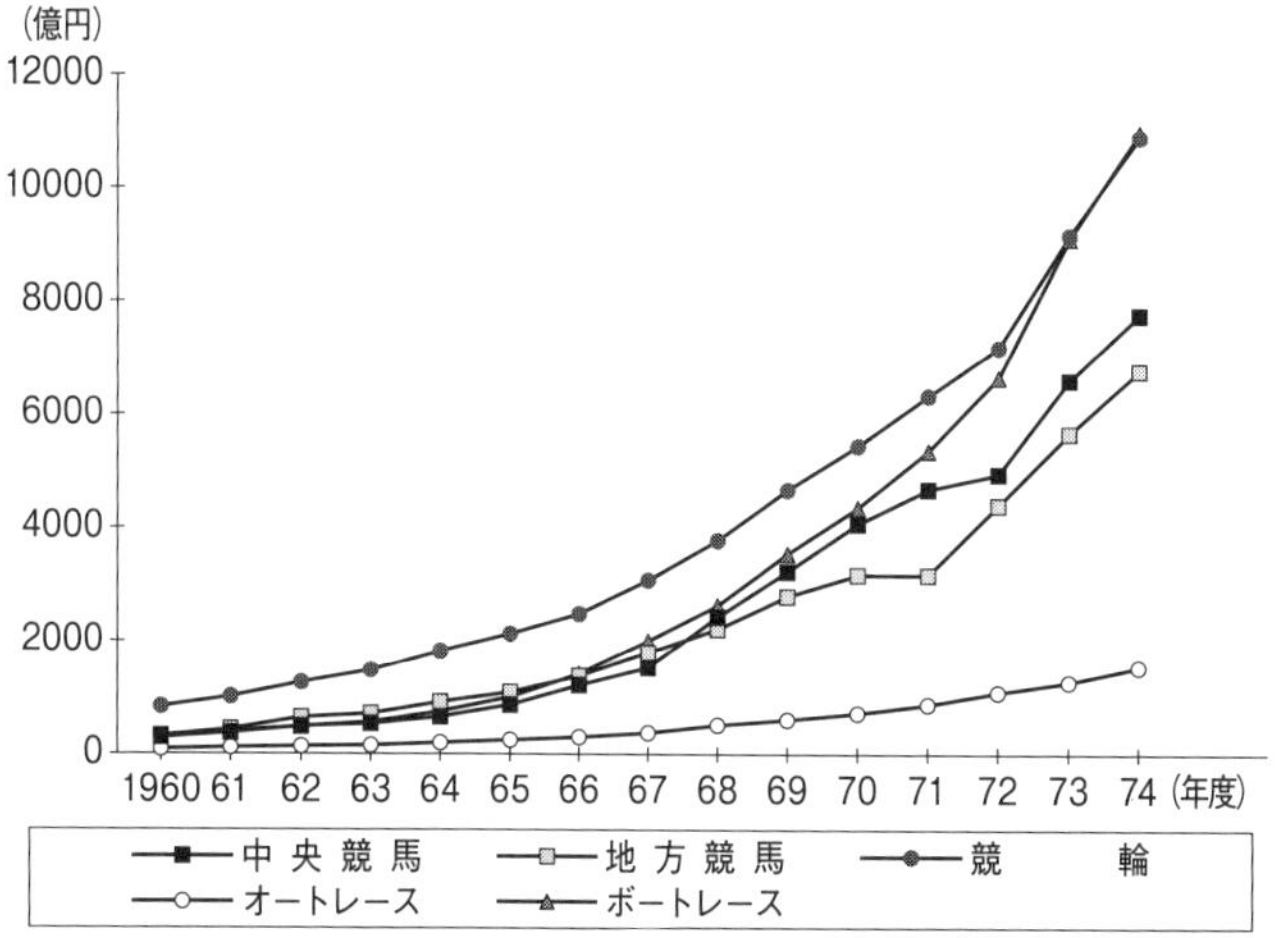

注：中央競馬と地方競馬の1960〜61年度は1月〜12月。62年度以降は4月〜翌3月。他の競技は4月〜翌3月の合計。

出典：各競技年史より作成

考えてみればわかることだ。一億円を狙って一枚三〇〇円の宝くじを大量購入し、家計を破綻させる人がいるだろうか？　家計を破綻させるのは、絶対に儲《もう》かると信じて大金を投じるケースではなかろうか。

宝くじはすべての券が等確率だが、公営競技の投票券は等確率ではない。有力馬・有力選手が存在する。例えば、最も問題視された競輪は一レース九人で競う。九人の勝つ可能性は等しくはない。競輪は個人競技だが、レースの途中はラインと呼ばれる二、三人のチームを構成する。

競走馬でも競輪選手でも、集団の先頭を走り、ゴール前まで逃げ粘るのが得意な先行型と、ゴール近くで後方から瞬発力を発揮して前に迫る追い込み型がある。自転車競技は風圧との闘いでもある。競輪の場合、ラインの先頭を走る先行型の選手は風圧を真正面から受けるが、先行選手のすぐ後ろを走る選手は前を走る選手が風除《かぜよ》けになる。先行選手の直後を走る選手は風圧を避けるかわりに、別のラインの選手をブロックして牽制《けんせい》するといった役割を担う。先行選手と追い込み選手が役割分担し、最後はゴール前で一・二着を分け合うことをめざす。

単純化していえば、途中はチーム競技、最後は個人競技というのが競輪だ。そこが複雑でわかりにくいという声がある一方で、競輪ファンはそこに推理の面白さがあると言う。風圧に負けない強い先行選手と、強い先行選手をガードする強い追い込み選手が構成するラインの選手が勝つ可能性が高い。だからこのラインに大金を投じれば確実に儲けることができると考える人がでてくる。

公営競技ファンなら「頭（＝一着）は鉄板！」という台詞《せりふ》を聞いたことがあるのではないだろうか。

バブル崩壊で銀行の破綻が相次いだ時期からは聞かれなくなったが、かつては「銀行馬券」なんていう言葉もあった。配当が低くても確実に儲かる（はずの）馬券を銀行馬券といった。

「銀行馬券」はローリターンだから、大金を得るためには大金を投じる他ない。的中率が高いことを「確実に儲かる」と同義だと思い込み、「このレースは堅い。だからオッズ（配当倍率）は三倍程度だ。一〇〇万円を突っ込めば確実に三〇〇万円になる」と大金を投じてしまう。だが、世の中そんなに上手《うま》くいくはずがない。的中率の高い賭《か》け式だけにするというのは、一攫《いっかく》千金の見果てぬ夢を抱くギャンブラーに大金を使わせることなのだ。

心理学の泰斗宮城《みやぎ》音弥《おとや》が公営競技調査会の委員の一人に入っている。だが、宮城自身は公営競技を楽しんだ経験がなく、ファンの購買行動を観察しなかったのではなかろうか。

ただ、当時の窓口での手売りという発券システムでは、宝くじ的な高倍率の投票券を発売することは不可能だった。一八頭立ての三連勝単式だと、組み合わせの数は一八×一七×一六で四八九六通りとなる。当時の発売方法は、例えば、枠番連勝複式で四と六の組み合わせの馬券を八〇〇円分、三と六の組み合わせを二〇〇円分買おうとすると、四と六の組み合わせを売っている窓口で一枚二〇〇円の券を四枚購入し、三と六の組み合わせを売っている窓口で一枚買うという仕組みだった。複数の買い目を買うために何度も窓口に並ぶ必要があり、今のように何通りもの投票券をひとつの窓口で買うことは不可能だったのだ。

場外発売所を増やさないことも長沼答申の課した大きな桎梏となった。

公営競技で最初に場外発売所を設置したのは国営競馬だった。一九四八年に東京銀座に銀座場外発売所を設けたのを皮切りに、国営競馬時代には東京、大阪、横浜、名古屋、京都、神戸に計一三か所あり、日本中央競馬会誕生後にさらに一か所を開設している。

当時は現在の場外発売所とは全く異なっていた。テレビ放送はおろかラジオの実況中継もない時代だから、今の場外発売所とは異なり、ただ、宝くじ売り場のように馬券を売るだけの施設だった。

また、オッズ計算に不可欠な発売枚数は電話を使って連絡し集計していたから、今のようにレース発走数分前まで馬券を売ることもできない。

競輪でも場外発売所はつくられた。

当初は特に規制もなかったが、監督官庁の通産省が五一年八月の通達で初めて規制を設け、五二年六月の自転車競技法の改正で、それまで届け出制だった場外発売所の設置が許可制となった。届け出制以前に全国に場外発売所がいくつあったのかを知る資料を見つけることはできなかったが、五二年一二月から五四年一二月までの二年間に四三もの場外発売所の開設が許可されている。

五一年の通達では本場の売上額の小さい競輪場の施行者に限って新設を認めるとし、売上額の小さい競輪場の救済をはかる一方で、競輪に対する社会的批判を和らげるために、売上が大きく救済の必要のない大都市では多くの発売所が五〇年代半ばまでに閉鎖している。

実際、地方都市の競輪場では場外発売所は重要な販路となった。

代行屋・ノミ屋の横行

公営競技の売上額が激増したということは、それだけファンも増えていったということに他ならない。ところが、肝心の投票券を買う場所は開催場と数少ない場外発売所に限定されている。場外発売所の開設が制約されたことは目に見える過熱を抑制する効果があったかもしれないが、目に見えない問題を深化させることにもなった。それがノミ屋の横行だ。

他人から投票券の購入を依頼されて金を預かり、実際には投票券を購入せず、預かった金を自分の懐に入れてしまう行為をノミ行為といい、事業としてノミ行為をおこなう連中をノミ屋という。

ノミ屋という名は、購入を依頼された投票券を実際には購入せずに、その金を呑《の》み込んでしまうというのが語源かと思われるが、預かった金で酒を飲んでしまうことから来ているという見解もある。

呑んでしまった馬券が的中すれば購入依頼者に払戻をしなくてはならないが、外れてしまえば購入代金は丸々ノミ屋のもうけだ。

もちろん公営競技発足時からこれは違法行為だ。だが、法の抜け道を見つける輩《やから》は必ずいる。本人に代わって本場や競技場に直接出向いて投票券を買うことは違法とはいえない。競馬場に行く友人についでに買ってきてもらうことを取り締まることは不可能だ。代行屋はそこをついた。競馬場に散乱する外れ馬券をかき集め、警察の手入れに対して「ほら、ちゃんと正規の馬券を購入しましたよ」と見え透いた偽装をおこなったりもしたという。

ノミ屋（表向きは代行屋）に流れる賭け金は本来主催者に入るべき金だ。主催者側の収入がその分減ってしまう。ノミ行為はすべての公営競技で実行できるが、最も大きな損害を被ったのは中央競馬だろう。投票券の売上は競輪が大きいが、それはレース数が格段に多いからだ。一レースあたりでみると、国営時代も含めた中央競馬が断然大きい。

高度成長期末期のデータだが、『昭和四八年版警察白書』には、一九七二年の公営競技関係法違反の検挙件数は一七四一件、検挙者数は七四一〇人と記され、「『のみ行為』で暴力団が取り扱った金額の合計は、数百億円にも及ぶものと推定される」とある。

七二年当時の公営競技の総売上額は約二兆四〇〇〇億円だから、暴力団のノミ屋は公営競技マーケットの数パーセントを食っていたということになる。

イギリスなどで公認されているブックメーカーは、自らの判断で配当率を決定するが、日本のノミ屋の配当率は中央競馬なら日本中央競馬会が発表するオッズにしたがう。したがって、複雑なオッズ計算をノミ屋自らがおこなう必要はない。

競馬の場合は法制度に規定された算式に基づいた払戻がおこなわれ、競輪などでは売上額の七五パーセントを払い戻しに充当することが決まっている。

筆者自身は直接関わったことがないので事実がどうかを知るよしもないが、博徒の賭博《とばく》では主催者のとり分（テラ銭）は賭け金の一割というのが一般的らしい。公営競技の施行者の「テラ銭」（控除率）は二五パーセントだ。博徒の賭場よりかなり多い。もちろん、これは胴元（施行者）の自治体が博徒より強欲だからではない。

公営競技を施行するには、選手や馬主への賞金・手当、競技場の維持管理、競技実施組織への委託費など多額の費用を要するし、加えて公益への支出もせねばならない。公益に資するから刑法の適用を除外されているのだ。

もっとも宝くじの控除率は五割を超える上に、公営競技に比べればくじの発売元が負担する開催経費は極めて僅少《きんしょう》だから、こちらは博徒より強欲といっていいかもしれない。公営競技は消費者に比較的やさしいギャンブルなのだ。

当然ながら、ノミ屋は競技開催経費を全く負担しない（この点だけみればサッカーくじはお上によるノミ行為そのものだ）し、公益への支出も当然しない。売上の二五パーセントが丸々懐にはいるというわけだ。

合法であろうと非合法であろうと、ビジネスが成立するためには需給双方に要因がある。

需要側の顧客にとってノミ屋は重宝な存在だった。混雑を極める本場や場外発売所にわざわざ出かける必要がない。加えて、かつては何通りもの投票券を購入するためにはいくつもの発券窓口に並ぶ必要があったが、ノミ屋なら電話一本で何通りもの馬券を発注できる。また、発注段階で現金を用意する必要も無い。事前に取り決められた決済日に払戻と相殺した額を用意すればいい。常連客になればツケもきく（それが地獄の入り口でもある）。

顧客サービスにもぬかりがない。常連客には予想紙を無料プレゼントすることもあったという。ノミ屋は予想紙の大口購入者でもあった。

さらに、すべてのノミ屋がやっていたのかどうかはわからないが、外れ馬券購入額の一割をキャッシュバックするサービスもあった。二五パーセントのテラ銭からすれば一割のキャッシュバックなどたいした額ではなかったろう。

こうしてみると、自宅や出先から通信手段を介してキャッシュレスで投票券を購入し、無料の予想紙プレゼントやキャッシュバックのサービスを受けられるのは、現在の公営競技を支えるインターネット投票そのものだ。決して褒められることではないが、ノミ屋は時代を先取りしていた。

暴力団によるノミ行為はかなり組織的におこなわれており、巨額の注文が入った場合は、受けたノミ屋が他の複数の業者に再委託しリスクを分散させたり、払戻の上限額を事前に決

図表4-2 公営競技の売上額(1962年度)

	開催場数	開催日数	投票券売上額	開催1日あたり売上額
中央競馬	10	232日	485億4084万8300円	2億922万7794円
地方競馬	35	2072日	643億6007万5900円	3106万1812円
競輪	55	3862日	1263億2983万9700円	3271万 989円
オートレース	5	508日	134億7377万2400円	2652万3174円
ボートレース	24	3521日	482億6970万2500円	1370万9089円
全体	129	10195日	3009億7423万8800円	2952万1750円

注:中央競馬は1月〜12月。他の競技は4月〜翌3月の合計。開催1日あたりの売上額は円以下切り捨て。

出典:『日本中央競馬会60年史』(日本中央競馬会 2015年)、『地方競馬史 第三巻』(地方競馬全国協会 1972年)、『競輪関係資料』(JKA 2022年)、『モーターボート競走30年史』(全国モーターボート競走会連合会 1984年)より作成

めていたりということもあったという。

ノミ屋の横行は長沼答申のもたらした負の側面のひとつだった。

2.熱狂の時代

最初のスターホース・シンザン

一九六二年度の公営競技全体の状況を図表4—2に示す。

競技ごとの売上額をみると、競輪が一二六三億円で他競技を大きく引き離しているが、これは開催日数が三八六二日と最も多いことが大きい。

開催一日あたりでみると、中央競馬だけが二億円を超え、競輪は三二七一万円、地方競馬は三一〇六万円とその差は大きい。ボートレースにいたってはわずか一三七〇万円とまだ苦しい状況が続

いている。

第二次世界大戦前からの歴史があり、全国一〇の競馬場と六つの大都市に一四か所の場外発売所を有し、単一の主催者が全国レベルで競馬をおこなっている中央競馬のファン層の厚みは他の競技の及ぶところではない。

ダービー、天皇賞《てんのう》といったビッグレースであろうと、最下級のレースである未勝利戦であろうと、ギャンブルとしてはまったく同じだが、馬券の売上額はビッグレースと下級条件戦では大きく異なる。一流の馬・騎手や一流の選手の走りに人々は魅了される。そうしたことを考えると、公営競技は、ギャンブルであると同時に、アスリートたちの熱い戦いを楽しむプロスポーツだ。熱い戦いに欲得も含めた様々な思いが加わり投票券の購入につながる。

競馬に注目が集まるようになると、マスコミも競馬を大きく報じる。マスコミが報じればファンも増える。中央競馬は日刊スポーツ新聞（一九四六年創刊）やスポーツニッポン（一九四九年創刊）などの有力コンテンツになっていった。

また、主催者の側も予想を附した出走表をスポーツ新聞に掲載させることで、ファンの興味をひくようになっていく。実はスポーツ新聞に掲載されている出走表は「記事」ではなく「広告」であることも多い。

物語を演じるのはスターホースであり、スター選手だ。公営競技の成長にともなって、スターホースやスター選手が現れ、さらに多くのファンが生まれていく。

コアな競馬ファン以外にもその名を知られた最初のスターホースはシンザンだろう。

六一年四月に北海道浦河町《うらかわちょう》の小さな牧場で生まれたシンザンは、六三年秋にデビューし、六四年の皐《さ》月《つき》賞、ダービー（東京優駿《とうきょうゆうしゅん》）、菊花《きっか》賞を制した。この三つのレースを制した馬を三冠馬という。シンザン以前は公認競馬時代の四一年のセントライトしかいない。

シンザンの時代に現在のようなグレード制はまだない。格の高い、すなわち賞金額の大きいレースには、三歳馬限定（当時の年齢表記では四歳）の皐月賞、ダービー、菊花賞、三歳牝《ひん》馬《ば》限定の桜花《おうか》賞とオークス（優駿牝馬《ゆうしゅんひんば》）、四歳以上の馬（古馬）による春秋二回の天皇賞と有馬記念があり、これらは五大クラシックレース（五大競走ともいう）とよばれていた。

三歳の三冠を制し同年代の頂点に立ったシンザンは、古馬になって天皇賞と有馬記念を制し五冠馬となった。その活躍は専門紙やスポーツ紙のみならず、一般紙でも報道された。

現役引退後、シンザンは六六年から北海道浦河町の谷川《たにかわ》牧場に繋養《けいよう》され種牡《しゅぼ》馬生活にはいる。外国産種牡馬がほとんどだった当時、数少ない内国産（馬の世界では、「国内産」ではなく「内国産」という）種牡馬として長く活躍した。

また、シンザンは稀《まれ》に見る長寿の馬でもあった。九六年に老衰により三五歳で死亡したが、記録の残る範囲ではサラブレッドの当時の長寿記録だろうともいわれている。

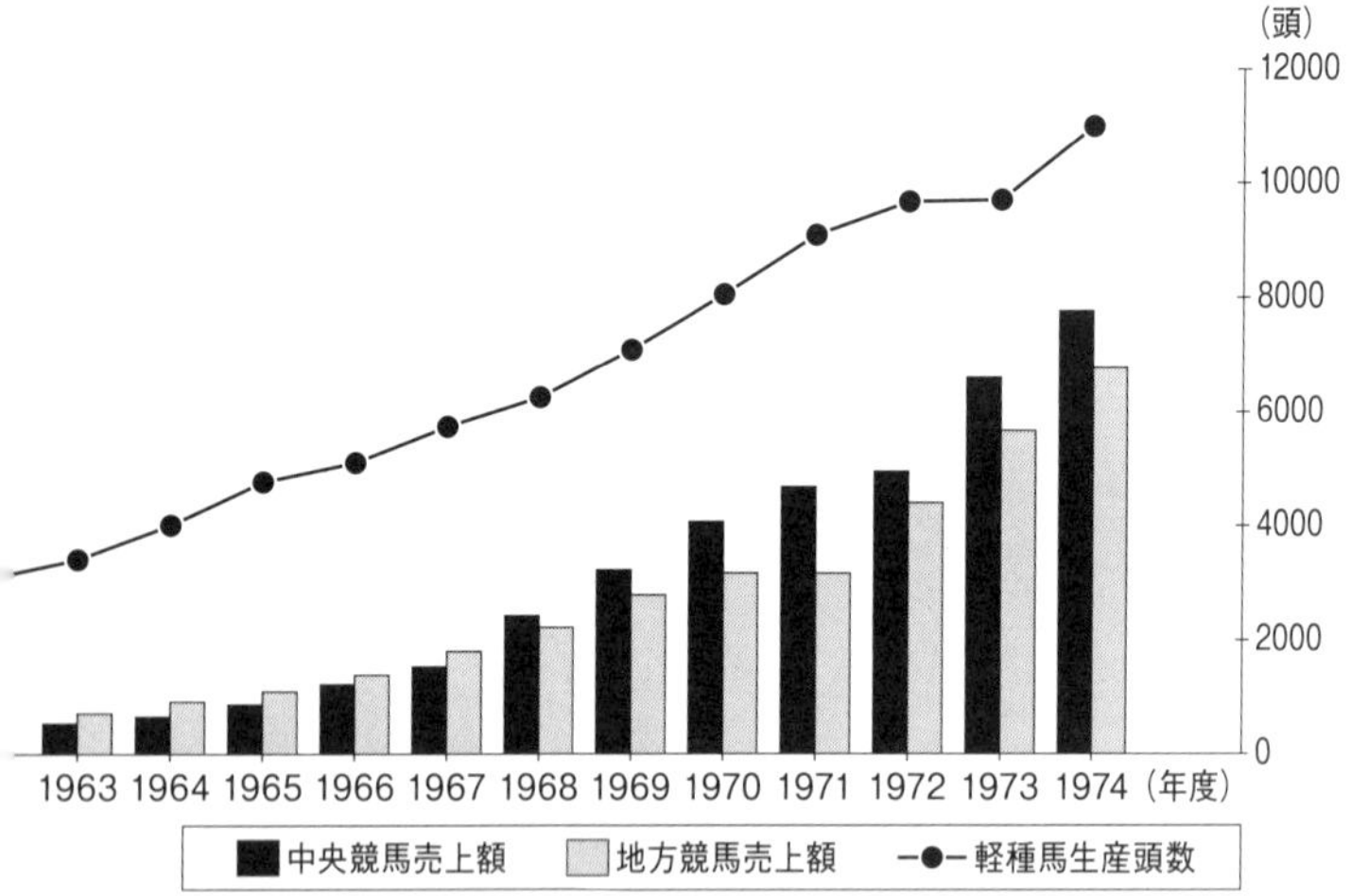

「さらばハイセイコー」

競馬が盛んになるにつれ、競走馬の生産も大きく成長する。なかでも北海道日高地方は、かつての馬産の中心だった東北地方や南九州を凌駕する大産地となる。日高地方の競走馬生産が大きく成長したのには需給両面の要因がある。

需要面は、いうまでもなく、競馬の成長による競走馬需要の拡大だ。馬券が売れる→賞金や出走手当（報償金）が増額される→馬主の購買意欲が高まる→競走馬の需要拡大という成長プロセスだ。図表4―3は馬券の売上額と軽種馬の生産頭数の変化をみたものだ。馬券の売上が軽種馬生産に連動していることがはっき

図表4-3 馬券の売上額と軽種馬の生産頭数(1950〜1974年度)

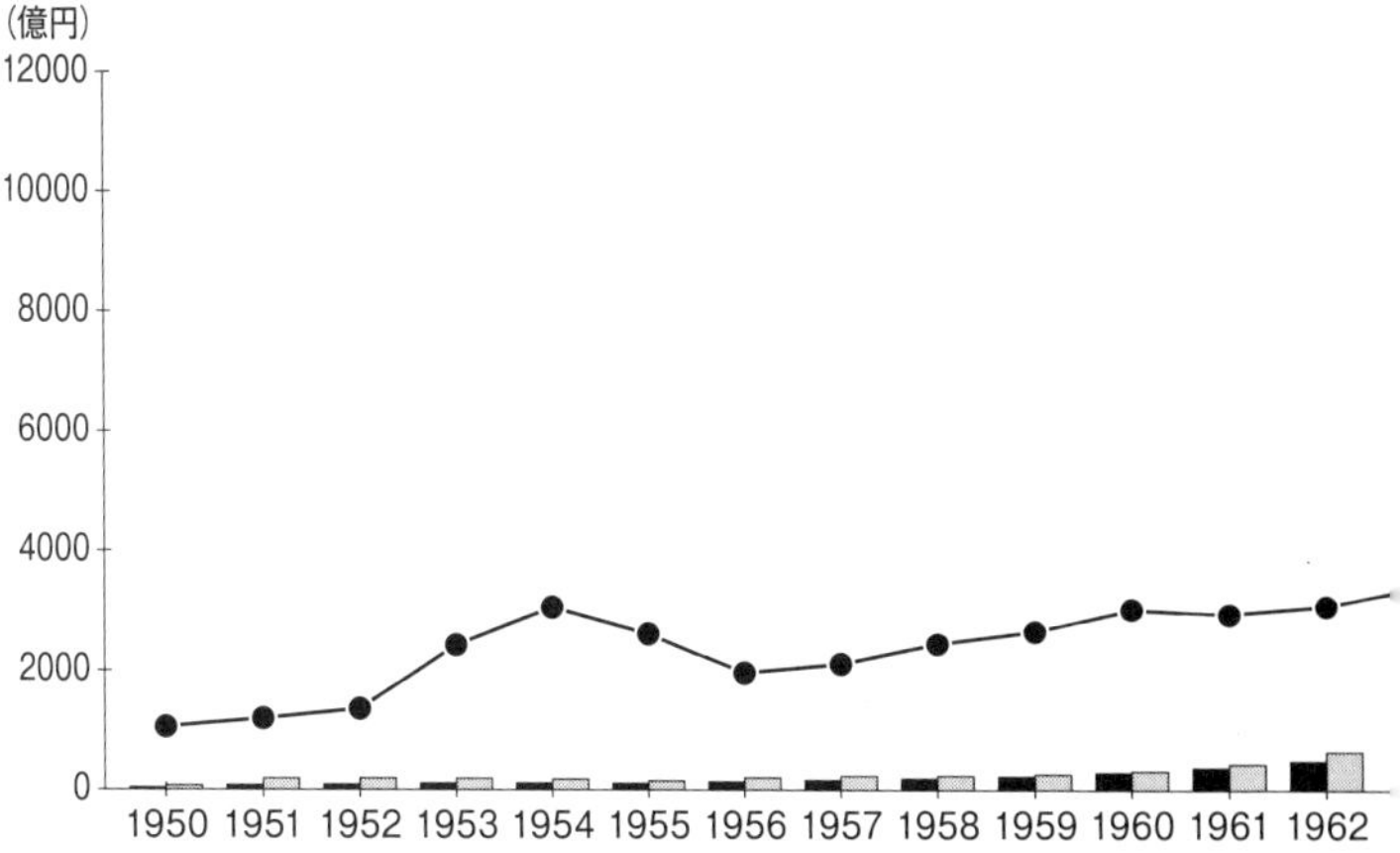

出典:『日本中央競馬会60年史』(日本中央競馬会 2015年)、『平成22年度 地方競馬に関する資料』(地方競馬全国協会 2023年)、『日本軽種馬協会50年史』(日本軽種馬協会 2005年)より作成

りわかる。

供給側の要因としては北海道日高地方の風土が関わっている。

まず、第二次世界大戦前から軽種馬の生産がおこなわれていたこと。北海道内では比較的降雪量が少ないことに加え、寒流の影響で夏季の気温が相対的に低いという気象条件、さらには海岸段丘面になだらかな丘陵地帯が広がっているという地形的な条件もある。さらに、七〇年から米の減反政策が開始されたことが競走馬生産への転業に拍車をかけた。

競走馬の生産はリスクの大きい事業だ。まず繁殖牝馬が必要だ。次に種付け料がかかる。種付けしても一〇〇パーセント仔馬が生まれるわけではない。

近年のデータだが、二〇二〇年には一万三四九頭の繁殖牝馬に種付けされたが、その約一一か月後に生まれた二二年産馬は七七八二頭に過ぎない。生産率は七三パーセントほどだ。現在は受胎しなければ翌年無料で種付けできるフリーリターン制度や、受胎確認後に種付け料金を支払う方式や産駒誕生後に支払う方式があるが、かつては受胎・不受胎にかかわらず種付け料が必要だった。高価な種付け料が無駄になってしまう確率が約三割もあったのだ。

需給双方の要因に支えられ、一九五〇年代半ば二〇〇〇頭程度だった軽種馬の生産頭数は高度成長末期の七四年には一万頭を超えるまでになる。六〇年には二一七七名だった生産者団体の日本軽種馬協会の会員数は、七四年には三五九七名に増えている。なかでも北海道の日高地区の増加は大きく、六八三名から一九三三名と大きく増えている。

競輪やオートレースがその母体となった産業と遊離していったのに対し、競馬だけは背後の産業を大きく成長させた。これは日本の競馬は農政の対象であり、内国産馬を主体とするという国の方針によるところが大きい。

活馬の輸入自由化は七一年だが、もしもっと早くから輸入が自由化されていれば、軽種馬生産の成長はここまでにはならなかったかもしれない。同じ家畜飼育でも、毎日搾乳をしないといけない酪農に比べると、競走馬の生産は比較的作業が楽で、さらに稲作や酪農では手にすることのできない大金を得るチャンスがあった。

高度成長初期のスターホースがシンザンだとすると、その掉尾《ちょうび》を飾るスターホースがハイセイコーだ。七二年に大井競馬場でデビュー。大井で無敗のまま六連勝し、七三年一月に中央競馬に移籍する。移籍後も三連勝し無敗のまま皐月賞を制し「怪物」と評される。

さらに、当時はダービーの前哨《ぜんしょう》戦だったNHK杯も優勝し、一〇戦一〇勝でダービーに挑む。七三年五月二七日におこなわれた第四〇回東京優駿（日本ダービー）では単勝馬券の売上の三分の二がハイセイコーだった。圧倒的一番人気に推されたが、優勝タケホープ、二着イチフジイサミで、ハイセイコーは三着におわる。

その後、菊花賞はまたもタケホープに敗れて二着、有馬記念も三着におわる。四歳時は八戦して宝塚記念を含む三勝をあげたものの、天皇賞（現在は春の天皇賞は三二〇〇メートル、秋の天皇賞は二〇〇〇メートルだが、当時は春秋ともに三二〇〇メートル）も有馬記念も勝つことはできなかった。それでも人気が衰えることはなかった。

石岡学《いしおかまなぶ》は著書『「地方」と「努力」の現代史　アイドルホースと戦後日本』でハイセイコーを最初のアイドルホースだとしている。

競走馬としてのハイセイコーの戦績は素晴らしいものだが、いわゆるクラシックレースでの勝ち鞍《くら》は皐月賞だけで、競走記録だけからみると他にも数多くの名馬がいる。

地方競馬から中央競馬に挑み成果をあげたというストーリーが多くの人々の心を捉《とら》えたこ

とは確かだ。主戦騎手だった増沢末夫《ますざわすえお》が歌った「さらばハイセイコー」という歌もヒットした。実在の競走馬を歌った曲がヒットしたのは空前だったしおそらく絶後だろう。

ハイセイコーは七四年一二月の有馬記念で二着に敗れたのを最後に現役を引退し種牡馬となる。北海道日高の新冠町《にいかっぷちょう》で一九九七年まで種牡馬生活を送り二〇〇〇年に死亡した。

「競輪公害」とテレビ中継の開始

長沼答申以降も競輪熱は冷めることはなくますます人気が高まる。

競輪界で最高峰のレースは日本選手権競輪だ。一九四九年に第一回が全国争覇競輪というレース名で大阪中央競輪場を舞台に開催され、六四年二月の第一七回大会から現在の日本選手権競輪という名称に変更され今日に至っている。

第一〇回大会までは毎年各場持ち回りで開催されたが、五六年の第一一回大会から開催場は後楽園競輪場に固定される。以来、日本選手権競輪の入場人員数は毎回六日間で二〇万人を超えるようになり、六〇年一〇月二八日から始まった第一五回大会には実に二二万八八七六人が後楽園競輪場に詰めかけた。単純平均すると一日三万八〇〇〇人ほどだが、実際には決勝戦がおこなわれた最終日に多くのファンが詰めかけた。競輪場は野球場よりはるかに小さい。これだけ多くの群衆が押し寄せれば施設はパンク状態となってしまう。

野球場ならスタンドに観客を収容できればそれでいいのだが、公営競技場はそうはいかない。投票券売り場のキャパシティが問題となる。

後楽園競輪場は後楽園球場に隣接し、最高峰の競輪場として全国一の売上額を誇っていたが、大きなレースになるとスタンドも車券売り場も大混雑するようになっていた。

警備上の責任が持てないということで、施行者の東京都は翌年の第一六回大会の開催権を返上してしまう。競輪界最大のビッグレースだけに、開催中止は施行者にとっては苦渋の決断だっただろう。代わりに手を挙げる施行者も現れず、結局、六一年度に開催されるはずだった第一六回大会は、愛知県の一宮《いちのみや》市が施行者となり、六二年度末の六三年三月に一宮《いちのみや》競輪場で開催された。

ちなみに日本選手権が開催中止となったのはこの六一年度と、静岡競輪場での開催が決まっていたが新型コロナウイルスのために中止となった二〇二〇年度だけだ。

高度成長期は公害の時代でもあった。四大公害訴訟をはじめ、大気汚染や水質汚濁が全国的に問題となっていた。高度経済成長の陰の部分だ。混雑を極める競馬場や競輪場は近隣住民から「競馬公害」「競輪公害」とよばれるようになっていた。

競輪発足から一〇年くらいは横田隆雄ら戦前の自転車競走で鳴らした選手が活躍したが、この頃になると、競輪育ちの新しい選手が活躍するようになる。

松本勝明《まつもとかつあき》はそうした新時代の選手の一人だ。一九二八年京都府に生まれた松本は京都市のトップ校だった旧制府立第一中学を卒業し、東京外事専門学校（現在の東京外大）に進学する。外専への入学は医学部進学のためにドイツ語を学ぶのが目的だったという。学資稼ぎのアルバイトで競輪選手になった松本は、結果的に医者の道ではなく競輪選手の道を選ぶ。着実に勝ち星を伸ばし、六五年には後楽園競輪場で競輪界初の一〇〇〇勝をあげ、一九八一年に現役を引退するまでに一三四一勝という輝かしい記録を残している。

二〇二三年六月現在での現役最多勝利数は神山雄一郎《かみやまゆういちろう》の九〇〇勝（一九八八年五月初出走）だから、松本がいかにハイペースで勝利を重ねたかがうかがわれる。現役引退後は競輪学校の名誉教官として後進の指導にあたった。

松本と共に世界選手権に出場したのが高原永伍《たかはらえいご》だった。高原は一九四〇年生まれで、松本の一回り下だ。松本は競輪学校開設前のデビューだが高原は競輪学校一三期生だ。

生涯先行・捲《まく》りを戦法とし、日本選手権以外の特別競輪をすべて制している。風圧を強く受けるため、キャリアを重ねると追い込み主体に変わる選手が多いなか、生涯にわたり先行・捲りを貫いたことも彼が多くのファンに愛された理由だ。高原が出走したレースでは高原以外が一着の車券がすべて万車券ということさえあったという。

一流選手の殆《ほとん》どは力が衰えると引退するが、高原は当時の最下級クラスだったB級に落ちても走り続けた。そして、競走成績を表す競走得点が規定に足りず登録消除（＝事実上のクビ）が確定するまで走り続けたことでも特筆される。高原もまた競輪学校の名誉教官として後進の指導にあたった。

高度成長期前半は、松本をはじめ、石田雄彦《いしだゆうひこ》、吉田実《よしだみのる》、白鳥伸雄《しらとりのぶお》、中井光雄《なかいみつお》、そして高原が、七〇年代にはいり、競輪の売上がピークとなる頃には、三強といわれた福島正幸《ふくしままさゆき》、阿部道《あべとおる》、田中博《たなかひろし》らが活躍した。

高度成長期のライフスタイルを象徴するのが家電で、なかでも電気洗濯機、電気冷蔵庫、テレビは三種の神器とよばれ、この時期多くの家庭へ急速に広がった。

テレビは瞬く間にマスメディアの頂点にたち、その社会への影響力は今では想像もつかないほど大きなものとなっていた。テレビに取り上げられることは広く社会に認知されることでもあった。

先に述べたように、一九六二年度の第一六回日本選手権競輪（当時のレース名は全国争覇競輪）は愛知県一宮市が施行する一宮競輪場での開催となった。

六〇年一〇月に後楽園で開催された第一五回大会は六日間で売上額八億九二〇四万円、入場者数二二万八八六七人を数えたが、六三年三月に一宮で開催された第一六回大会は売上額五億四〇一五万円、入場者数九万四三〇〇人と前回の後楽園を大きく下回っている。首都圏と中京圏の購買力の差だ。

だが、別の意味で、この第一六回大会は画期的な大会となった。決勝戦がテレビ放送されたのだ。とかく社会的に悪いイメージがつきまとってきた競輪がプロスポーツとして社会に認知されたといっても過言ではないだろう。デイリースポーツの記者として長年競輪を見続け、競輪界の生き字引ともいうべき井上和巳《いのうえかずみ》（井川知久のペンネームでも活躍）は、著書『競輪選手100人の軌跡』でテレビ中継の実施をそれまでには考えられなかったことだったと評している。

定着したオートと売上トップになったボートレース

開始と廃止が相次いだ発足当初の不安定な時期を何とか乗り越えたオートレース場は、一九五八年から開催場は船橋・川口・大井・浜松・飯塚の五場に固定し、安定して開催されるようになり、その売上も増大しつつあった。

さらに六五年四月には山口県西部の厚狭郡山陽町に山陽オートレース場が開場する。

山陽町は宇部《うべ》炭田の一角をなす炭鉱の街だったが、五〇年代後半になると町内の炭鉱は相次いで閉山に追い込まれる。旧産炭地という点では五七年二月開場の飯塚オートレース場と同じだ。

工業都市の宇部《うべ》市や小野田市といった比較的人口の多い都市に隣接し、県内には県中央部に防府《ほうふ》競輪場、県最西部にボートレース下関、県南東部にボートレース徳山といった競合施設があるものの、近接しているわけでもないことから、他の五場に比べると少ないとはいえ順調に売上額を伸ばしていく。

高度成長期、驚異的な成長をみせたのがボートレースだ。先の図表4―2に示したように、六二年当時は一日あたりの売上額は競馬や競輪どころかオートレースにもはるかに及ばない一三七〇万円台にすぎない。

競輪の開催日数が年間七二日に制限されていたのに対して、ボートレースは二倍の開催日数が認められていた。そもそもそんなに人が集まらないだろうという行政の見込みや、立地条件が悪いため、周辺に対する影響が小さいと判断されたことによるようだ。

だが、ボートレース人気が高まれば、開催日数の多さは強力な武器となる。

六二年度と高度成長末期の七四年度の一日あたりの売上額を比較すると、中央競馬は一三・六倍、地方競馬は九・七倍、競輪は九・〇倍、オートレースは一〇・二倍と、いずれも大きい伸び率だが、ボートレースは二〇・一倍と他競技を大きく引き離している。

急成長した理由のひとつは、ボートレースが周知されてきたことがあろう。最も後発で、なおかつ前史をなす競技の伝統もないモーターボート競走はゼロからの出発だった。発足時は物珍しさで観客を集めることができても、固定的なファンを獲得するまでには相応の時間がかかったといえよう。

また「用意、ドン！」で一斉に走り出す方式ではなく、フライングスタートという方式が採用されたことも最初は違和感があったかもしれない。実際、業界でもこの方式に対しては異論もあったようだ。

例外はあるにせよ、多くの競輪場が発足時から大きな収益を生んだのに対して、ボートレースでは収益を得ることが難しい施行者も少なくなかった。

だが、他競技より少ない六艇で争われる競走で、なおかつ最内のコースの勝率が高いなどのことがわかってくるにつれ、舟券に手を出すファンが次第に増えていったと思われる。最内のコースの勝率が高いということは、逆にいうと、外側から進入する選手が勝つと大きな配当になるということだ。堅く狙うか、発生頻度の少ない大穴を狙うかという選択も他の競技に比べるとはっきりしている。

六〇年代後半に加速度的に売上額を伸張させたボートレースだが、総じて東日本よりも西日本、首都圏よりも阪神圏の伸び率が高かった。

六〇年の東京都内三場（江戸川・平和島・多摩川）のシェアはボートレースの全体の一九・四パーセントで、阪神二場（住之江・尼崎）は一三・三パーセントだった。だが、六五年には阪神二場が都内三場を上回り、七四年にはその比率は一三・九パーセントと一九・五パーセントと、六〇年のちょうど逆のシェアとなっている。

特に大きく売上額を伸ばしたのが大阪市にあるボートレース住之江だ。狭山池から住之江に移転したのが五六年。移転当時はすぐそばに大阪府営の大阪競輪場（住之江公園競輪場）があった。

住之江への移転後の五八年度の開催実績は一六八日間開催で一〇億六一一九万円。それに対して、住之江公園内の大阪競輪場は六四日間で売上額が一九億六〇八八万円だ。一日あたりでは競輪三〇六三万円に対して、ボートレースは六三一万円に過ぎない。

だが、六〇年度には売上額でボートが競輪を上回り、さらに、それまで売上額で首位にあった福岡を住之江が追い越し全国二四場のトップに立った六一年度になると、大阪競輪が六四日間二八億三八一六円、ボートレース住之江が一六六日間で三七億九〇〇六円とボートレースが競輪を大きく上回っている。一日あたりの売上額も競輪が四四三四万円、ボートが二二八三万円と差はかなり縮小している。

大阪市の西隣の尼崎市には発足時から比較的好調だったボートレース尼崎がある。ここは当時としては例外的にアクセスのいいボートレース場だ。関西地区ではボートレースは全国に先駆けて中央競馬を除く公営競技の首位にたった。

また、七二年になると、大阪市営地下鉄四《よ》つ橋《ばし》線が住之江《すみのえ》公園《こうえん》駅まで延伸し利便性が高くなり、住之江は平成の時代に至るまで売上額全国首位の座を保ち続ける。

一方、競輪は大阪府が競輪事業から撤退し、大阪市が施行した大阪中央競輪は大阪競輪場より早く店じまいしている。大阪競馬場も廃止されている。競輪場と競馬場がなくなったことで大阪市内の公営競技場はボートレース住之江だけとなる。ライバルが早々に姿を消したことも見逃せない。

ボートレースの売上は六三年度には中央競馬を上回り（ただし、ボートレースの年度は四〜三月、中央競馬は一〜一二月なので厳密な比較ではない）、七四年度にはついに競輪をも上回り公営競技のトップにたつに至った。

ボートレースの人気が高まればスター選手も出てくる。オートレースやボートレースは他の競技に比べると選手寿命が長く、活躍年数も当然長くなるのだが、高度成長期から活躍した選手としては、当時のボートレースの四大競走を最初にすべて優勝した北原友次《きたはらともつぐ》、いまでいうSG競走に一〇回も優勝し、優勝回数最多記録の保持者で「艇王」と呼ばれた彦坂郁雄《ひこさかいくお》らがいる。北原は五九年春、彦坂は同年冬にデビューしている。

さらに六九年にはモンスターといわれた野中和夫がデビューし、彦坂らに並ぶスター選手となっている。

3．各競技の進化

続々誕生するビッグレース

継続的にレースを楽しんでもらうためにはストーリーが必要だ。そのストーリーの根幹をなすのがレース体系だ。競走馬や選手が頂点を目指す戦いを続け、その戦いの軌跡がファンの投票券購入に最重要な情報となる。

中央競馬では、まずダービー、古馬になれば天皇賞や有馬記念を頂点とする全国的なレース体系が、イギリスの競馬をモデルに第二次世界大戦前から整えられてきた。

高速道路網が未整備だった時代、競走馬の輸送には大きな時間とコストが必要であったため、京都競馬場や阪神《はんしん》競馬場に所属する馬が、東京競馬場や中山《なかやま》競馬場で開催されるビッグレースに出走するのはなかなか難しいことだった。

経済的なコストに加え、個体差はあるものの、長距離輸送は競走馬にもストレスがかかるが、そうした不利をもはねのける馬こそが勝者となり名馬として称賛される。

競馬以外の競技でも全国レベルでのレース体系が草創まもない時期から整備されている。競輪では全国から選手を集め高額賞金を争う開催を特別競輪とよぶ。最初に創設された特別競輪が全国争覇競輪だ。先述したように、競輪発足翌年の一九四九年六月には大阪中央競輪場で第一回全国争覇競輪（第一七回から日本選手権競輪と改称）が開催されている。

売上が増大し、公営競技人気が高まると、各競技とも特別競走（現在のグレード制でいうと中央競馬のＧⅠ競走、競輪のＧ1競走、ボートレースとオートレースではＳＧ競走にあたる）を次々開催するようになる。

五〇年には高松宮《たかまつのみや》同妃賜杯競輪が滋賀県の大津《おおつ》競輪場で始まった。その後、高松宮杯、高松宮記念杯競輪と改称されたこの特別競走は、大津《おおつ》市が競輪事業から撤退し、大津競輪場が廃止されるまで、大津競輪場で開催されていた。

この大会は大正天皇第三皇子高松宮宣仁《のぶひと》親王からの賜杯が授与される大会だった。これは大津競輪場が近江《おうみ》神宮の敷地に建設されたことに由来する。近江神宮は天智《てんじ》天皇を祀《まつ》るため四〇年に創建され、高松宮宣仁親王が奉賛会総裁に就任したことを機縁としている。

高松宮は中央競馬やボートレースにも賜杯しているが、いずれも七〇年代からなので、競輪が先例となったといえる。皇族からの賜杯は競輪や他の公営競技のイメージ向上策の一環だ。

オートレースで現在のＳＧ戦につながる最も古い特別競走は日本選手権だが、この競走が始まったのは五〇年のオートレース発足から一五年後の六五年三月のことだ。続いて六五年五月にオールスターも始まるが、その後新たにスーパースター王座決定戦というビッグレースが設けられたのは、はるか後の八七年三月のことだ。

ボートレースの特別競走は発足間もない五三年一一月に第一回の全日本選手権競走（現在のボートレースダービー）が若松で開催されたのが嚆矢《こうし》で、五五年五月に地区対抗戦（七三年一一月開催第一九回を最後に廃止）が児島で、八月にモーターボート記念（現在のボートレースメモリアル）が大村でスタートしている。

競輪が長沼答申以降、長らく新たな特別競走を創設しなかったのに対して、ボートレースでは六六年三月に第一回鳳凰賞《ほうおう》（現在のボートレースクラシック）が開催された。この鳳凰賞では内閣総理大臣杯が授与される。

総理大臣杯の下付は笹川良一全モ連会長が岸信介や佐藤栄作《さとうえいさく》に要請して実現したものだ。『モーターボート三十年史』では「モーターボート業界が公益に資するという国家目的のために果たした実績が高く評価され、今後の働きをさらに期待されているということであり」と記している。

鳳凰賞の創設で、ボートレースはそれまでの三大競走から四大競走の時代となる。

広がる中央競馬と地方競馬の格差

中央競馬、競輪、オートレース、ボートレースでは、全国一律で競技が実施されているため、全国レベルでのレース体系がつくられているが、地方競馬ではそうなっていない。

地方競馬は競馬場ごとにレース体系が整えられているとはいえ、いかんせん、限られた頭数での体系にとどまり、中央競馬のような全国一律の大きなレース体系とはなり得ない。

地方競馬の賞金額や手当は馬券の売上額に比例する。賞金・手当が高額であれば馬主も高額な馬を購入しやすくなる。高額で購入した資質の高い（と思われる）競走馬を安い賞金・手当の競馬場で使うことは考えづらい。売上額の小さい競馬場では、中央競馬で芽の出なかった馬や大井などの地方競馬でも賞金額の高い場から移籍してきた馬が競走馬資源として活用されることになり、自然発生的に競馬場の序列も形成されることになった。

とはいえ、その序列はあくまで自然発生的に形成されたものであり、地方競馬全体のレース体系を構築するものではなかった。

身軽に移動ができる競輪やボートレースに比べ、馬の移動はたいへんだ。馬だけではない。世話をする厩務員《きゅうむ》も移動しないといけない。まして高速道路網が未発達の時代なら、時間的なロスも大きい。一回のレースのために高いコストを支払うのに見合う十分な賞金・手当がないと馬主は遠征させることはない。このことも地方競馬がレース体系を統一できない一因となっている。

中央競馬と地方競馬の間には大きな壁があったが、地方競馬間に制度的な壁はない。制度的な壁はなくても経済的な壁は大きく、地方競馬と中央競馬はおろか、地方競馬間でも統一的なレース体系を構築することはできないまま今日に至っている。

中央競馬と地方競馬とはいうものの、二つの大きな競馬システムが存在するのではなく、中央競馬という大きなひとつのシステムと、主催者ごとに小さな競馬システムが分立しているのが日本の競馬制度だ。

テレビやマスメディアの普及で、中央競馬がとりあげられることが多くなれば、当然のことながら、社会の注目は自《おの》ずから中央競馬に向けられる。

元々一レースあたりの売上は中央競馬が地方競馬を含む他の競技を凌駕してはいたが、売上額全体でも中央競馬が地方競馬を上回るようになる。一九六二年度には中央競馬の四八五億円に対し地方競馬は六四三億円だったのが、その差は年を追うごとに縮まり、六八年度には中央競馬二四二八億円、地方競馬二二一二億円と中央競馬が地方競馬を上回る。その後、その差は拡大する一方だった。

売上の格差は設備投資にも反映する。日本中央競馬会はこの時期にトレーニングセンターを建設する。

競走馬やその世話をする調教師・厩務員・騎手らは競馬場に隣接するエリアにまとまって集住しているのが一般的だった。これは中央競馬も地方競馬も同じだった。競馬場は調教・訓練施設としても利用されていたが、競馬人気が高まり競走馬が増大してくると、競馬場は調教・訓練施設としては手狭になってくる。

そのため日本中央競馬会は滋賀県南部の栗太郡《くりた》栗東町《りっとうちょう》（現・栗東市《りっとう》）に広大な敷地を確保し、栗東《りっとう》トレーニングセンター（通称・栗東トレセン）を建設する。六七年から造成を開始し、六九年八月には仮開場され、中京《ちゅうきょう》競馬場から人馬が移り調教が開始された。一一月に正式開場し阪神競馬場から人馬が移動、翌七〇年一二月には京都競馬場からの移動が完了する。

六三年七月にわが国初の高速道路である名神《めいしん》高速道路の栗東《りっとう》インターチェンジ・尼崎《あまがさき》インターチェンジ間が開通していた。各競馬場への馬の輸送は高速道路の開通あってのことだ。栗東トレセンには坂路が設けられるなど、競走馬の訓練・調教の高度化に大きな役割を果たしている。

関西地区の厩舎を集約したのが栗東トレセンで、関東地区（東京競馬場・中山競馬場）の厩舎を集約したのが美浦《みほ》トレセンだ。美浦トレセンは茨城県稲敷郡《いなしき》美浦《みほ》村に建設された。美浦村は現在茨城県内に二つしかない「村」のひとつだ（もうひとつは東海村《とうかい》）。

七八年三月に中山・東京両競馬場から人馬が移動し四月に開場した。栗東トレセン開業の約八年後のことだ。

大井競馬でデビューし中央競馬に移籍後大ブームをよんだハイセイコーを始めとして、地方競馬から中央競馬に移籍して好成績をあげた馬も少なからずいたが、八〇年代半ば以降になるとそうした馬はあまりいなくなった。

競馬場で昔ながらの訓練・調教をおこなっている地方競馬所属馬と、様々な設備が整ったトレーニングセンターで訓練・調教される馬の差が出ているのかもしれない。

地方競馬でも大井競馬場が千葉県印西《いんざい》市に栗東トレセンに先駆けて六五年にトレセンを開場させ、育成・休養・調教に供用されていたが、七五年に手狭になった大井競馬場から一部の厩舎が移転するまで厩舎も設置されていなかった。

淘汰された競技種目

公営競技はファンが命の次に大事なカネを投じて遊ぶものだから、勝ち負けに関わる判定が明確でなければならない。そうでないと騒擾《そうじょう》事件を誘発してしまう。

また、宝くじとは異なり、ファンは様々なファクターを考慮して予想するところに面白さがある。偶然的なことが多すぎると、予想行為は意味をなさなくなりファンは離れてしまう。

現在中央競馬の競走種目には平地競走と障害競走の二種類。地方競馬は、帯広のばんえい競馬を除くと、平地競走だけになっているが、かつては中央・地方ともにもっと多くの競走種目があった。

今ではまったく見ることのできなくなった競馬種目に速歩競走がある。

速歩とは馬の歩法（前進の仕方 gait）のひとつだ。馬の歩（走）法には、常歩《なみあし》（walk）、速歩《はやあし》（trot）、駈歩《かけあし》（canter）、襲歩《しゅうほ》（gallop）があり、常歩、速歩、駈歩、襲歩の順に速度が上がる。

細かい定義はさておいて、私たちが今日目にする平地競馬の走法が襲歩だ。

速歩競走とは大雑把にいうと人間の競歩と同じだ。

速歩は軍馬で重視された動作で、軍馬育成という観点からだろう、第二次世界大戦前は競馬でも速歩競走が重視されていた。

速歩競走には騎乗速歩と繋駕速歩があった。騎乗速歩とは文字通り騎手が騎乗しておこなう速歩競走で、繋駕速歩とは馬に二輪車をつなぎ、騎手（字義通りにいえば馭者《ぎょしゃ》だが、競馬の世界では騎手という）は二輪車に乗って手綱で馬を操作する。競走に使用する品種もサラブレッドやアングロアラブではなく、トロッターという品種が中心となる。

フランスなどでは今も人気のある競走種目だそうだが、日本ではあまり人気はなかった。

馬はスピードを上げると速歩から自然に駈歩になる。駈歩になった段階で走法違反で失格となる。走法違反による失格が多かったことも不人気の理由だった。中央競馬では六八年の中京開催を最後に、また地方競馬では七二年の岩手競馬を最後に繋駕速歩競走は姿を消した。

軽種馬の生産頭数が少なかった時代は競走数をまかなうために速歩競走を導入したケースもあったが、軽種馬の生産頭数が増えるとその必要もなくなっていった。北海道十勝《とかち》地方は元々ペルシュロン系の重種馬の産地だったが、産業馬の需要がなくなり、一時期速歩競走用のトロッターの生産もおこなわれたが、速歩競走自体が消失してしまったため途絶えてしまった。

第二次世界大戦前、東京競馬場の東京競馬倶楽部がダービー（東京優駿競走）を創設した際、中山競馬倶楽部がダービーに対抗する大レースをということで中山大障害を創設した。そのくらいかつては障害競走も人気があったということだ。

現在は中央競馬だけで実施されている障害競走だが、かつては地方競馬でもおこなわれていた。道営ホッカイドウ競馬で騎手・調教師として活躍した田部和則《たべかずのり》氏から聞いた話だが、田部氏が騎手を目指し船橋競馬場で修業していた一九六〇年代半ば頃は船橋競馬場でも障害競走がおこなわれていたそうだ。障害競走が消えたのは頭数が揃わないため、同じメンバーでの競走が多くなり、ファンの興味を引かなくなった上に、事故の発生頻度が平地より多く手間がかかる分コストもかかるというのが理由だった。

競輪でも種目が淘汰《とうた》されている。現在の競輪は競走車による先頭固定競走だけだが、かつては競走に使われる自転車にも競走車の他に実用車や軽快車があり、二人乗り（タンデム車）の競走がおこなわれたこともある。コースも現在の左回りの楕円《だえん》形コースの他にクロス走路（8の字形走路）を設置していた競輪場もあった。

実用車競走や軽快車競走は競輪が自転車産業と密接に関わっていた時代の産物だが、当然のことながらスピードに欠けることから姿を消す。最高峰の競走だった日本選手権の記録をみると、四九年の第一回では競走車（甲）と競走車（乙）そして実用車の三種目がある。

翌年の第二回はそれに女子が加わり四種目となり、第三回から第七回までは競走車・実用車・女子の三種目、第八回から第一〇回までは競走車・軽快車・女子の三種目、五六年一〇月開催の第一一回大会では競走車と女子の二種目となって実用車や軽快車の競走が姿を消し、第一二回大会からは女子競輪の廃止で、男子の競走車による競走だけとなっている。

競走距離にもバリエーションがあった。六九年に甲子園競輪場（旧鳴尾競輪場）で開催予定だった第二六回大会が地元住民の反対で中止となり、そのまま廃止された特別競輪の全国都道府県選抜競輪では、自転車競技を意識した大会だったこともあって、数種類の距離別競走があった。

現在はすべてが先頭固定競走だ。これは周回中車券の対象とならない先頭誘導員が車列の先頭を走り徐々に加速していくものだ。かつては「普通競走」といって、先頭誘導員をおかず、車券の対象となる選手が周回中も先頭を走る（これをトップ引きという）競走もおこなわれていた。

トップ引き選手は周回中ずっと風圧を受け続け消耗するためまず勝ち目はない。とはいえ、ごく稀には勝ってしまうこともあり、そのような場合は超大穴車券ということになる。それはそれで紛争の種になりやすいため、現在はすべて先頭固定競走となっている。

女子競輪も消えた競輪種目だ。

第六章で詳述するが、女子競輪がガールズケイリンとして復活するのははるか後の二〇一二年のことだ。すでに三連単車券が売られている時代だ。

船体とエンジンの変化

細かい競技規則の変更はともかくとして、競馬や競輪に比べると、ボートレースは発足以来、目に見える大きな変化はあまりないように思える。しいていえば、ボートの形態がハイドロプレーンのみになったことくらいだろうか。

モーターボートの船体はハイドロプレーンとランナバウトに大別される。船底が水平なのがハイドロプレーンだ。現在の競走艇はすべてこのかたちだ。

自動車の運転免許取得の際や運転講習などでハイドロプレーニング現象というのを聞いたことがあるだろう。まさにそれと同じ原理で、レース中の競走艇は水の上を滑走し、水中には船外機の一部しか沈んでいない。そのためあのようなスピードが出せるのだ。

ランナバウト（runabout）という言葉は本来走り回ることを意味し、小型の自動車のことでもある。モーターボートのランナバウトは船体の断面がV字形になっている船体をいう。ハイドロプレーンに比べると船体の安定性が高いため、外洋での競走に向いているが、スピードには欠ける。

実用的な小型船舶の製造との関連でいえばランナバウトによる競走の方が重要なのだろうが、ファンの興味と競技の単純化という点から廃止された。ただ、高度成長期には存続し、廃止時期は場によって異なり、最終的に廃止されたのは一九九二年なので後年のこととなる。

オートレースについては、当初のレースは選手が自分の所有するオートバイを持ち込んで競走していた。現在でも競走車は選手所有だ。

オートレース発足当時は産業勃興《ぼっこう》期でもあり、多種多様なオートバイが競走に使用されていた。オートレースは選手の力量とエンジンの排気量に応じて距離ハンデが採用されている。現在は統一されたセアというオートレース専用のエンジンが用いられており、排気量も二気筒五〇〇ＣＣと二気筒六〇〇ＣＣの二種しかなく、五〇〇ＣＣはデビュー後間もない選手が乗るだけだ。六〇〇ＣＣが一級車、五〇〇ＣＣが二級車とされている。だが、かつては排気量も様々、エンジンメーカーも様々だったことから、距離ハンデの基礎となる級別も一級から八級まであった。

その後、徐々にエンジンの淘汰が進み、英国のトライアンフ、国産のキョクトー、メグロ、トーヨー、フジといったメーカーのものに収れんしていく。ホンダやスズキ、川崎といった大手メーカーのエンジンではなく、家内工業的につくられたオートレース用に特化したエンジンが競走車に使用されていた。

後のことになるが、トライアンフ社が倒産し、トライアンフ製エンジンの入手が困難になるとフジが台頭し、九〇年頃にはフジが独占に近い状態となる。だがエンジンの品質にばらつきがあったり供給能力に難があったりしたことから、新型エンジンの規格検討がおこなわれ、競争入札の結果スズキが新型エンジンの試作をおこなうことになった。完成した新型エンジンは「セア」としてオートレースで使用されることとなる。ちなみに、「セア」という愛称は公募で選ばれたもので Super Engine of Auto Race の頭文字に由来する。

セアによる競走は九三年一〇月からスタートしている。選手全員が同じエンジンを使用し、さらに整備基準の改定で選手個人による修理・加工が制限されたため、整備は部品の交換が主となった。その結果、オートレースはエンジンの性能を競う競走ではなく、整備技術や走行技術が大きく競走成績を左右するようになり今日に至っている。

また二輪車だけでなく、四輪車競走もおこなわれていた。四輪車はエンジンの性能が上がるにしたがってスピードも出るようになったことも影響し、事故が多かったことと、競走車が少なくレースとしても人気がなかったため廃止された。

走路も最初はいずれも非舗装路面だったが、大井が最初から舗装路面でスタートして以降、各場とも舗装路面となり今日に至っている。現在の舗装路面でも走路に差はあるというが、非舗装走路だと競技場ごとの走路の差はさらに大きかったろう。

4．美濃部の挑戦状

美濃部亮吉の公営競技廃止論

活況を呈した公営競技だが第二の危機が降りかかる。

高度経済成長がわが国の飛躍的発展をもたらし、国民の生活が物的に豊かになったことは確かだ。

その一方で、公害問題や自然環境の破壊、都市の過密と農山漁村の過疎といった問題も噴出し、高度成長期も後半になると、こうした高度成長の負の側面が顕在化し、都市住民の間では社会党や共産党といったいわゆる革新政党への期待が高まる。

大都市圏を中心に社会党や共産党が推す首長が次々に誕生する。東京都では美濃部亮吉（在任期間一九六七〜七九年）、大阪府では黒田了一《くろだりょういち》（一九七一〜七九年）が知事となった。京都府ではすでに五〇年四月から蜷川虎三《にながわとらぞう》が知事となっていた。

美濃部は天皇機関説で知られる憲法学の大家美濃部達吉《たつきち》の息子として一九〇四年に東京都で生まれた。二七年に東京帝国大学経済学部を卒業し、東京帝大助手や法政大学教授を歴任するが、マルクス経済学者が多数検挙された人民戦線事件で三八年に法政大学教授を辞任している。日本の統計学にはイギリスの数理統計学とドイツの社会統計学という二つのルーツがあるが、美濃部は後者を学び、ドイツ留学後に社会統計学で博士号を取得している。

第二次世界大戦後には内閣統計委員会委員兼事務局長を務めるなど、戦後改革期の政策立案の一翼を担う立場にあった。政府の役職を務める傍ら四九年からは東京教育大学（筑波大学の前身）教授として教鞭《きょうべん》をとっている。NHKで放送されていた「やさしい経済教室」にレギュラー出演するなど一般にも知られた経済学者でもあった。

六七年に社会・共産両党推薦で東京都知事選挙に出馬し初当選。七一年には自民党推薦の前警視総監秦野章《はたのあきら》らを破り二選を果たした。

この美濃部の公約のひとつが公営競技廃止だった。

六九年一月、美濃部は公約だった公営競技からの撤退と宝くじ発行の廃止を表明する。この段階で、東京都は、競馬（大井）、競輪（後楽園・京王閣）、オートレース（大井）、ボートレース（江戸川）とすべての公営競技を施行していた。

ソルティー・シュガーというグループが歌って大ヒットとなった「走れ、コウタロー」という歌をご存じの方も少なくないだろう。七〇年七月に発売されたこの曲のなかに、公営ギャンブル云々《うんぬん》という台詞の部分があるが、これは実は美濃部の物真似だ。

五〇年代から六〇年代初めの競輪廃止の流れは、騒擾事件による社会問題やギャンブルに対する倫理的な理由が主であったが、この美濃部の廃止宣言は、地方自治や地方財政のあり方そのものについての、いわば政府に対する一種の挑戦状といえるものであった。

美濃部は「今回、私があえてギャンブル事業の廃止を決意した最大の理由は、なによりも東京都の財政の骨格をみずから正し、そのあるべき姿を都民の前に描き直すことであります。（中略）私たちが論ずべきことは、ギャンブルが相対的にどの程度悪であるかどうか、どの程度に許容し得る必要悪であるかどうかではありません」と都議会で述べている（『競輪三十年史』に収録されたサンケイスポーツの記事による）。

また、美濃部は「ギャンブルは広い意味での〝公害〟である」とも述べている（六九年一月二四日付け毎日新聞・同上)。反・公害は美濃部の基本的な政治姿勢であると同時に、当時公害対策は中央・地方を問わず行政の最重要課題であったから、美濃部はあえて公営競技を「公害」とよび耳目をひこうとしたのかもしれないし、実際、競技場周辺では観客のマナーの悪さや道路混雑が「ギャンブル公害」といわれてもいた。

競輪を守った蜷川虎三

一九五〇年代後半から六〇年頃にかけて大阪府や福岡県などが競輪事業から撤退したとき、競輪事業からの撤退をしないと明確に宣言したのが京都府知事の蜷川虎三だ。

蜷川虎三は水産講習所（現在の東京海洋大学海洋生命科学部海洋資源環境学部の前身）を卒業後、京都帝国大学経済学部に入学し二三年に卒業する。水産講習所から京都帝大に進学したのは、漁業を社会・経済的な視点から産業として研究したいと考えたからだ。

漁業の経済分析からスタートした蜷川だったが、その後統計学を志し、ドイツ留学で社会統計学を学び、帰国後統計学で博士号を取得している。戦後四八年には初代中小企業庁長官に就任する。だが、中小企業政策をめぐり吉田茂首相と対立し長官を罷免《ひめん》される。

対立や不祥事で更迭《こうてつ》される政府高官はしばしばいるが、その場合は本人に辞表を提出させる。「クビになった」と表現されても形式的には辞任である。罷免は文字通りの「クビ」だ。

実際に罷免された政府高官は実はほとんどいない。蜷川はその希少な例だ。

五〇年に自由・民主推薦の候補を破り、京都府知事に初当選する。以降、七八年に退任するまで実に七期二八年にわたって知事の座にあった。社会党公認で出馬したが、その後は自民党やその支持基盤からも支持されるようになり、選挙では圧倒的な強さを誇ったが、同和問題をめぐり社会党と共産党が対立を深め、七選をかけた最後の知事選では政党では共産党の単独推薦でも辛勝した。

すでにお気づきだと思うが、美濃部と蜷川の経歴はかなり似ている。年齢は蜷川の方が七歳上で、大学卒業も蜷川が四年早いが、時期を同じくして、蜷川は京都帝大で、美濃部は東京帝大で、それぞれ社会統計学者として活動している。社会統計学は筆者の専門分野ではないが、ある大先輩から日本の社会統計学は「美濃部亮吉、蜷川虎三、有沢広巳《ありさわひろみ》の三人によって開かれた」と聞いたことがある。また、終戦後は、蜷川は中小企業庁長官、美濃部は内閣統計委員会委員兼事務局長として政府を支える立場にあった。

蜷川は、美濃部の公営競技廃止論に対し、「美濃部さんが全廃しても，わたしは府営競輪をやめる考えはない。（中略）公営ギャンブルを営むことの是非は、今後社会的に研究すべきだし、だいいち現在の社会機構である資本主義そのものがギャンブル的要素を持っており、公営ギャンブルだけを罪悪だと決めつけるのは筋が通っていない。また公営ギャンブルでテラ銭をとるのがけしからんというが、これは地方財政自身が政府の締めつけで苦しい、現在の地方財政制度に問題があり、公営ギャンブルの是非はこれらのことを総合的に論じるべきだ」と述べ、競輪事業からの撤退を否定した。

資本主義がギャンブル的要素を持っているという発言は、はるか後に話題となった「カジノ資本主義」を彷彿《ほうふつ》させる。

同学の学者として、また知事として、二人がお互いをどう見ていたのか筆者には知る由もない。だが、美濃部の公営競技廃止論を否定した蜷川だったが、美濃部の「挑戦状」を最も本質的に理解していたのは実は蜷川だったのではなかろうか。

美濃部と蜷川は、どちらも地方財政において厄介かつ甘美な事業である公営競技を真剣に考えた政治家だったように思える。首都東京都と地方自治体京都府では公営競技の果たしている重みも違っていただろうが、理想主義的な美濃部と、時には保守層とも手を結ぶことも躊躇《ちゅうちょ》しない現実主義者蜷川の差がそこにはある。

理想に燃えて公営競技から撤退した美濃部に対し、敢《あ》えて競輪を擁護することで地方財政の問題を訴えたのが蜷川だった。蜷川ほどはっきりと公営競技を肯定した知事は他にいない。ついでながら、市営競輪を廃止した高山義三京都市長は蜷川とはソリが合わず、確執が長く続いたようだ。

完敗に終わった美濃部の挑戦

結果からいうと、公営競技問題に対する美濃部の挑戦はほぼ完敗だった。美濃部に呼応する首長は少なかった。奈良市が奈良競輪から撤退したが、奈良県は事業を継続したため、奈良競輪場は今日もなお存在している。あとは東京の美濃部に次いで革新知事となった大阪の黒田了一が、岸和田市にあった春木競馬場を廃止したくらいだろうか。

すでに述べたように、大阪府は赤間知事時代に公営競技の施行からは手を引いていたが、府下の衛星都市が主催する地方競馬に府が所有する春木競馬場を貸していた。府が競馬場を廃止することを決めたため、大阪府下の地方競馬は開催不能となり姿を消すこととなった。

また、美濃部の公営競技全廃方針が公営競技界に対して与えた影響は、全体としてはそう大きなものではなかった。

それまで東京都は、競馬（大井競馬場）、競輪（後楽園・京王閣）、オートレース（大井）および競艇（江戸川競艇場）とすべての公営競技を施行していた。

京王閣競輪場では、東京都以外にも東京都十一市競輪事業組合（武蔵野《むさしの》市などで構成）が競輪を施行していたが、三鷹市などが東京都市収益事業組合を構成し新たに施行者となって都が撤退した分の開催を施行した。また、大井競馬場では東京都と二三区で構成する特別区競馬組合がそれぞれ主催していたが、都の撤退後も特別区の主催で競馬は継続され今日に至っている。江戸川競艇も都以外の施行者が存在したので廃止にはなっていない。

結果的に廃止となった競技場は全国トップの売上を誇った後楽園競輪場と大井オートレース場の二つだけだった。細かいことをいうと、後楽園競輪場は「廃止」ではなく「休止」で、その後何度も復活の動きがあったが実現していない。現在の東京ドームには組み立て式バンクが用意されており、車券売り場のスペースも確保されているようだ。実際、車券の発売はおこなわれなかったが、東京ドームでエキシビションレースが開催されたこともある。

東京の中心部に立地し、長年にわたり全国最大の売上額のあった後楽園競輪ではあるが、都内には後楽園以外に京王閣と立川、また東京に隣接したところに、西武園《せいぶえん》、大宮、松戸と近隣に五つの競輪場があったことから、後楽園が休止となっても競輪界全体の売上額が大きく減ることはなかった。また、後楽園をホームグラウンドとしていた選手は他の競輪場に移籍したので、後楽園休止というインパクトはあったものの、競輪界全体が受けた打撃はそう大きくはなかったのだが、当時全国六場しかなかったオートレースでは事情が全く異なる。

大井に代わる競技場の建設と新たな施行自治体を探すこととなり、最終的に群馬県伊勢崎市に競技場が建設され伊勢崎市が施行者となった。七六年に伊勢崎市が施行する伊勢崎オートが開業する。大井オートレース場の廃止から三年が経っていた。

移転は別として、公営競技場の新規開場は六五年の山陽オート以来のことだった。

収益金で潤う地元

人口減少の現在とは異なり、高度成長期は日本の人口が大きく増加した時代で、とりわけ都市人口が急増した時代だった。首都圏、中京圏、関西圏はもちろん、地方都市でも人口は伸びていた。

その他	計
17億7278万4000円 (30.3%)	58億5865万4000円
36億8919万4000円 (34.9%)	105億7125万4000円
79億6054万7000円 (27.6%)	288億5427万5000円
281億5514万9000円 (36.5%)	771億2554万6000円
510億6333万0000円 (45.3%)	1127億5918万7000円

財政規模の小さい地方都市にとって公営競技の収益は欠かせぬものとなっていた。

人口が急増しつつあった三大都市圏の衛星都市にとっても、公営競技からの収益金は欠くべからざる財源となった。美濃部は公営競技を〝公害〟とよんだが、〝公害企業〟のもたらす収益は大きかった。

図表4―4は競輪施行者の収益金とその使途をみたものだ。

収益金の絶対額は大きく膨らんでいるが、使

図表4-4 競輪収益金の用途

年度	学校等建設費	住宅建設費	土木費及び都市整備費
1955	25億8176万4000円 (44.1%)	5億9260万7000円 (10.1%)	9億1149万9000円 (15.6%)
1960	24億4805万8000円 (23.2%)	22億5484万7000円 (21.3%)	21億7915万5000円 (20.6%)
1965	57億7549万5000円 (20.0%)	72億3270万5000円 (25.1%)	78億8552万8000円 (27.3%)
1970	209億1855万0000円 (27.1%)	25億 771万8000円 (3.3%)	255億4412万9000円 (33.1%)
1975	249億2662万1000円 (22.1%)	26億6669万1000円 (2.4%)	341億 254万5000円 (30.2%)

注:(　)内の数値は比率。
出典:『競輪三十年史』(日本自転車振興会 1978年)より作成

途の比率は変化している。一九五五年度は学校建設等が最も多く、六〇年度・六五年度では住宅建設費に比較的多くが使われ、七〇年代になると土木・都市整備の比率が高まる。

公営競技からの収益が大きくなると、公営競技を施行していない自治体からは「収益均てん化」が要求されるようになる。〝公害〟はいらないが収益はほしいというのはどうかと思わなくもないが、だからといって「現状以上にこれを奨励しない」という以上、新たに競技場をつくって施行者を増やすこともできない。

長沼答申に「施行者については、都道府県単位または競技場単位につくられた一部事務組合を結成することが望ましい」とあるのは、単独の市町村ではなく、より広い範囲の自治体が施行者になることで、収益が広く地域に行き渡ることを目的としたものだ。

六七年に自治省（現・総務省）は公営競技の施行自治体に対し、非施行自治体に収益の配分をおこなう制度を創設しようとしたが、当然のことながら、施行自治体などは猛反対し、この段階での「均てん化」は実現しなかった。

だが、自治省が諦《あきら》めることはなく、七〇年度から公営企業金融公庫に売上額の〇・五パーセントを納付させる制度を発足させる。納付率は七六年度には〇・七パーセントに、七七年度には〇・八パーセントに、そして七八年度からは一・〇パーセントに引き上げられた。

地域経済への貢献は財政への寄与だけではない。

就業の場としての役割も無視できない。投票券の発売業務や集計業務に要する人員の数はひとつの競技場だけで数百人に及んだ。

競輪を例にとると、当時の車券の種類は、単勝、複勝、それに六枠連単の三通りがある。もっとも売れるのは連単だ。通常は九車立てで、四枠には四番選手と五番選手、五枠には六番選手と七番選手、六枠には八番選手と九番選手がはいるので、連単車券の組み合わせは三三通りとなる。一つの窓口で一種類の車券を発売するのだが、だからといって窓口は三三あればいいということにはならない。数千人、多いときには万を超える人が車券を買うわけだから、窓口の数も相応の数となる。

発売窓口業務や場内清掃などに携わる臨時職員を従事員という。数多くの発売窓口があり、集計作業も人海戦術だ。競輪場は年間七二日間しか競走を実施しないので、周年雇用の場とはならないものの、好調な売上を反映し、従事員の賃金も高かったことから、家庭の主婦にとっては絶好のパート労働先となっていた。さらに複数の競技場が近隣にあれば、競技場を掛け持ちすることで、周年就業に近い就労も可能だったろう。また、ボートレースは開催日数が他の競技に比べ多いから、高収入の安定したパート労働先になっていた。

数千人単位で観客が詰めかけていた時代だ。場内で営業する飲食店の売上や雇用も無視できない。競輪ならば、年間で七二日間、ひと月に六日間、来場者が連日数千人に達するイベントが開催されているようなものだ。

競馬場の場合は厩舎が併設され、厩舎エリアで騎手・調教師・厩務員さらにはその家族が暮らしている。厩舎は、そこで働く人たちの就業の場であると同時に、そこで暮らす人たちの生活の場でもある。大都市ならともかく、小さな地方都市にとっては、厩舎エリアで暮らす数百人のひとたちの購買力やそこからの税収も無視できなかったろう。

第五章　低成長からバブルへ

――「公害」からの脱却　一九七四～九一年

1．高度成長の終焉と各競技の明暗――吉国意見書へ

ギャンブル神話の虚構

一九七一年八月一五日、アメリカ大統領リチャード・ニクソンがドルと金の交換停止を発表した。ニクソンショックだ。米ドルを基軸通貨とするブレトンウッズ体制が崩れ、為替《かわせ》レートが変動相場制に移行し、それまでの一ドル三六〇円という固定為替レートは一気にドル安・円高となる。輸出主導の高度経済成長は安い円・安い原油・安い人件費の三本柱が支えていたが、ニクソンショックで「安い円」という一本目の柱が折れる。

七三年一〇月には第四次中東戦争を契機に第一次オイルショックが発生し、原油価格が高騰して高度成長を支えた「安い原油」という二本目の柱もここで折れてしまう。急激な物価上昇と景気悪化が同時に起こるスタグフレーションが発生し、七四年の実質GDP（国内総生産）は対前年度マイナス〇・五パーセントと、第二次世界大戦後初めてのマイナス成長を記録した。七九年二月のイラン革命をきっかけに第二次オイルショックが起こる。時代は低成長期に移行する。

高度成長の下で伸び続けた公営競技の売上に初めて影が射す。日本経済の低成長期への移

行にともない公営競技の売上の伸びは鈍化したが、その一方で、高度成長期の膨張がもたらした問題を解消するため、長沼答申によって課せられた制約が緩和される。そして時代はバブル経済を迎え、公営競技はいずれも我が世の春を謳歌《おうか》することとなる。

第一次オイルショックの一九七三年一〇月下旬に大阪から始まったトイレットペーパー騒動は全国に波及する。多くの市民が買いだめに走ったトイレットペーパーは、小売店の店頭から姿を消した。

騒動のさなか、一一月一一日に京都競馬場では第三四回菊花賞がおこなわれ、怪物ハイセイコーが出走した。大観衆が詰めかけた京都競馬場のトイレにトイレットペーパーは十分あったのだろうか。

菊花賞でハイセイコーは二着に敗れたが、ハイセイコーブームもあって七三年の中央競馬の売上は対前年比三三・六パーセント増の六六〇五億円を記録し、経済がマイナス成長となった七四年も対前年比一七・五パーセント増となる。

図表５―１は七二年度から九一年度までの各競技の売上だ。比較しやすいように七二年を一〇〇としている。第一次オイルショック後も中央競馬とボートレースの売上は伸びたが、他の競技は明らかに減速し、第二次オイルショック後の景気後退期にはボートレースも売上減に転じ、中央競馬の一人勝ち状態となる。「不況に強いギャンブル」は虚構だった。

地方競馬の停滞と生産過剰に陥った競走馬

一九七〇年代末期から八〇年代前半にかけ、売上の低落が特に大きかった地方競馬では、廃止が議論されるところも出てきたが、実際に廃止されたのは春木競馬（大阪府岸和田市）と紀三井寺《きみいでら》競馬（和歌山県和歌山市）の二つだけだった。

七一年四月の大阪府知事選挙では、社共統一候補で大阪市立大学教授の憲法学者黒田了一が、七〇年の大阪万博を成功させた自民党現職の左藤義詮《さとうぎせん》を降《くだ》す。

先述したように黒田は春木競馬場の廃止を決める。大阪府自体は公営競技事業から撤退していたが、岸和田市にあった春木競馬場を所有し、大阪市を除く府下の自治体で構成する大阪府都市競馬組合に賃貸していた。

春木競馬場の近くには岸和田競輪場もある。競馬場・競輪場周辺の住宅街では「競馬公害」「競輪公害」が深刻な問題になっており、地元の婦人会などが廃止を強く訴えていた。

今に比べ世の中全体に行儀の悪い人が多かった時代だが、当時の馬券オヤジ・車券オヤジたちのマナーは頗《すこぶ》る悪かった。煙草の吸い殻は道路に散乱し、所構わず予想紙や外れ馬券などのゴミは散らかし放題、さらにそこかしこで立ち小便というのが常態だった。

大阪府は競馬の廃止で失業する人たちに対する補償金を積み立てるため、七四年三月まで

図表5-1 公営競技の売上の伸び率（1972～1991年度）

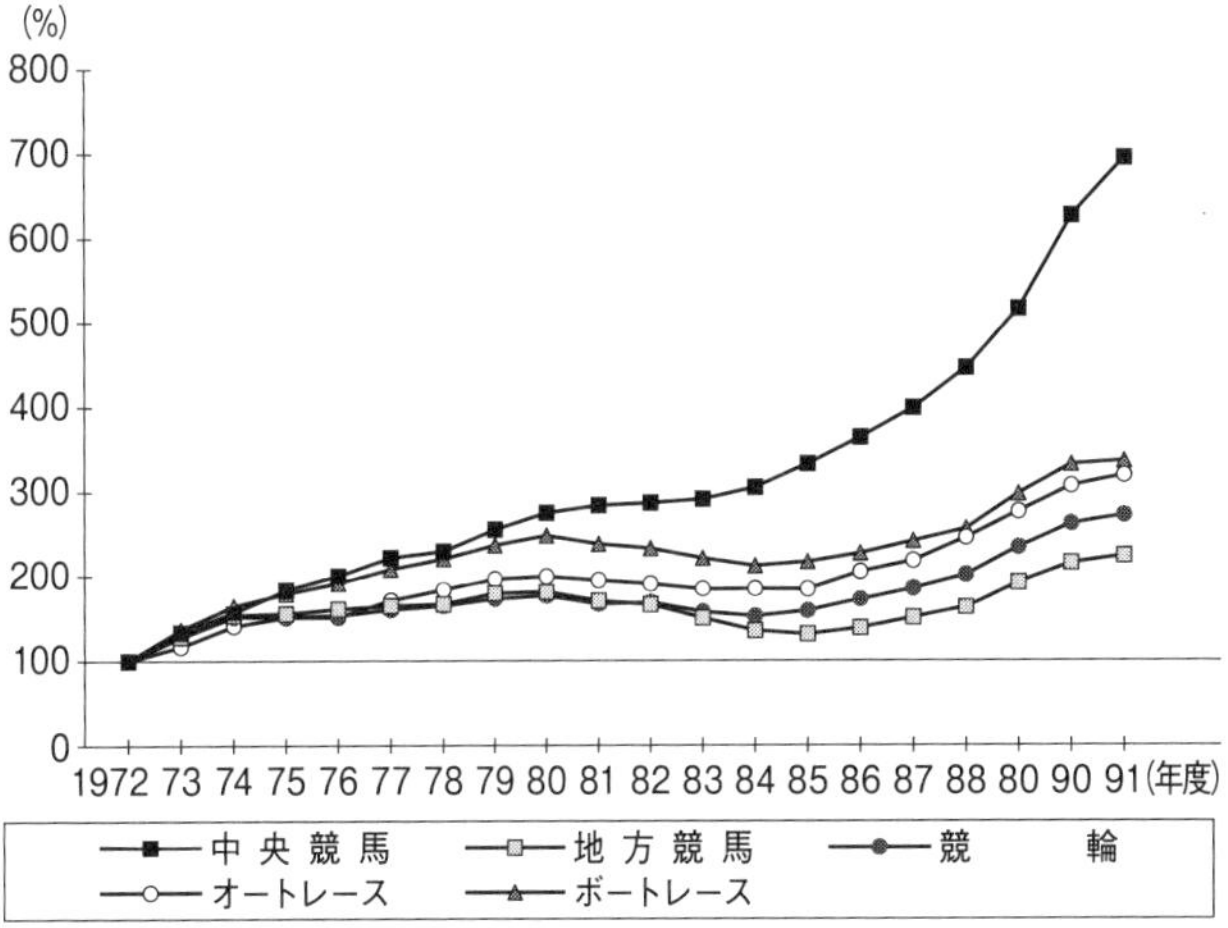

注：1972年を100として比較。中央競馬は1月～12月。他の競技は4月～翌3月の合計。
出典：各競技年史より作成

開催を継続し、その後予定通り春木競馬は廃止された。

　春木競馬の廃止は大阪だけの問題に終わらなかった。連鎖倒産的に紀三井寺競馬が廃止に追い込まれる。和歌山県と和歌山市が主催する紀三井寺競馬の売上は春木競馬の一割強しかない小さな競馬場だった。

　所属競走馬も少なく、距離的に近い春木競馬場の馬や騎手の遠征で競馬の開催を維持していた。春木競馬の廃止で出走頭数の確保が難しくなり、それに加えて景気後退が襲う。苦肉の策で冬季休催の北海道の道営競馬からの馬と人の長期遠征で、競走馬資源確保をはかったりした。

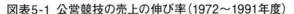

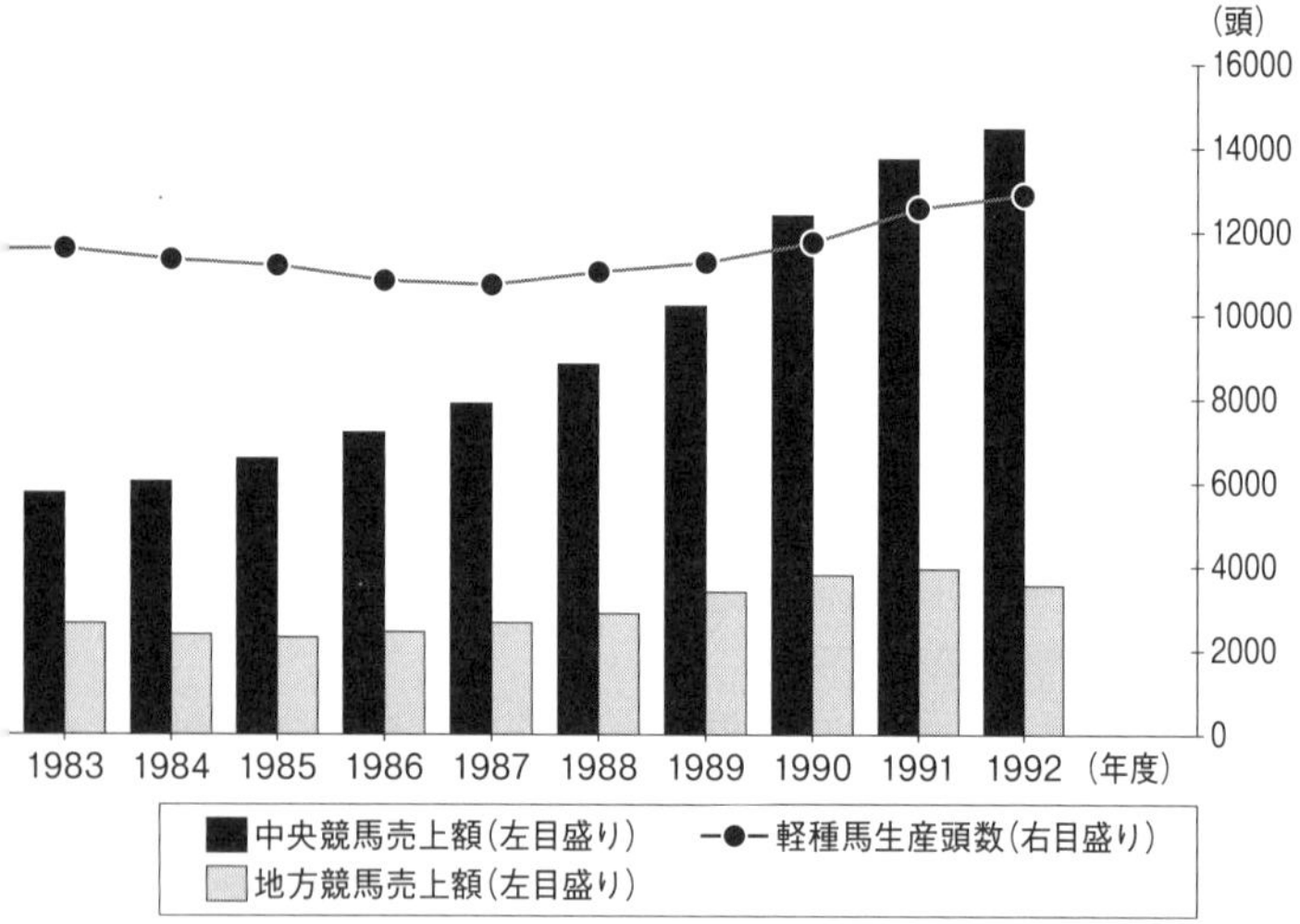

七五年度の八九億円をピークに売上は下がり続け、ついに最終年度の八七年には二七億円とピーク時の三分の一程度に落ち、和歌山県と和歌山市は競馬事業からの撤退を決断する。

おりから県立医大の移転が議論されており、競馬場跡地を移転先とすることで紀三井寺競馬場は八〇年近い歴史に終止符を打つ。

図表5―2は競走馬の生産頭数と馬券の売上額を対比したものだ。一九七六年に一万一九〇一頭だった生産頭数は、その後八七年頃まで横ばい傾向が続く。生産頭数の推移は中央競馬の売上よりも、地方競馬の売上の推移に連動しているようにみえる。

図表5-2 馬券の売上額と軽種馬の生産頭数（1972～1992年度）

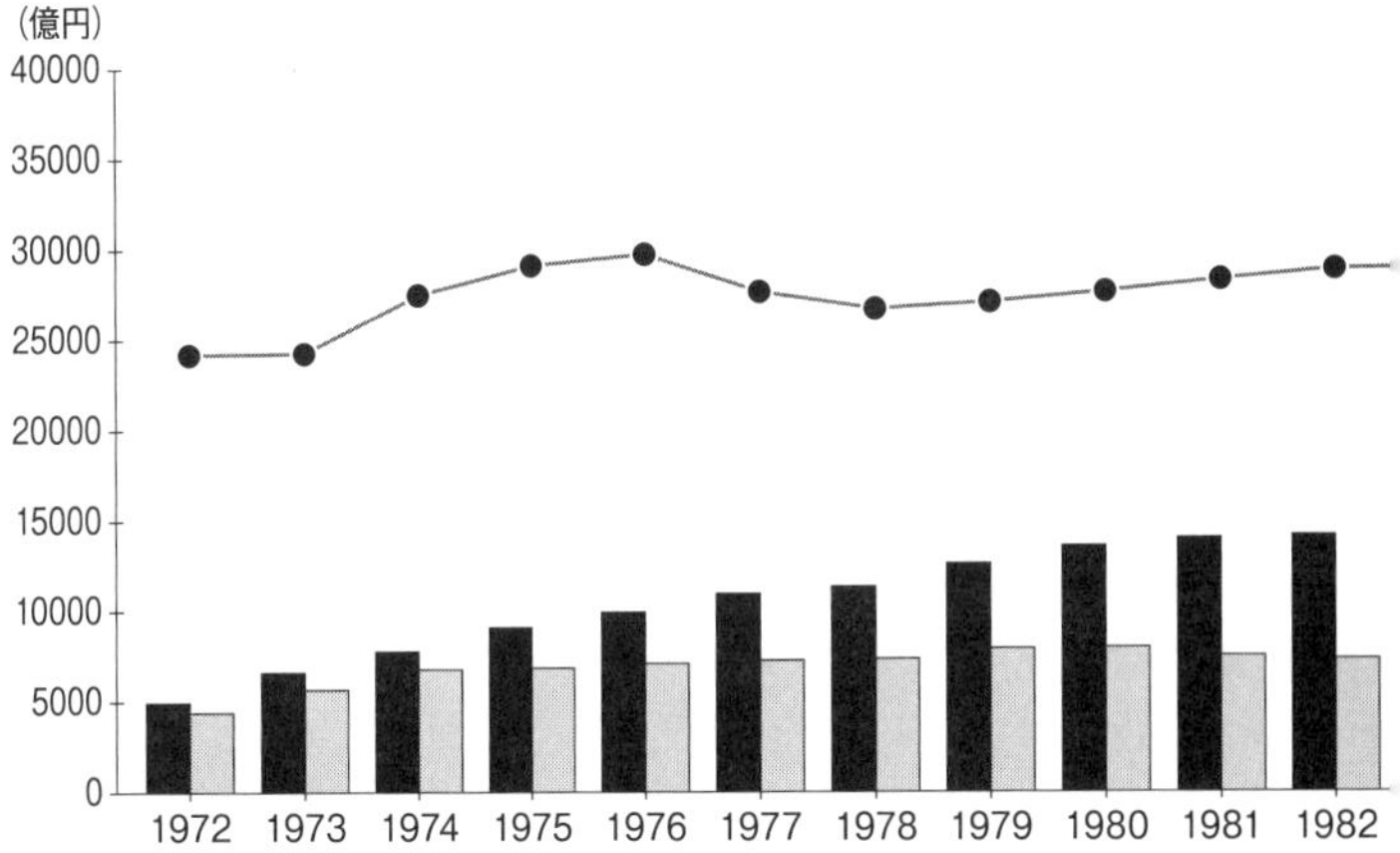

出典：『日本中央競馬会60年史』（日本中央競馬会 2015年）、『平成22年度 地方競馬に関する資料』（地方競馬全国協会 2023年）、『日本軽種馬協会50年史』（日本軽種馬協会 2005年）より作成

中央競馬の売上は伸びていたが、すでに競走日数はほぼ上限に達し、収容できる競走馬数がほぼ限界に達していたのに対して、活況だった地方競馬が競走馬生産の受け皿として機能していたが、景気後退による売上の停滞で競走馬の需要が停滞したことによる。

不況下でのボートレース躍進の理由

一九七四年度の競輪の売上はついに一兆円を突破し、一兆九〇五億円を記録する。翌七五年度はボートレースの売上が一兆一七四五億円で競輪を抜き、公営競技のトップとなる。ちなみに七四年の中央競馬の売上額は七七六四億円だ。

その後ボートレースと競輪の売上額の

差は年々拡大し、中央競馬がボートレースを超える八四年まで、ボートレースは一〇年にわたり公営競技の首位をキープし続ける。

ボートレースは競輪より開催日数が多いことや、六艇での競走で取っつきやすいという競技の特性もあるが、ボートレースが他の公営競技を凌駕《りょうが》した根本的な理由は競技の特性ではない。ファンに対する施行者の姿勢の差の表れといってよい。

このことは競輪の側もわかっていなかったわけではない。八〇年段階での各公営競技の施設整備の比較が『競輪四十年史』に記載されている。

メインスタンドの経過年数は、競輪が平均一五・五年なのに対して、ボートレースは七・五年、中央競馬が八・五年だ。ボートレースは頻繁に施設の改善を推進してきた。投票窓口の機械化率は、競輪一九・九パーセントに対し、ボートレース六八・七パーセント、中央競馬一〇〇パーセントだ。ただし「機械化」といっても八〇年当時の「機械化」は現在の無人発券機ではない。従事員が窓口で端末を操作し、投票券を発券するというものだ。それまでは買い目ごとに窓口が設置されていた。

実は全国モーターボート競走会連合会（全モ連）会長笹川良一は、従事員の職を奪うという理由から、発売窓口の機械化には必ずしも積極的ではなかった。だが、良一の後継者陽平は余剰となった従事員には他の業務を割り当てればよいと言って、機械化を推進したという

（髙山文彦『宿命の子―笹川一族の神話』）。

オッズ表示と発券の機械化はワンセットだ。今の公営競技ファンには信じられないだろうが、かつてオッズ表示がない競技場も多かった。競輪のオッズ表示の比率が二六・八パーセントにとどまっているのに対して、ボートレースは八七・五パーセント、中央競馬は一〇〇パーセント。また、特別観覧席（特観席）の冷房化率も、競輪場が三五・〇パーセントなのに対してボートレース場は七九・一パーセント、中央競馬は一〇〇パーセントだった。

競輪場はレース場の敷地面積が他の競技に比べ狭いのはいかんともしようがないが、ファンサービスのレベルがそもそも違い過ぎるといっても過言ではなかろう。

ちなみにこの比較に地方競馬場は入っていない。競輪場なみ、もしくはそれ以下のところが多かったから、目標として比べるべくもなかったのだろう。

公営競技の主催・施行者のファンに対する姿勢には今でも差がある。本場の集客力が売上を左右する当時の公営競技で、ファンサービスの差が売上の差につながるのは至極当然なことだ。笹川は毀誉《きよ》褒貶《ほうへん》の激しい人物だが、「商売人」として類《たぐ》い希《まれ》なセンスと行動力を有していたことは確かだ。

長沼答申は「現状以上にこれを奨励しない」としたが、中央競馬とボートレースは奨励されずともファンを育てる努力を続けていた。

日本経済が曲がり角に立ち、公営競技も転換点を迎えていたこの時期、それまで公営競技を強く制約していた長沼答申の見直しの動きが起こる。

長沼答申の見直しと「吉国意見書」

一九六〇年代初頭に公営競技廃止論の先鋒《せんぽう》だった社会党が長沼答申の見直しの口火を切る。七七年二月、第八〇回国会の衆議院予算委員会で社会党の小林進《こばやしすすむ》が公営競技に関する質問をおこなった。

社会党は党の政策審議会に小林を委員長とする公営競技対策特別委員会を設置し、「公営競技の現状と問題点」というレポートをまとめている。このレポートでは公営競技に対する社会党の姿勢転換が表明されている。

レポートは「公営競技は規制すべきものであって、禁止すべきものではないという考え方で対処すべきである」とした。『競輪三十年史』は「(このレポートは)計りしれない重要な意味を持つ」と記している。

自民党も七七年五月に政務調査会内閣部会に公営競技小委員会を設置、翌年一二月にその検討結果を公表した。長沼答申から足かけ一八年の歳月が流れていた。

福田赳夫《ふくだたけお》内閣は七七年一一月に公営競技問題懇談会を設置する。長沼答申の公営競技調査会は総理大臣の諮問機関だったが、公営競技問題懇談会は三原《みはら》朝雄《あさお》総務庁（現・総務省）長官の私的諮問機関だった。吉国一郎《いちろう》を座長とする公営競技問題懇談会（吉国懇）が三原総務庁長官に提出した意見書は吉国意見書、あるいは吉国答申といわれる。

公営競技調査会委員長の長沼弘毅は大蔵官僚だったが、吉国一郎は商工省から総理府に移り、法令関係の業務を歴任した後、田中角栄《たなかかくえい》内閣・三木武夫《みきたけお》内閣では内閣法制局長官を務めた人物で、後に八九年三月から九八年三月まで日本野球機構の第九代コミッショナーを九年間にわたって務めている。

吉国懇は七七年一一月に第一回の会合をおこない、一六回の会合を経て、七九年六月に三原朝雄総務庁長官に意見書（吉国意見書）を提出した。

吉国意見書は、長沼答申による制約で生じた問題の解決をはかり、公営競技の健全な運営をはかるため、「交付金の適正・効率的な使用」、「交付金の配分の公正確保」、「施行権または収益の均てん化」、「場外売り場・競技場・開催回数等」、「弊害の除去」、「その他」の六項目について意見を集約した。

吉国意見書は抑制基調を維持しつつも公営競技の規制を緩和するものだった。吉国意見書によって長沼答申によってきつくはめられた箍《たが》が緩められる。

その後の公営競技の展開で特に重要だったのが四番目の「場外売り場・競技場・開催回数

等」だ。長沼答申の「現状以上にこれを奨励しない」という方針で場外発売所の増設が制約されたことが、競技場を飽和させ、ノミ屋の横行につながったことは前章で述べたとおりだ。また、「電話投票方式の拡充等によりファンへのサービスの向上に努めること」と、電話投票についても記されている。これが現在もっとも大きな販売経路となっているインターネット投票につながっている。

2. 公営競技と暴力団

映画『仁義なき戦い』と公営競技

年輩の人たちのなかには競輪や競馬にいかがわしいイメージをもつ人もいるだろう。主演・菅原文太《すがわらぶんた》、監督・深作欣二《ふかさくきんじ》の大ヒット映画『仁義なき戦い』が封切られたのは一九七三年一月だ。飯干晃一《いいぼしこういち》原作のノンフィクションの映画化で実録ヤクザ映画の代表作である。第一作のヒットでシリーズ化され、七四年の「完結編」まで五作が公開された。このシリーズには二つの公営競技場が登場する。

競馬場や競輪場が映画やドラマの背景に登場することは珍しくないが、『仁義なき戦い』で公営競技場は登場人物の活動に直接関わっている。

ひとつは広島競輪場、もうひとつはボートレース宮島《みやじま》（当時の名称は宮島競艇場）だ。どちらも映画の中ではいずれも山守《やまもり》組組長山守義雄《よしお》の「正業」の場だ。

映画内で山守組が警備を請け負っている競輪場で、大友《おおとも》組の大友勝利《かつとし》が嫌がらせにダイナマイトを爆発させる。また山守は競艇の施設会社の社長で、抗争中の子分たちが親分の山守に「競艇の社長をやってカネを持ってるのだから抗争資金を出せ」と迫るシーンがある。

金子《かねこ》信雄《のぶお》演じる山守義雄親分のモデルは山村辰雄《やまむらたつお》という実在の人物だ。山村は五四年に設立された施設会社の宮島競艇株式会社の取締役に就任している。宮島競艇は五七年に社名を大栄産業に変更し、五九年には元宮島町《みやじまちょう》長の梅林義一《うめばやしぎいち》社長ら設立時の主要役員が退陣し山村が社長になっている。

六四年二月、脱税容疑で大栄産業に広島県警の捜査がはいり山村は七月に起訴される。ちょうど同じ頃、警察は暴力団の壊滅をめざし第一次頂上作戦に乗り出している。

山村組が実際に競輪場の警備を請け負っていたかどうかは不明だが、騒擾《そうじょう》事件が頻発する五〇年代から六〇年代前半、騒ぎをしかける側も収める側も、そうした人たちが多く関与していた。開催地の場内整理は地元の顔役が取り仕切るのが当然の時代だったから、ダイナマイト事件はともかく山村組が場内警備を請け負っていたことは十分考えられる。

そもそも当時の地域社会では、顔役とか親分衆とよばれる人たちは公然と社会の一翼を担っており、ある種の「必要悪」としてその存在が社会的に認知されていた。現在のいわゆる「反社」とは社会的位置づけが全く異なっているのだ。利権のあるところには必ずそうした人々が関わっていた。彼らからすれば、公営競技は「バクチ」で「興行」だ。そもそも国や自治体が自分たちの「縄張り」に食い込んできたという感覚だったかもしれない。

『平成元年版警察白書』によると、「暴力団」という言葉が社会に定着したのは昭和三〇年代だという。第一次頂上作戦の頃だ。第二次世界大戦前から存在する博徒や的（テキ）屋と、戦後の混乱期に発生した愚連隊を出発点とする組織の総称を白書では暴力団としている。暴力団という言葉には「堅気の」市民社会との切断が意図されている。暴力団の資金源には合法的なものもあれば非合法的なものもあり、合法的な企業活動を非合法的に牛耳ることもある。

公営競技についていえば、ノミ行為、コーチ屋（強引に客に予想を売りつける商売）、八百《やお》長《ちょう》レースなどは非合法の活動だし、予想屋などは合法な活動だ。合法な活動であっても、縄張りを主張し、ショバ代などの利権を手中に収めることもある。

日本中央競馬会は早くから場内の予想屋（場立ち予想屋）を締め出していた（ただし七〇年代後半には競馬場の外で営業していた）が、他の公営競技では現在も場立ち予想屋は存在する。さすがに現在の場立ち予想屋は暴力団を含むいわゆる「反社」との関係はない。

中央競馬以外の主催・施行者は地元自治体だ。地域社会に深く根付いた暴力団と全く無縁でいられるわけはない。とはいえ、暴力団に対する社会の目は厳しくなる。競技を円滑に運営するために地元の親分衆とは良好な関係はつくっておきたいが、行政が表だって彼らと接触することはできない。そこで民間組織を立ち上げ対応させるということもあった。

八百長レースとノミ行為は明確な犯罪行為だ。プロ野球「黒い霧事件」

八百長レースとノミ行為は明確な犯罪行為だ。競輪では、自転車競技法第六〇条で、選手が賄賂《わいろ》をもらって、不正な行為をおこなったり、逆に、当然おこなうべき行為をおこなわないと五年以下の懲役と規定されている。他の公営競技法でも同様の趣旨の条文と罰則が規定されている。

公営競技で違法な八百長とされるのは、本人（騎手、選手など）が他から利益を与えられることの見返りにレースに関する不正をおこなうことだ。

騎手や選手は競走開催期間中、外部との接触が極力制限される。選手宿舎などでは携帯電話なども使えない。そうした環境に慣れるため、現在の競輪選手養成所では入所時に携帯電話などは取り上げられ、休日の外出時などにしか返してもらえない。入所した選手候補生は、入所期間中は所内の公衆電話で外部と通信する。世の中からすっかり消えたと思っていたテレホンカードがここではまだ生きている。

公正確保は公営競技の生命線だ。日本中央競馬会はアメリカの競馬制度にならい、警察OBなどを雇用した「競馬保安協会」を設立しているし、競輪でも頻発する不正に対応するため、一九五四年に当時の自転車振興会連合会審査部で警察OBを専門調査員として雇用した。日自振で長年不正競走の撲滅にあたった源城恒人《げんじょうつねと》による『サインの報酬』をみると、八百長レースは暴力団の資金稼ぎの組織的犯行というよりは構成員の小遣い稼ぎ的なものだった。摘発された八百長レースの実行犯には暴力団員が多いが、これは警察が暴力団対策として目を光らせていたこともあるだろう。

公営競技の不正レースが他に波及し、大きな社会問題となったのが、一九六八年のオートレースにおける八百長レースの発覚だ。

六九年九月、警視庁捜査四課が錦政会《きんせいかい》(現在の指定暴力団・稲川会《いながわかい》の前身)幹部と五人のオートレース選手を逮捕する。この事件の取り調べの過程で八百長グループにはプロ野球選手が多数関係していることが発覚し、野球賭博《とばく》の問題と絡み、オートレース選手、プロ野球選手、暴力団関係者など三〇名を超える逮捕者を出す大きな事件となった。

暴力団員とプロ野球選手との交流が公になり、プロ野球の「黒い霧事件」として国会でも取り上げられる大事件となった。この事件では当時西鉄ライオンズ(現在の埼玉西武ライオンズ）のエースだった池永正明《いけながまさあき》もプロ野球から永久追放された。池永は終始八百長をおこなっていないと主張しており、二〇〇五年になってようやく処分が解除され復権した。日動振は、この事件を契機に、警察出身者を調査員とする調査室を発足させた。

八百長レースは競技の信頼性を損なう行為だが、公営競技に限らずあらゆるスポーツで選手の不正はおこりうる。実際のところ、八百長事件が発覚しても、公営競技の売上が著しく低下することはなかった。だが、公営競技のイメージを著しく損なうことは確かだし、かつてはそうしたことが廃止論に火を付ける可能性もあった。残念なことだが、八百長事件は現在もなお発生し新聞沙汰《ざた》になることがある。

ノミ屋の興隆と衰退

八百長レースが発覚するきっかけのひとつは不自然な投票券の売れ方だ。ある発売所で特定の買い目に不自然に大きな買いが入ることで発覚する（前掲『サインの報酬』）。

語弊のある言い方かもしれないが、八百長レースでも馬券や車券の売上は主催者・施行者にはいる。そうした意味で、八百長レースは競技のイメージを損ない、その発生抑制にコストを要するから大局的にみれば許しがたい行為だが、短期的・局所的には売上に直接響くものではない。だが、ノミ行為は主催者・施行者の得るべき利益を侵害すると同時に、暴力団の組織的な資金獲得手段となってきた。

歴年の警察白書の暴力団のノミ行為に関する記述をみると、一九七五年版では、公営競技の大衆化を背景にノミ行為が年々増加しているとある。

七四年六月、札幌西署は賭《か》け金数億円を動かしていたノミ屋を逮捕した。このノミ屋は元々スナック経営者らが始めたもので、口コミで徐々に顧客が増え、当初活動の拠点だった自宅マンションが手狭になり、別のマンションに専用事務所を構えるまでになっていたという（北海タイムス社『北海道の競馬』）。

同書によると、北海道警察の七四年のノミ行為検挙者数は一一二人でその七割が暴力団員だとしている。なかには、競馬場の指定席に招待し、その場でノミ行為をおこない摘発された事例さえある。客には弁当やビールが振る舞われ、さらに混雑する窓口に行かなくてもいい。ノミ行為は違法だが主催・施行者以外の「被害者」のいない犯罪だ。客も罪の意識が薄かった。

吉国意見書で場外発売所設置の容認や電話投票の活用に言及したのにはこうした背景がある。札幌のススキノは日本中央競馬会がまっさきに場外発売所を開設した場所のひとつだ。七五年には暴力団の壊滅を目指す警察の第三次頂上作戦がはじまっていた。

中央競馬の場外発売所の開設が続くなか、ノミ行為の摘発件数、検挙者数は七八年の二七〇三件、九八二七人（うち暴力団員五七〇九人）をピークに減少に転じる。その理由は、七八年から七九年にかけておこなわれた山口《やまぐち》組と稲川会に対する集中取り締まりの影響もあるだろうが、ノミ屋の最大のマーケットだった中央競馬の場外発売が拡がったことも大きいだろう。

『八四年版警察白書』には「電話の自動転送装置や自動車電話等を利用してノミ受け場所を隠ぺいするなど悪質化、巧妙化している」とあり、ノミ屋もハイテク化していることがわかる。

山口組の跡目相続をめぐり八四年から始まった山口組と一和《いちわ》会の抗争事件などを契機に、全国的に暴力団の事務所や暴力団の諸行事が地域から締め出されるようになる。全国すべての公営競技場で暴力団員の入場が拒否される。

九二年には暴対法が施行され、バブル崩壊以降には、公営競技の売上全体が落ち、マーケット自体も縮小する。さらに二〇世紀末からは電話投票・インターネット投票が普及し、ノミ屋のマーケットはさらに縮小する。

ノミ行為の摘発件数は減少の一途を辿《たど》り、二〇一六年度には摘発件数は八件と一桁《けた》になり、二一年度には摘発件数はついにゼロとなった。摘発件数ゼロということと、ノミ行為がなくなったということは同義ではないが、暴力団そのものも衰退し、資金源としてのノミ行為もほとんど意味をなさなくなったということだろう。

3. 広がる公営競技市場とインフラの進化

場外馬券発売所の拡大と中央競馬の躍進

場外発売や電話投票はノミ屋対策でもあるが、経済成長の鈍化で売上に影がさしつつあった主催・施行者にとっては新規市場の開拓でもあった。

競技を開催している競技場以外の場所での投票券発売を場外発売という。場外発売には他の競技場の発売設備での発売（場間場外発売）と、専ら投票券を発売するための施設である専用場外発売所での発売、それに電話投票やその発展形のインターネット投票がある。

また、場外発売の実施主体からみると、主催・施行者が自らおこなう場合と主催・施行者ではない者がおこなう場合の二つがあり後者を委託発売という。発売を他に委託する場合は受託する側に手数料を支払う必要がある。

日本中央競馬会が主催する中央競馬は、はるか後の二〇一一年に地方競馬主催者に発売を委託するまで、馬券の発売を他に委託することはなかった。専用場外発売所は主催・施行者が自己所有することもあるし、民間企業がつくった施設を賃借して開設することもある。後者の場合は売上のパーセンテージで賃料を支払うケースが多いようだ。

長沼答申は場外発売を制限したが、それでも中央競馬や競輪の既存の専用場外発売所の存続は認めていたし、例外的に場外発売が実施されることもないわけではなかった。

一九六七年一〇月に後楽園競輪場で開催された第二一回日本選手権競輪では、後楽園競輪場に隣接する中央競馬の後楽園場外発売所で車券発売がおこなわれた。翌六八年の第二二回大会でも同様の措置がとられている。これは場外発売所の開設というより、後楽園競輪場の臨時発売窓口の開設というべきだろう。

こうした例を踏まえ、六九年六月に通産省車両競技審議会は、混雑緩和をはかるため特別競輪開催時には近隣の競輪場を臨時に場外発売所として使用することを認めた。

特別競輪の臨時場外発売はその後徐々に拡大し、近隣の競輪場以外でもおこなわれるようになり、吉国意見書後の七八年三月にいわき平《たいら》競輪場で開催された第三一回日本選手権競輪では、青森、立川、松戸、一宮、和歌山で開始された。この大会の売上額は七〇億円にのぼったが、その約六割にあたる四〇億円が場外発売だった。場外発売がなければ首都圏を離れた地方都市いわき市でこれだけの売上を達成することはできなかったろう。

競輪は年間七二日間の開催が原則だから非開催日の方が圧倒的に長い。非開催日に場外発売をおこなうことで、施設の稼働率を上げ従事員の雇用も確保できるし、他場発売の手数料収入を得ることができる。

日本中央競馬会は場外発売解禁の動きに先駆けて対応した。七八年、日本中央競馬会は長沼答申以降初の場外馬券発売所を馬産地の中心である北海道静内町《しずないちょう》（現・新《しん》ひだか町《ちょう》）に開設した。

静内場外発売所は競走馬のセリ市がおこなわれる北海道市場の隣接地に開設された。北海道市場は競走馬の生産者団体である日高軽種馬農業協同組合の敷地にある。日高軽種馬農協では敷地内に場外発売所をとの声もあったが、「農協に馬券売り場はどうか」という反対意見があって隣接の私有地に決まったという。

競馬あっての競走馬生産で、軽種馬農協組合員はその競走馬の生産者だ。その組合員から馬券発売所の開設に異論が出たわけだ。場外発売所に対する当時の世間の評価がうかがわれる。

それまで場外馬券発売所は大都市だけだったが、静内場外発売所は周囲に牧場が広がるのどかな場所だった。入場人員や売上が既設の発売所より格段に小さいのは当然だ。だが、ここには競走馬の生産者やその関係者が多く馬券を買いに来る。いわば競走馬のプロが集まる発売所なので、静内場外発売所は全国で最も的中率の高い場外発売所だという噂があったが、果たしてそれは本当だったのだろうか。

静内と同じ七八年、日本中央競馬会は大阪ミナミの繁華街道頓堀《どうとんぼり》に、さらに翌七九年に札幌の繁華街ススキノにそれぞれ場外発売所を開設する。

大阪の繁華街はキタとミナミだ。キタには長沼答申以前から梅田《うめだ》に場外発売所があり、ミナミには難波《なんば》場外発売所が存在した。当時の難波場外発売所はプロ野球南海ホークスのホームグラウンド大阪球場内にあった。競輪場を併設していた西宮《にしのみや》球場もそうだが、野球場のスタンド下は建物の構造的に発売窓口を多数設置するのに適しているようだ。

道頓堀場外発売所と難波場外発売所は徒歩圏内の至近距離にある。道頓堀場外発売所開設前の七七年の難波場外発売所の売上額は五七九億円だった。それが七九年の難波・道頓堀の二か所の売上額の合計は八二三億円となり、難波だけだったときに比べ四二パーセントも増えている。

八〇年代半ば頃は経済の低成長を反映し、各競技はいずれも伸び率を鈍化、ないしは年によっては減少するという状況だったが、中央競馬だけは売上を伸ばし続ける。その大きな原動力が場外発売所の展開だった。

少し時期はさかのぼるが、日本中央競馬会は、八四年に広島と釧路《くしろ》、八五年に立川と石和《いさわ》と立て続けに場外発売所を開設していた。立川以外は、いずれもこれまで中央競馬のマーケットエリアではなかった地域だ。石和は山梨県だが、山梨県と隣の長野県は、地方競馬が消え、競輪もわずかの期間で廃止となって以降、今でも公営競技場がまったくない県だ。

中央競馬の広島場外発売所が周年営業した八五年の売上額は一六三億円にのぼる。年度が異なるから正確な比較ではないが、広島市内にある広島競輪場の売上額は八四年度が一八八億円だったのに対して、八五年度は一六九億円と大きく売上額を落としている。

中央競馬の場外発売所開設が競輪の売上を奪ったとは必ずしもいえないが、両者の明暗は明らかだ。ちなみに広島市の郊外にある宮島ボートレース場はわずかながらも売上げを増やしている。

七六年の中央競馬の売上額は、本場四三・六パーセント、電話投票を含む場外発売五六・四パーセント、電話投票の全売上にしめる比率は〇・一五パーセントだったが、一〇年後の八六年にはそれぞれ二〇・八パーセント、七九・二パーセント、八・一五パーセントとなっている。

積極的な場外発売所の全国展開で、中央競馬の売上額は停滞する他の競技を尻目《しりめ》に増大し、八五年にボートレースを上回り、公営競技のトップに立つ。

後れをとったボートレース

吉国意見書で場外発売所が容認されたのにもかかわらず、動きの早いボートレース業界にしては珍しく、場外展開では他の競技に後れをとらざるを得なかった。ボートレースは法的に場外発売が制約されていたのだ。モーターボート競走法には、その目的のひとつに、「観光に関する事業の振興への寄与」が掲げられている（モーターボート競走法第一条）。『'81—'90モーターボート競走年史』によると、これは〝観る〟ことによって海事思想の普及が促進されるという考え方に基づくもので、海浜の風光景勝の地に内外の遊客を招致し、スリルとスピード感に溢《あふ》れた競走を行うことを目標としているということだ。観客が目の前で〝観る〟ことが重要であるため、モーターボート競走法施行規則で場外発売は認められていなかった。とはいえ、大昔は和歌に詠まれたり、浮世絵に描かれた風光景勝の地だったかもしれないが、現代の住之江や平和島が「海浜の風光景勝の地」とはいえまい。

さらにいえば、ボートレースの収益によっておこなわれている様々な事業、例えば船の博物館などは海事思想の普及に貢献しているだろうが、舟券に一喜一憂している観客がレース観戦で海事思想を身につけるとも思えない。

八二年四月のモーターボート競走法施行規則の一部改正で、四大競走の準優勝戦と優勝戦に限って場外発売が認められる。場外発売といってもこの段階で舟券の専用場外発売所はどこにもない。既存のボートレース場を使った場間場外発売だ。

特別競輪の場間場外発売は六〇年代からおこなわれているし、長沼答申以前に開設された場外発売所もある。そのため、ボートレースは他の競技には課せられていない箍《たが》がはめられていたことになる。

ボートレース場の施設の改善・整備に力を入れてきたのは、場外発売が認められなかったことも関係ありそうだ。ボートレースで競技場以外の専用場外発売所の設置が認められるのはさらに後の八五年のことになる。

競輪においては、特別競輪の場間場外発売が拡大したとはいえ、競輪の売上額全体からみると、場外発売のしめる比率はまだまだ小さかった。一九八〇年度の競輪全体の売上額は一兆二七〇〇億円にのぼるが、場間場外発売がおこなわれた四つの特別競輪の売上額合計は全体の二・四パーセントの三〇九億円に過ぎない。

中央競馬の場外発売額がすでに本場発売額を大きく上回るようになっていたこの段階で、競輪関係者にとって場外発売は広大な未開のフロンティアと目された。

群馬県館林《たてばやし》市の東北自動車道館林《たてばやし》インターチェンジ入り口隣に館林専用場外車券発売所が八三年に開設された。館林場外の開設は「新しい観客層の開拓の役割を果たすのみならず、若年齢層の吸引が可能」（『競輪四十年史』）とされ期待が大きかった。以来、競輪の売上が頂点に達したバブル期の九一年度にかけて、一三か所の専用場外発売所が開設される。

これは競輪に限らないが、専用場外発売所は都市の繁華街に開設されるタイプと郊外部に開設されるタイプの二通りがある。

多くの人が集まる繁華街に店を出すのは当然だろう。国営競馬時代に開設された最初の場外発売所が東京・銀座だったように初期の場外発売所は繁華街が中心だった。

高度成長期に発展したモータリゼーションで地方都市は自動車社会となっていた。八〇年代以降には地方都市の郊外部に広い駐車場を備えた郊外型場外発売所が次々開設される。

繁華街型で面白いのが函館市の松風町《まつかぜちょう》場外発売所だ。松風町は函館《はこだて》駅前にほど近い飲食店を中心とした古くからの繁華街だ。

かつて繁華街には必ず映画館があったが、映画の斜陽で次々に閉館に追い込まれていく。松風町場外発売所は閉館した映画館の施設を転用したものだ。映画館だとゆっくり座れる座席が多数ある。釧路《くしろ》市のばんえい競馬の専用場外発売所のハロンズ釧路《くしろ》も映画館の転用だ。

松風町場外発売所は地元商店街が一致して歓迎したというが、場外発売所が地元で歓迎されるのは例外で、開設の地元同意を得るのに苦労することが多い。近隣住民の少ない郊外型場外発売所は地元同意を得やすいという利点もある。

電話投票の開始

公営競技の市場をさらに押し広げたのが電話投票だ。吉国意見書でもファンサービス充実の手段として電話投票があげられている。

公営競技の技術革新は日本中央競馬会が先鞭《せんべん》をつけたものがほとんどだ。現在のインターネット投票につながる電話投票も中央競馬が先鞭をつけたのは確かだが、同様のサービスはかなり昔（昭和三〇年代か）に岐阜県の笠松競馬場でおこなったことがあるという。

その実態や実績は今となっては知る由もないのだが、電話投票希望者を事前に登録し、電話で買い目と金額をやりとりする素朴なものだったのは確かだろう。登録者もそう多くはなかったろう。だが、そもそも当時の競馬法においてこの販売法は問題があったのではないかと思われる。これがいつまで続いたのかもわからない。

吉国懇以前の一九七四年二月に日本中央競馬会は電話投票を試行的に実施する。その結果を踏まえ、七六年七月に関東・関西で各一〇〇〇名を公募し、一〇月から本格運用に踏み切った。

電話投票の本格運用開始初年の七六年は、一〇月から一二月の三か月で一四億円を売り上げ、周年稼働した七七年には八一億円の売上を得た。七七年の中央競馬の売上額は一兆九九一億円だから、売上額全体からみればわずか〇・七パーセントに過ぎない。

オッズ表示と窓口の機械化

馬券・車券・舟券を買うとき、的中したら自分がいくら儲《もう》かるかは気になるところだ。本場でも場外発売所でもインターネット投票でも、現在はオッズをリアルタイムにみることができる。オッズ表示のない公営競技は考えられない。

オッズ表示システムはコンピュータと情報通信技術の発達で実現したものだ。だが、コンピュータと情報通信技術の発達以前から公営競技はあった。ということは、かつての公営競技ではオッズを見ずに投票を余儀なくされていたということだ。昔は偽造しにくいようにミシンで買い目の数字を打ち抜いた一枚二〇〇円の投票券や一〇〇〇円の投票券を発売していた。

買い目ごとの投票券を窓口ごとに用意し発売するこの発売方式を「手売り」という。投票が締め切られた段階で急いで集計作業がおこなわれる。そこで大活躍したのがそろばんだ。「読み・書き・そろばん」という言葉があるように、そろばんは日本では最も基本的な教育事項だった。公営競技を支えたのはそろばんだったといっても過言ではない。

そろばんを武器とした人海戦術に頼る窓口業務を機械化しようという試みはかなり古くからある。実用化に成功したのは日本中央競馬会だが、機械化の試みは日本競馬会時代よりさらに昔の競馬倶楽部《くらぶ》時代にさかのぼるという。

一九三〇年に鳴尾競馬場や横浜競馬場で機械が試験的に使われたが、発売速度などの点で実用に至らず、さらに日本競馬会時代の三七年に日本競馬会の職員と東京工業大学教授によるトータリゼータ委員会が組織され、調査を依頼された富士通信機製造（現・富士通）が集計機などを試作したが戦災で灰燼《かいじん》に帰してしまう。

集計装置とオッズ表示が実現したのは、そこからさらに二〇年以上が経過した六二年だ。中山競馬場と東京競馬場に設置されたこの装置は、画期的なファンサービスだったが、最大の課題は混雑する窓口業務の迅速化だった。

集計機にコンピュータを利用したのは日本中央競馬会が世界初だという。日本中央競馬会は六五年から六六年にかけ、発売・集計・オッズ表示をおこなう場内用トータリゼータシステムを稼働させている。国鉄が、中央装置と駅に設置された端末をオンラインで結び、切符や指定券の販売をおこなう「みどりの窓口」を開設したのが一九六五年九月だ。ほぼ同時期に日本中央競馬会はこうしたシステムをつくりあげていた。

投票窓口には集計機と連動する発券機が設置され、ファンは窓口を移動することなく、同じ窓口で異なった買い目の馬券を購入できるようになった。

さらに七六年には一枚の券に複数の買い目と金額を記載した現在の形式に近いユニット馬券が発売される。

その後、口頭で窓口に買い目を伝えるのではなく、マークシートに買い目を記入する方式も導入される。マークシートの導入が社会的に大きな話題になったのは大学入試の共通一次試験の開始だろうが、ほぼ時期を同じくして馬券購入にも導入されている。

実況放送の進化

今では公営競技のすべてのレースを、インターネットを介してリアルタイムに見ることができる。リアルタイムでなくとも、後からレースをダイジェストで観戦することも可能だ。もしレースの実況放送がなかったらどうだろう。レース観戦はずいぶん味気ないものになるのではなかろうか。

実況放送が視聴される場所は三つある。競技が実施されている場内、投票券を売る場外発売所、そして自宅などだ。

現在の公営競技場で場内実況放送がおこなわれていないところはないだろう。いつ、どこで、公営競技の場内実況放送が始まったかは定かではないが、一九五〇年に株式会社耳目《じもく》社の設立者・柳原利次《やなぎはらとしじ》が大井競馬場で実況アナウンスを請け負ったのがかなり古い例だろう。このころから耳目社の所属アナウンサーが南関東四場で競馬の実況アナウンスをおこなうようになる。

関西では五五年頃に吉田勝彦《よしだかつひこ》が春木競馬場や大阪競馬場で場内実況を始めたのが早い例だ

と思われる。その後、吉田は園田・姫路両競馬場を主催する兵庫県競馬組合と契約し、二〇二〇年一月に引退するまで名物アナウンサーとして長く活躍した。

五一年の民間ラジオ放送開局にあわせ大阪市で設立された広告代理店の弘報舘が民間放送の番組プロデュースを開始する。このときのコンテンツのひとつが公営競技の実況放送だった。弘報舘所属アナウンサーが実況中継放送を担当したケースも多い。

大井競馬場や園田競馬場のように、はやくから専業のアナウンサーによる場内実況を導入していたところがある一方で、二一世紀近くまでおこなっていなかった競技場も少なくない。また、場内実況を始めたといっても、プロのアナウンサーではなく、従事員や職員がマイクに向かい、選手名や馬名も言わず「一番先頭に出ました。二番が追います」といったようなものだったところもある。マイクで喋《しゃべ》るのは慣れているだろうということで、元バスガイドの従事員に放送させたケースもあったという。

場内実況が競馬・競輪・ボートレースでおこなわれるようになっても、オートレースではおこなわれなかった。そもそも爆音で観客同士の会話すら聞き取れないスタンドで実況アナウンスの音声が聞き取れるわけもない。オートレースの実況中継は場外発売がおこなわれるようになってからのこととなる。

場外発売が広がると実況中継放送の重要性が高まる。レースの映像と音声を提供することで、場外発売所は単なる投票券の発売所ではなく、長時間滞在して、レースを楽しむ場所になっていく。

競馬予想紙の隆盛と衰退

日本の競馬はデータ競馬だ。データを得るためにファンは予想紙を購入する。インターネット以前、長らく予想紙とスポーツ新聞は競馬の必須《ひっす》アイテムだった。

競馬の予想紙には事細かなデータが小さな字でびっしり書き込まれている。活版印刷の時代、あの小さな活字は予想紙大手の「競馬ブック」が特注して誕生したという話を聞いたこともある。競馬に限らず、公営競技の予想紙には◎、○、▲、△などの印が附されている。あの印は万国共通ではなく日本の競馬で生まれたもののようで、誰がいつ使い始めたのかは定かではないが、予想紙は第二次世界大戦前から存在した。

「競馬ファン」など競馬の専門誌も第二次世界大戦前から存在した。黎明社で「競馬ファン」の制作に関わっていた白井《しらい》新平《しんぺい》という人物がいる。白井と共に制作に携わっていた野辺《のべ》好一《こういち》は同誌を予想誌の元祖としている（野辺好一『競馬専門誌80年の歩み』）。

白井は一九三七年に競馬週報社を設立し地方競馬の予想紙「競馬週報」（略称・競週）を発行している。出走馬一頭一頭のデータを並べた「馬柱」といわれる予想紙の形を考案したのは白井だとされる（江面弘也『活字競馬に挑んだ二人の男』）。

戦後白井が発行した「ケイシュウ」の発行元は「競週社」ならぬ「啓衆社」だ。啓蒙《けいもう》の「啓」と大衆の「衆」というおよそ競馬らしからぬ社名だ。実際、啓衆社は大衆を啓蒙することを使命として白井が設立した出版社なのだ。

〇七年に京都府舞鶴《まいづる》町（当時）に生まれ、神戸で育った白井は神戸一中（現在の兵庫県立神戸高校）から大阪高等学校（大阪大学全学教育推進機構の前身）に進学するも困窮のため退学する。退学後、中学時代に興味をもったアナーキズム活動に参加し、関西でアナーキスト系の労働組合で活動したのち、東京に移り労働組合活動を継続するかたわら、競馬に関心をよせるようになり、「競馬ファン」を発行していた黎明社に入社する。

第二次世界大戦後、白井は啓衆社を設立し、叢書《そうしょ》、リーフレット、月刊誌を発行する。『天皇制を裁く――その歴史的社会的考察』は啓衆叢書第一集だ。アナーキスト白井の「競馬週報」は常に主催者に対して批判的だった。

競馬予想紙大手の「競馬ブック」は、四六年に公認競馬が復活するのと同時に発刊された。戦前からの業界人たちは、当初誰がブックを発行しているのかわからなかったという。今では考えられないことだが、公認競馬主催者の日本競馬会のある職員が実際の経営者だった。その後、ブックの制作を手伝っていた松井淳《まついきよし》が経営を引き継ぐ。

高度成長期以降、中央競馬・地方競馬の売上が大きくなると予想紙の数も増え、七一年には産経新聞社が「競馬エイト」を発行し予想紙業界に参入する。

首都圏や関西では中央競馬の予想紙の発行社が地方競馬の予想紙を発行していたが、大都市圏以外の競馬場では地元の業者がそれぞれ予想紙を発行している。

中には夫婦ふたりで、謄写版（いわゆるガリ版）印刷で発行しているようなものもあった。北海道のばんえい競馬では八〇年代にはガリ版刷りの予想紙が一〇紙以上発行されていたこともある。そんなに需要があったのかと思うが、競馬場でしか馬券の買えない時代だ。時には一万人以上が来場し、多くの人がそうした予想紙を購入していた。業者のなかには蓄財してアパートを建てた人もいる。

後のことにはなるが、バブル崩壊後、多くの地方競馬でファンの足が遠のくと、こうした予想紙は衰退していく。さらにインターネット社会の到来で活字離れが進み、中央競馬を主戦場とする予想紙大手でも部数が減少する。老舗《しにせ》の大手で中央競馬と地方競馬の両方で予想紙「ホースニュース・馬」を発行していたホースニュース社も二〇〇八年に営業を停止した。

一方、競馬ブック社などは紙媒体ではなく、データを送信しコンビニのマルチコピー機を使ってプリントする形や、インターネットでの販売なども実施し、生き残りをはかっている。

専門紙以外ではスポーツ新聞も予想媒体として大きな役割を担ってきたが、一般の新聞各紙が部数減少で苦しくなるなか、スポーツ新聞自体もその部数を減少させている。二二年には北海道新聞社が発行していた道新スポーツが休刊を余儀なくされている。

他の競技でも事態は同様だ。中央競馬は全国市場だが、地方競馬や他の競技の予想紙はそれぞれの競技場とその周辺にしか購入者は存在しない。

ファンサービスの一環として予想紙も必要だろうということで、主催・施行者が一定部数を買い上げたりすることもある。だが、いかんせん、インターネット発売が主流となり、本場来場者数がかつてとは比較にならないほど少ない今日にあって、予想紙の需要は限られたものになってしまっている。

各地で独自に開催されている地方競馬は予想紙のデータが必要だが、他の競技は選手が全国共通だ。そのため、出走表は当然のこと、予想に必要なデータの多くはインターネットで得ることができるため、よりその需要は限られる。

ただ、予想を組み立てる上で予想紙の記事が参考になることは確かだ。特に初心者には予想紙の購入をお勧めしたい。

4. バブル景気の到来と競技の完成

未曾有の売上増——武豊とオグリキャップ

一九八五年九月のプラザ合意で急激な円高・ドル安が進行し、輸出産業は大きな打撃を受け中小製造業を中心に企業倒産が相次ぎ、円高不況とよばれる状態に陥った。

この事態に対して、日銀は公定歩合を徐々に引き下げ、政府は内需拡大による経済成長をめざし公共投資の拡大などの積極財政をとった。土地や株式に資金が流れ込み、地価は高騰し株式相場も急上昇した。名目雇用者報酬の伸び率は八七年には対前年度三・八パーセント増だったのが、年を追うごとに上昇し九〇年には八・四パーセントにまでなった。

庶民の間では財テクブームが起き、全国至るところで地上げがおこなわれ、地方都市では商店街が櫛《くし》の歯が欠けたような状態になったところも少なくない。

円高不況期に売上減少に陥っていた公営競技は一気に息を吹き返す。

図表5—3は八五年度と九一年度の各競技の売上額を対比したものだ。場外発売所の全国展開で円高不況期にも売上を伸ばしていた中央競馬の二・〇九倍を筆頭に、いずれの競技も大きく売上額を増やしている。

私事だが、筆者は八七年から九二年まで、公営競技の競技場もなければ場外発売所もない公営競技の空白地帯だった宮崎県で働いていた。宮崎県では競馬のテレビ中継もなかったため、中央競馬の武豊の華々しいデビューやオグリキャップの活躍をリアルタイムに見ていない。

九三年に競馬場と競輪場のある函館に赴任し、再び、テレビの競馬中継をみたり、競馬場に行ったりするようになったのだが、バブル期以前とは観客が大きく変化したことを感じた。比喩《ひゆ》的にいえば、昭和の時代、中央競馬でも競馬場はおっさん達の世界だった。若者もいたが、大人の世界にお邪魔させてもらう雰囲気があった。だが、九〇年代初めの競馬場は若者が主役になっていた。出走時のファンファーレに観客の手拍子がおこるなどということは以前はなかった。多くの大学では学生による競馬サークルがつくられた。

なぜ当時の若者たちが競馬に飛びついたのだろうか。日本中央競馬会によるイメージアップ戦略が実を結んだこともあるだろう。バブル期は株や土地などに対する投機的な投資が「財テク」の名の下に一般市民に浸透し、ギャンブルにまといついていた負のイメージが払拭《ふっしょく》されつつあったこともあるように思う。

競馬場が、若者が盛り上がれる場となっていたところに、現れたスターが武豊とオグリキャップだった。

武豊は「名人タケクニ」と称された武邦彦《くにひこ》騎手（後に調教師）の息子だ。武豊の活躍についてはこれまで多くのメディアで取り上げられているから、ここで改めて詳しく紹介する必要はないだろう。武豊がこれまでの騎手と大きく異なるのは、競馬に関心のない人にまでそ

図表5-3 公営競技の売上額の変化

	1985年度	1991年度	増加率
中央競馬	1兆6458億5956万6200円	3兆4338億 321万1700円	2.09倍
地方競馬	5776億 238万 900円	9862億3944万9300円	1.71倍
競輪	1兆1431億2358万4800円	1兆9553億4012万4900円	1.71倍
オートレース	2023億7537万3800円	3497億7667万7200円	1.73倍
ボートレース	1兆4292億 866万2600円	2兆2137億4629万 900円	1.55倍
合計	4兆9981億6956万8300円	8兆9389億 575万4000円	1.79倍

注：中央競馬は1月～12月。他の競技は4月～翌3月の合計。
出典：各競技年史より作成

の名を知られたことではないだろうか。

数々の記録を打ち立てたことに示される武の卓越した技能があってのことだが、公営競技に関心のない人にまで名を知られた公営競技界のスーパースターは武豊と競輪の中野《なかの》浩一《こういち》くらいだろう。プロ野球や力士、プロゴルファーに比べ、公営競技の選手や騎手がマスメディアに登場する頻度は明らかに少なかった。

戦後何度目かの競馬ブームを生んだ立役者の一人、いや一頭がオグリキャップだ。地方競馬から中央競馬に移籍し、中央競馬でも活躍しスターホースとなったという点では、ハイセイコーと同じだ。だが、地方競馬のトップに君臨し、馬のレベルも高い大井競馬場でデビューしたハイセイコーに対し、オグリキャップのデビューの地・笠松競馬場は、失礼ながら大井よりずっと格下の競馬場だ。このことがオグリキャップの人気を後押しした面もあるだろう。

グレード制導入によるレース体系の完成

中央競馬は一九八四年の競馬番組からグレード制を導入した。それまでは四歳（現在の表記では三歳）の五大競走（桜花賞、皐月賞、オークス〔優駿牝馬〕、ダービー〔東京優駿〕、菊花賞）に古馬の天皇賞（春・秋）と有馬記念を加えた八大競走がもっとも格の高いレースとされていた。

八大競走など特に重要なレースをGⅠ、その他の重賞レースをGⅡ、GⅢとランク付けし、レースの体系化がはかられた。その後、短距離競走の重賞を増やし距離別の体系化もはかられる。

また、八七年、日本中央競馬会はそれまでNCKだった英字略称をJRA（Japan Racing Association）とし、場外馬券発売所にウインズ（WINS）という愛称を附した。

グレード制は他の競技でも採用される。競輪は二〇〇一年度にグレード制を導入し、それまで「特別競輪」とされてきた大会をG1、それに準じる大会をG2、各競輪場などで年に一度開催される開設記念などをG3とした。

一九八五年には競輪グランプリが立川競輪場で開催された。競輪は勝ち上がりのトーナメント戦が基本だが、このレースはトーナメント制ではなく事前に選出されたその年を代表する九人の頂上決戦だ。グレード制ではこのレースをGPとし最高ランクとしている。
オートレースとボートレースの最高ランクはSGとされ、以下、GⅠ、GⅡ、GⅢとなる。ただし、後になってオートレースのGⅢはなくなっている。また、ボートレースとオートレースはSGに準ずる大会として特別G1、プレミアムG1という格付けの大会もおこなわれている。

バブル景気の到来で売上が急増し、さらに多くのファンを呼び込むべく、それぞれの競技では新たなビッグレースが設けられる。

競輪では甲子園競輪場で開催を予定されていた全国都道府県選抜競輪が中止になって大会そのものが無くなって以来、途中短期間の改廃はあったが、日本選手権、オールスター、高松宮杯（後に高松宮記念杯）、競輪祭の四大会が特別競輪として継続していた。

その後、八五年に全日本選抜競輪、九二年からは寛仁親王牌《ともひとしんのうはい》・世界選手権記念トーナメント（当初はG2、九四年からG1に格上げ）が開催され、ふるさとダービー（現在は廃止）などのG2競走が設けられた。

ふるさとダービーという名称は、バブルまっただ中の八八年から八九年にかけ、当時の竹下登《たけしたのぼる》首相が発案・実行したふるさと創生事業に因《ちな》んだもののようだ。ふるさと創生事業は大小を問わず各自治体に一億円を国から交付しその使途に国は関与しないというものだ。使い道に困って金塊を購入した自治体もあった。

競輪のふるさとダービーは、売上の小さい地方都市の競輪場で開催し、全国の競輪場や場外車券発売所で場外発売をおこない売上の小さい競輪場を支援するという趣旨の大会だった。

オートレースではその年のチャンピオン決定戦ともいえるスーパースター王座決定戦が八七年にスタートし、八八年に第一回全日本選抜オートレースが開催されている。九五年度からグレード制が導入され、日本選手権、オールスター、全日本選抜、スーパースター王座決定戦の四大会がSGに格付けされた。

ボートレースは全日本選手権競走、地区対抗戦に代わる大会として七四年に開始した笹川賞競走（現在のボートレースオールスター）、モーターボート記念、鳳凰賞が四大競走とされていたが、八六年に賞金王決定戦（同ボートレースグランプリ）が設けられ五大競走となる。

さらに八八年にグレード制が導入され、五大競走に加え、グランドチャンピオン（九一年）、オーシャンカップ（九六年）、チャレンジカップ（九八年）がそれぞれSG競走として設けられ現在に至っている。

バブル期から九〇年代なかばにかけてつくられた競走体系が、多少の変更はありつつも、今日の公営競技を構成しており、この時期に現在の公営競技のレース体系は完成したとみていいだろう。

第六章　バブル崩壊後の縮小と拡張

——売上減から過去最大の活況へ　一九九一年～

1．縮小する公営競技

バブル崩壊と東西の震災による売上減

一九九〇年に対前年度比名目八・六パーセント（実質六・二パーセント）と高い伸び率を示した国内総生産（GDP）は、九三年には名目値でもマイナス〇・一パーセント、実質ではマイナス〇・五パーセントのマイナス成長となってしまう。実質成長率がマイナスとなったのは第一次オイルショックの七四年以来のことだ。バブル経済が崩壊した。

九七年一一月には山一證券が業務を停止し、一年後の九八年一一月には北海道拓殖銀行（拓銀）が破綻《はたん》する。四大証券の一角の崩壊と都市銀行の破綻は象徴的だ。

「わが世の春」を謳歌《おうか》していた公営競技も売上が長期にわたり低落し、二一世紀になると公営競技から撤退する主催者・施行者が続出する。縮小と淘汰《とうた》の時代だ。

その一方で、「官から民へ」の流れのなかでこれまで専ら主催・施行者が担ってきた投票券の発売に新たな担い手があらわれる。ネット投票の普及で公営競技の市場は地理的制約を克服し空間的に拡張する。また、ナイター開催などがおこなわれるようになり、公営競技は時間的にも拡張する。

新賭《か》け式の登場、女子戦の増加で「商品」ラインナップも拡張していく。後に詳述するが、二〇二一年には新たな競輪「250競輪」も始まった。

バブル崩壊からの三〇年は公営競技の「縮小」と「拡張」が同時進行した時代だった。本章では公営競技を縮小と拡張の両面から見ていく。

図表6―1は名目GDPの成長率と公営競技の売上額の変化だ。馬券や車券は奢侈《しゃし》的消費だから、財布に余裕のあるときは大きく増やし余裕がなければ真っ先に減らす。その結果、売上の変動幅は景気の変動幅より大きくなる。

当時、この不況は短期的な景気後退であるという楽観的な予測もあったが、不況は長期化し、公営競技の売上額も一九九一年度をピークに年々下がり続ける。

九一年に九兆円近かった公営競技全体の売上は、二〇年後には半分以下の四兆二五二一億円にまで落ち込んでしまう。図表6―2は各競技別にみた最高時と最低時の売上額を対比したものだ。地方競馬、競輪、オートレースの落ち込みは著しい。ボートレースもピーク時の四割にまで落ち込んでいる。

一九九五年一月の阪神淡路《あわじ》大震災と二〇一一年三月の東日本大震災、二〇年の間に日本列島は東西で大震災に見舞われた。阪神淡路大震災では関西地区の競技場が被災し、東日本大震災では関東・東北の競技場が大きな被害を受けた。売上減が続き、深刻さが表面化しつつ

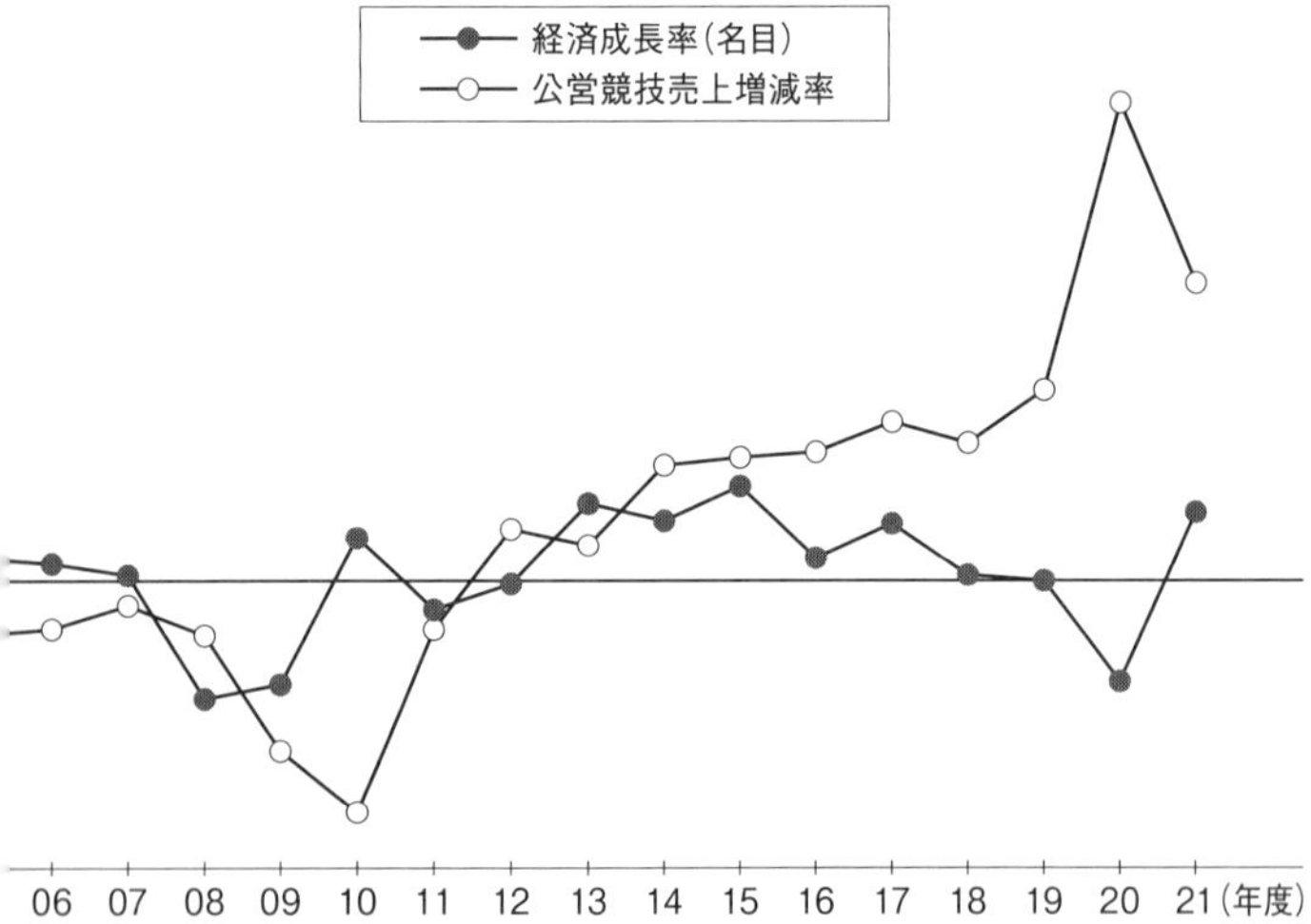

あった時期に発生したのが阪神淡路大震災で、長期にわたる売上低落がようやく底を打ちそうになっていた時期に発生したのが東日本大震災だった。

地方競馬のドミノ倒し

中央競馬を主催する日本中央競馬会（JRA）は馬券売上額の一割を国庫に納付する。これを第一国庫納付金という。さらに競馬事業で事業利益（日本中央競馬会競馬法でいう「剰余」）が生じた場合はその半分を国庫に納付する。これが第二国庫納付金だ。

売上が四兆円に達した一九九七年には第一国庫納付金が四〇〇〇億円、第二国庫納付金は六七三億円、合計四六

図表6-1 経済成長率と公営競技の売上増減率

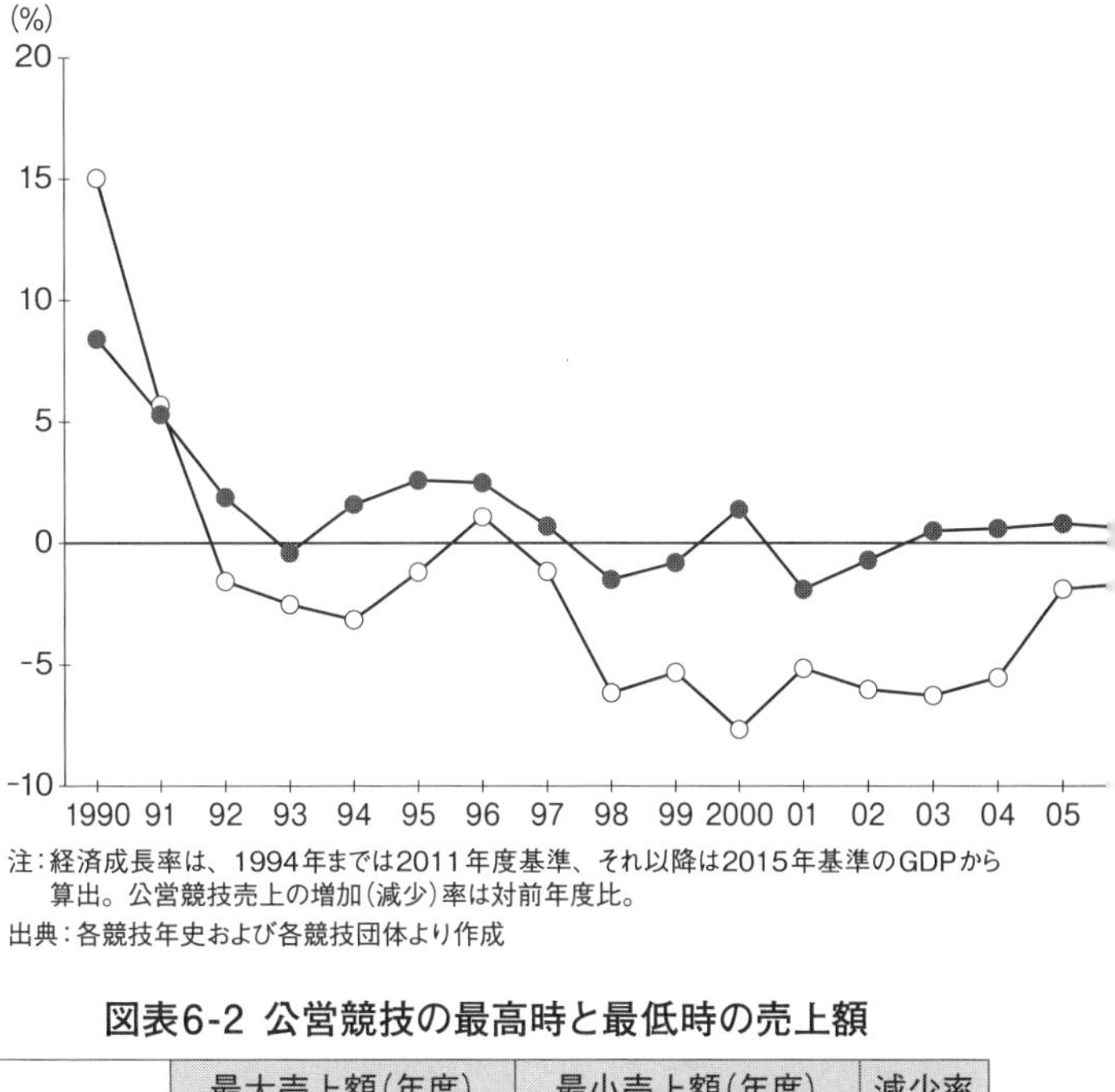

注：経済成長率は、1994年までは2011年度基準、それ以降は2015年基準のGDPから算出。公営競技売上の増加（減少）率は対前年度比。
出典：各競技年史および各競技団体より作成

図表6-2 公営競技の最高時と最低時の売上額

	最大売上額（年度）	最小売上額（年度）	減少率
中央競馬	4兆　6億6166万3100円(1997)	2兆2935億7805万3600円(2011)	42.7%
地方競馬	9862億3944万9300円(1991)	3314億3768万2700円(2011)	66.4%
競輪	1兆9553億4012万4900円(1991)	6063億1027万7800円(2013)	69.0%
オートレース	3497億7667万7200円(1991)	654億1626万6300円(2016)	81.3%
ボートレース	2兆2137億4629万　900円(1991)	9175億5782万8500円(2012)	58.6%
公営競技全体	8兆9389億　575万4000円(1991)	4兆2521億8186万3300円(2011)	52.4%

注：中央競馬は1月～12月。他の競技は4月～翌3月の合計。
出典：各競技団体資料より作成

収　　支	投票券売上額	開　催　費	主催者・施行者数
227億3861万6000円	9881億7684万1000円	9075億1779万0000円	25
985億2433万0000円	1兆9524億4068万6000円	1兆7220億2788万2000円	84
179億8354万0000円	3509億5187万1000円	3067億8284万4000円	8
494億4961万5000円	2兆2526億8778万9000円	2兆 403億8795万2000円	46
1886億9610万1000円	5兆5442億5718万7000円	4兆9767億1646万8000円	
▲228億8163万4000円	3333億3188万2000円	3466億3548万1000円	16
11億8192万1000円	6233億4586万7000円	6144億7438万4000円	48
28億9942万7000円	846億3856万8000円	855億6029万5000円	8
336億6463万8000円	9220億5892万4000円	1兆 721億3457万3000円	37
148億6435万2000円	1兆9633億7524万1000円	2兆1188億 473万3000円	

七三億円が国庫に納められた。

二〇一一年には東日本大震災による開催日数の減少や、福島競馬場の損壊などの影響もあいまって、JRAは五二年ぶりの赤字となり、第二国庫納付金がゼロとなってしまう。

中央競馬は赤字であっても第一国庫納付金の納付がおこなわれ、その存廃まで取り沙《ざ》汰《た》されることはなかった。だが、地方自治体が主催・施行する公営競技はそうはいかなかった。

図表6—3はピークだった一九九一年度と「どん底」だった二〇一一年度の各競技（中央競馬を除く）の収支を比べたものだ。

地方競馬の収支悪化が著しい。九一年度は歳入が歳出を二二七億円上回っていたの

図表6-3 1991年と2011年の各競技売上比較

年度	競技	歳入合計	歳出合計
一九九一年度	地方競馬	1兆 416億3696万7000円	1兆 188億9835万1000円
	競輪	2兆1117億9912万5000円	2兆 132億7479万5000円
	オートレース	3752億2059万4000円	3572億3705万4000円
	ボートレース	2兆5058億8469万9000円	2兆4564億3508万4000円
	4競技合計	6兆 345億4138万5000円	5兆8458億4528万4000円
二〇一一年度	地方競馬	4111億1630万9000円	4339億9794万3000円
	競輪	6702億4253万3000円	6690億6061万2000円
	オートレース	960億1895万9000円	931億1953万2000円
	ボートレース	1兆4783億 752万0000円	1兆4446億4288万2000円
	4競技合計	2兆6556億8532万1000円	2兆6408億2096万9000円

出典：「地方財政状況調査」（「政府統計の総合窓口（e-Stat）」）より作成

が、一一年度には逆に歳出が収支を二二八億円も上回り赤字となっている。もちろん、すべての主催者が赤字だったわけではないが、一一年度は一六の主催者のうち、八つの主催者で歳出が歳入を上回っている。

　そもそも投票券の売上が開催費用を上回ることが事業としての必須《ひっす》条件だが、一一年度の地方競馬で馬券収入が開催費を上回ったのは特別区競馬組合（大井競馬場）だけで、残り一五の主催者はいずれも馬券収入が開催費を下回っている。競技開催が赤字なのに収支が黒字というのは、基金の取り崩しや場間場外発売の手数料収入などで競技の赤字を補てんしたからだ。

　地方競馬ほどではないにしても、他の公営競技も状況は同様だ。競輪では四八施行者のうち七施行者で歳出が歳入を上回り、一六の施行者で車券収入が開催費を下回っている。

バブル崩壊で自治体財政が厳しくなるなか、競技による収益がゼロならまだしも、赤字が続き財政負担が生じるようなら存続させることはできない。赤字の公営競技は自治体財政のお荷物と化していく。

二〇〇一年二月、大分県の鈴木《すずき》一郎《いちろう》中津《なかつ》市長（当時）が中津《なかつ》競馬を同年六月で廃止すると表明した。中津競馬の収支は一九九五年度から毎年赤字を計上するようになっていた。そのため、新賭け式の導入、市民による共有馬主制度の設立、中津《なかつ》駅近くのショッピングセンター内の場外馬券発売所開設などの打開策を講じていた。

二〇〇〇年度には、九州内の三つの地方競馬（佐賀・荒尾《あらお》・中津）が開催日程を調整し、相互に場外発売をおこなう「九州競馬」の発売体制もつくられていた。

こうした経営改善努力の結果、一九九九年度には四億五〇〇〇万円にのぼった単年度赤字は二〇〇〇年度に四一六八万円と大幅に圧縮されていた。

そこに突然の廃止表明だ。地元の競馬関係者には寝耳に水だった。だが、農水省キャリア官僚から市長に転身し、すでに市長在任も四期目という鈴木の経歴から考えると、中津競馬の廃止は周到に考えられたことなのは確かだ。実際、競馬の監督官庁で鈴木の古巣の農水省とも事前に話はついていたようだ。

地方競馬の廃止はバブル期の和歌山県の紀三井寺競馬以来のことだった。大阪の春木競馬や紀三井寺競馬の廃止の際、主催者は騎手・調教師・厩務員《きゅうむ》らの厩舎関係者に補償金を支払っている。補償金を支払うという前例は、地方競馬の廃止を躊躇《ちゅうちょ》させる最大の要因だった。だが、鈴木は、主催者と厩舎関係者の間に雇用契約がないことを理由に、補償金は不要という判断を示した。補償金に関しても、主催者に補償の義務がないことの十分な確信をもっていたのだろう。

関係者や市民による存続運動もあったが、鈴木の決断が覆ることはなかった。

図表6―4は九一年以降に廃止となった競馬場の一覧だ。函館、帯広、岩見沢《いわみざわ》は、北海道が道営競馬を開催していたのをやめたところだ。

中津競馬の廃止をみて、競馬事業の廃止を決断する首長が次々あらわれた。

二〇〇一年一一月、平山征夫《ひらやまいくお》新潟県知事が新潟県競馬組合（新潟県・三条《さんじょう》市・豊栄《とよさか》市［現・新潟市北《きた》区］で構成）が主催する地方競馬（通称・県競馬）の廃止を表明した。〇二年八月を最後に島根県の益田《ますだ》市が競馬事業から撤退、さらに翌年一一月には山形県上山《かみのやま》市の上山《かみのやま》競馬がラストランとなった。

上山競馬廃止の引き金を引いたのは平成の大合併だ。上山市は山形市や山辺町《やまのべまち》・中山町《なかやままち》との広域合併の協議中で、合併実現のために赤字の競馬事業の清算が求められていた。

競馬事業の廃止にもかかわらず合併は実現しなかった。上山市による競馬場跡地の処理に山形市が問題ありとしたのだ。合併のために競馬を廃止したのに、廃止された競馬が今度は合併の障害となる皮肉な結果となってしまう。

宇都宮《うつのみや》・足利《あしかが》・高崎《たかさき》の三場（北関東三場とよばれていた）は売上減少を食い止めるべく、〇一年度から、重賞体系の一元化や相互発売の強化などをおこない「北関東Ｈｏｔ競馬」としての連携をはかっていた。だが、それも功を奏することはなく、〇二年一一月に吉谷宗夫《よしたにむねお》足利《あしかが》市長は競馬事業からの撤退を表明。足利競馬が廃止され、北関東Ｈｏｔ競馬の一角が崩れてしまう。

競馬事業の廃止を決断した首長たちのすべてが簡単に廃止を決断したわけではない。高崎競馬（主催者は群馬県と高崎《たかさき》市で構成する群馬県競馬組合）を主催していた小寺弘之《こでらひろゆき》群馬県知事は、全国の知事によびかけ「地方競馬に関する研究会」を立ち上げる。同研究会は、中央競馬からの国庫納付金の一部を地方競馬支援に振り向ける競馬法改正を国に要望し、存続に向けた努力を続けていた。しかし、残念ながら、〇四年の競馬法改正で小寺らの要望は実現せず、〇四年九月、万策尽きた群馬県競馬組合は一二月三一日をもって競馬事業を廃止することを発表する。

宇都宮《うつのみや》市が競馬事業から撤退した後も、当時の渡辺文雄《わたなべふみお》栃木県知事は競馬事業存続に前向

図表6-4 廃止になった地方競馬場（1991年以降）

競馬場	主　催　者	最終開催日	備　　考
函　館	北海道	1991年11月14日	JRA函館競馬場を借用
帯　広	北海道	1997年 9月18日	ばんえい競馬は帯広市主催で継続
岩見沢	北海道	1997年11月27日	平地競走
中　津	中津競馬組合	2001年 3月22日	
三　条	新潟県競馬組合	2001年 8月16日	
新　潟	新潟県競馬組合	2002年 1月 4日	JRA新潟競馬場を借用
益　田	益田市	2002年 8月16日	
足　利	足利市	2003年 3月 3日	
上　山	上山市	2003年11月11日	
高　崎	群馬県競馬組合	2004年12月31日	
宇都宮	栃木県・宇都宮市	2005年 3月14日	宇都宮市は2001年度末で競馬事業から撤退
旭　川	北海道市営競馬組合	2006年 6月12日	ばんえい競馬
岩見沢	北海道市営競馬組合	2006年10月 2日	ばんえい競馬
北　見	北海道市営競馬組合	2006年11月27日	ばんえい競馬
旭　川	北海道	2008年10月16日	平地競走
荒　尾	荒尾競馬組合	2011年12月23日	
福　山	福山市	2013年 3月24日	
名古屋（旧）	愛知県競馬組合	2022年 3月26日	2022年4月弥富町の新名古屋競馬場に移転

注：JRA札幌競馬場は北海道が、JRA中京競馬場は愛知県競馬組合が、それぞれJRAから借用し地方競馬を開催していたが、近年ともに地方競馬の開催はおこなわれていない。

出典：『地方競馬史 第五巻』（地方競馬全国協会 2012年）ほかより作成

きだったため県営で宇都宮競馬は継続していた。だが、二〇〇〇年の県知事選挙で五期目をめざした渡辺が福田《ふくだ》昭夫《あきお》に敗れてしまう。

競馬事業の継続に懐疑的だった福田昭夫知事は、〇四年九月の群馬県知事の高崎競馬廃止表明を受け、一〇月に年度内での競馬事業からの撤退を表明する。

高崎競馬の存廃問題が浮上した際、競馬関係者を中心に存続運動がおこる。高崎競馬の廃止表明後、当時ライブドア社長だった堀江《ほりえ》貴文《たかふみ》が小寺知事に面会し、ライブドアの受託による競馬事業の継続を提案した。ネット社会の風雲児的存在で、プロ野球球団の買収などでも世間の注目を集めていた堀江の行動に期待する声もあった。

だが、小寺知事は堀江の提案を「具体的でない」として斥《しりぞ》け、廃止の方針を撤回することはなかった。筆者は北海道議会議員から堀江の提案書のコピーを見せられたが、「インターネットで売れれば馬券は売れる」という以上のものではなく、確かに具体性に欠けるものだったことは否めない。

それからしばらくたって一一年一二月には熊本県の荒尾競馬が、一三年三月には広島県の福山競馬がそれぞれラストランを迎えた。この頃になると売上減少はようやく底をうち、その後、競馬事業から撤退する主催者はない。

一九九一年度には二五の主催者が三〇の競馬場（うち三場はＪＲＡの競馬場を借用）で地方

競馬を開催していたが、現在（二〇二三年度）は一四の主催者が一五の競馬場で地方競馬を開催している。

存続を決めたばんえい競馬と高知競馬のハルウララ

二〇〇六年の夏から秋にかけ、ばんえい競馬の存廃が北海道内外のメディアを賑《にぎ》わせた。ばんえい競馬は大型馬がそりに重量物を積んで二つの山を上り下りするという、世界でも類例のない競馬で、馬の競走であるということ以外は他の競馬と全く別物といっていい競馬だ。珍しい競馬であることから、北海道の一地方競馬に過ぎないにもかかわらず、その存廃は全国的にとりあげられた。

主催者は旭川市、岩見沢《いわみざわ》市、北見《きたみ》市、帯広市の四市で構成する北海道市営競馬組合で、四市の競馬場を巡回開催していた。

菅原功一《すがわらこういち》旭川市長は他の三市と協議する前にすでに〇六年度限りで競馬事業からの撤退を決断していたようだ。渡邊孝一《わたなべこういち》岩見沢市長（現・衆議院議員）と神田孝次《かんだこうじ》北見市長も旭川市に同調し、四市のうち三市が競馬事業の廃止を決める。

岩見沢と北見《きたみ》の両競馬場は両市が競馬事業から撤退したことで廃止となった。旭川《あさひかわ》競馬場は北海道が主催する道営ホッカイドウ競馬が開催されていたが、それも〇八年一〇月で終わり旭川競馬場も廃場となる。

帯広市の砂川敏文《すながわとしふみ》市長は三市長とは異なり競馬事業の存続の道を模索する。国会議員、地方競馬全国協会、農水省などの仲介で、ソフトバンク系列企業が業務を包括受託することとなり、帯広市は単独でのばんえい競馬存続を決断する。

砂川が市財政を軽視したわけではない。だが、それよりも騎手・調教師・厩務員その他を含め数百人規模に達する人々が関わる厩舎という雇用の場の確保として捉《とら》え、さらに世界で類例がないばんえい競馬の観光資源としての活用や文化的意義を考慮した上で存続の決断をおこなったのだ。

ソフトバンク系列企業が包括受託してからも苦しい経営は続き、包括委託も数年で終了したが、帯広市は競馬場の敷地内に飲食店・地元産品販売店を集めた「とかちむら」という観光施設をオープンさせるなどの経営努力を続け今日に至っている。

競馬場に限らず、公営競技場の多面的利用は考えるべき課題だろう。

地方競馬場が次々になくなるなか、関係者の努力で存続を果たし得た競馬場のひとつが高知競馬だ。

図表6―5をみてほしい。地方競馬の売上額がピークにあった一九九一年度の売上額の大きい順に主催者を並べたものだ。

図表6-5 主催者別の地方競馬の売上額(1991年度)

順位	主　催　者	売　上　額	最終開催日
1	特別区競馬組合	1937億5310万1900円	—
2	兵庫県競馬組合	1186億9325万2500円	—
3	岩手県競馬組合	689億3669万9900円	—
4	神奈川県川崎競馬組合	656億　500万4800円	—
5	愛知県競馬組合	607億5517万1100円	—
6	千葉県競馬組合	453億3149万1500円	—
7	北海道	453億1175万　200円	—
8	石川県・金沢市	446億3119万9500円	—
9	岐阜県地方競馬組合	398億3204万4200円	—
10	埼玉県浦和競馬組合	383億5367万6200円	—
11	佐賀県競馬組合	359億9844万5400円	—
12	福山市	344億4077万8500円	2013年　3月24日
13	栃木県・宇都宮市	327億　985万8600円	2005年　3月14日
14	北海道市営競馬組合	322億8971万9300円	2007年　3月26日
15	上山市	293億3924万9200円	2003年11月11日
16	群馬県競馬組合	241億4544万4800円	2004年12月31日
17	高知県競馬組合	220億5839万4900円	—
18	新潟県競馬組合	184億4507万4600円	2002年　1月　4日
19	荒尾競馬組合	154億2154万1700円	2011年12月23日
20	足利市	102億6552万2300円	2003年　3月　3日
21	中津競馬組合	66億2749万9200円	2001年　3月22日
22	益田市	32億9452万9000円	2002年　8月16日

注:「—」は現在も存続。北海道市営競馬組合はばんえい競馬で、組合主催としての最終開催日。

出典:『地方競馬史 第五巻』(地方競馬全国協会 2012年)ほかより作成

九一年度に競馬事業を実施した二五主催者（表では競馬場を共用していた栃木県と宇都宮市および石川県と金沢《かなざわ》市をまとめている）のうち、二〇〇一年以降廃止になったのはいずれも売上額が下位にあった主催者だった。

廃止されたところはいずれも大都市圏から遠い地方都市だ。高知県競馬組合（高知県と高知市で構成）が主催する高知競馬が廃止にならなかったのは奇跡に近い。高知県競馬組合では存続に向け職員の懸命な努力が続けられた。

存廃の瀬戸際に立たされた高知競馬に一頭のスターホースが現れる。ハルウララだ。ハルウララは勝てないことで話題になった異色のスターホースだ。一〇〇連敗の頃から話題となり、〇四年三月二二日には、中央競馬との交流重賞・黒船《くろふね》賞で騎乗するため高知に来た武豊がハルウララに騎乗した。名手武豊をもってしても勝つには至らなかったが、このレースの売上は五億円を超えたと報じられた。

国会でもとりあげられている。競馬法改正がおこなわれた第一五九回国会（〇四年一月召集）の参議院農林水産委員会で、公明党の千葉国男《ちばくにお》は質問のなかでハルウララは競走馬に対する愛情や親しみを感じることができる娯楽であること」を示したと述べた。答弁に立った福本潤一《ふくもとじゅんいち》農水政務官も「負けてもひたむきに走る姿は多くの国民に勇気と感動を与えている」と言っている。

ハルウララの馬名が印字された単勝馬券（本場か場外発売所でしか入手不可能）は「当たらない」ということから、交通安全のお守りとしても重宝されたりしたものだ。淘汰・選抜の手段としての競馬という視点からみれば、勝てない馬を「商売にする」のは邪道だろうが、ハルウララが高知競馬の命脈を保つ一助になったことは確かだろう。

高知競馬の経営状況は厳しく、一開催（六日間が原則）ごとの売上で出走手当などを変動させるということまでおこなわれていた。そんな競馬場を救ったハルウララは、交通安全よりも高知競馬のお守りだったかもしれない。高知競馬の存続には競馬組合の懸命の努力があった。ハルウララが社会現象にまでなったのも、組合職員をはじめとする関係者がメディアへのプロモーションなどに努めた成果で、たまたま話題になったわけではない。

長期不況は競走馬生産を直撃する。

何よりもまず不況で馬主が競走馬所有の余裕を失う。バブル期には「地上げの帝王」として知られた最上恒産の早坂《はやさか》太吉《たきち》ら多くのバブル紳士たちが金に糸目をつけず競走馬を購入したが、バブル崩壊で姿を消した馬主は少なくない。本業が立ちゆかなくなり、ダービー馬のオーナーが自死するという事件さえ起きている。馬主をやめないまでも購入頭数を減らすこともある。また、売上の減少による賞金や出走手当の削減は馬主の競走馬の所有意欲を下げる。

バブル期に一万二〇〇〇頭規模に達していた競走馬の生産頭数は年々減り続け、二〇一二年には六八三七頭にまで減った。これは一九六〇年代末くらいの水準だ。

馬の売れ行きが悪くなれば牧場の経営も悪化する。北海道拓殖銀行の破綻も影響した。拓銀から資金を借り入れていた牧場もあったのだが、拓銀の経営を引き継いだ北洋銀行は牧場には冷たかったようだ。牧場に資金を貸し付けていた総合農協では貸付金が不良債権化し、農協自体の経営危機すら囁《ささや》かれる事態にまで陥っていた。

牧場の廃業も相次ぎ、馬産の中心地北海道日高の日高軽種馬農協では、九一年には一五二九名いた組合員が二〇一〇年には八八八名にまで減ってしまった。

連鎖する競輪・オートの廃止と全場存続したボートレース

美濃部知事の公営競技撤退で後楽園競輪場が休止になって以降、競輪場は長らく全国五〇場体制が続いていた。

中津競馬が終焉《しゅうえん》を迎えたのと同じ二〇〇二年三月、門司《もじ》（北九州市）、甲子園（西宮市）、西宮（西宮市）の三競輪場がその歴史に幕を下ろした。

門司競輪場の廃止は一九九八年にオープンした全天候型多目的ドーム競輪場「北九州《きたきゅうしゅう》メディアドーム」との統合のようなものなのでファンにとっても施行者にとっても大きな問題に

はならなかったが、甲子園と西宮の廃止は競輪界に大きな衝撃を与えた。

甲子園・西宮の両競輪を施行する兵庫県市町競輪事務組合（西宮市を中心に一九市一町で構成）は、九一年度には組合を構成する自治体に二二億円を配分したが、九九年度には一億円にとどまっている。

西宮市が競輪に見切りをつけたのは、このままだと競輪事業が赤字に転落する可能性が極めて高いと判断したからだろう。

突然の廃止に対し、西宮競輪場（西宮球場でもある）の施設会社阪急電鉄や、職場の減る競輪選手会などが訴訟をおこしたが、施行者は方針を変更することはなかった。

西宮・甲子園競輪の廃止は施行者の判断だが、花月園競輪場の場合は施設会社の経営悪化が廃止の契機となった。

花月園競輪場は横浜市鶴見《つるみ》区の丘の上にあった。ここには一四年にオープンした遊園地・花月園があった。遊園地開業にあわせ京急・花月園前《かげつえんまえ》（現・花月総持寺《かげつそうじじ》）駅も設けられている。遊園地は戦時下で閉園され、戦時中は軍需工場従業員の福祉施設として利用されたが、第二次世界大戦終結後は放置されていた跡地に競輪場がつくられた。

施設会社として五〇年に設立された神奈川競輪株式会社が競輪場を所有し、施行者に賃貸するかたちとなった。競技場を主催・施行者が所有せず、施設を借りて競技を開催することを「借り上げ主催・施行」という。

神奈川競輪株式会社はその後花月園観光株式会社に商号変更し、ホテル事業や飲食店経営など多角的に事業を展開したが、バブル崩壊で経営が悪化する。

競技場の施設整備は施設会社が負担する。売上が半分になれば賃貸料も半分だ。収入が減っても施設のメンテナンスなどにかかる費用は変わらない。さらに、花月園競輪の場合、住宅地に立地しており、周辺住民の同意が得られないためナイター開催もできず、さらに場外発売の日数を増やすことができなかったことも収益確保を難しくした。

過去何度も特別競輪を開催し、首都圏を代表する競輪場のひとつだった花月園競輪場は二〇一〇年三月をもって廃止となってしまう。

翌一一年三月には特別競輪・高松宮記念杯を毎年開催してきた大津《おおつ》びわこ競輪場、一二年三月には香川県の観音寺《かんおんじ》競輪場、一四年三月には愛知県の一宮競輪場が廃止となる。

観音寺競輪場以外はいずれも大都市圏の競輪場だ。地方競馬の廃止とは異なり、競輪場の廃止の連鎖は地方都市ではなく大都市圏から始まった。

結果的に廃止は七場にとどまったが、千葉競輪場をはじめ、廃止が噂された競輪場はいくつもある。千葉競輪場は後述する２５０競輪の開催場として存続し、廃止が噂された他の競輪場も売上が上向きになったことで廃止にならず今日に至る。競輪廃止を決断した自治体は総じて大規模な都市が多い。財政規模や地域経済に与える競輪の影響が、小規模な地方都市に比べて小さいからだろう。

オートレースでは二〇一六年三月をもって発祥の地・船橋オートレース場がその歴史に終止符を打った。最後の開催となった三月二一日には一万人を超えるファンが詰めかけ廃止を惜しんだ。施行者の森田《もりた》健作《けんさく》千葉県知事の挨拶《あいさつ》にファンからは罵声《ばせい》が浴びせられる場面もあった。

船橋オートの施行者は千葉県と船橋《ふなばし》市だ。それぞれの収支をみると、千葉県は一九九八年度から、船橋市は二〇〇一年度から、それぞれ歳入を歳出が上回るようになっていた。だが、〇五年度頃を底に収支は改善しつつあり、千葉県は〇六年度には黒字になり、〇六年度以降は一般会計への繰入も復活していた。船橋市の単年度赤字は〇五年度に四億円の最大値を記録したが、その後は年々赤字幅が縮小しつつあった。船橋市のオートレース事業の収支も黒字転換が見えていた。

千葉県・船橋市は施設の老朽化も廃止の理由に挙げていたが、むしろ本当の理由は、土地所有会社・施設会社・自治体がオートレース場よりも収益性の高い土地利用を考えていたことにあったのではないかと推測できる。オートレース場が廃止される数年前から、近隣のマンションを販売する業者が「オートレースの廃止で静かになりますから」と営業活動をしていたという噂があった。あくまで噂に過ぎないが信憑性《しんぴょう》はある。

この時期、東京湾岸は再開発が進んでおり、爆音がひびくオートレース場は宅地開発の妨げになる迷惑施設になっていた。施設所有者は老朽化した施設に新たに投資するより手放した方が得策だったろう。また、施行者の船橋市にしても、収益を生まないオートレース場よりも、マンション開発の方が都市開発の視点からも望ましいと判断したのだと推測できる。

競技場そのものの閉鎖が相次いだ地方競馬や競輪・オートレースとは違い、ボートレース場の廃止は一か所もなかった。だからといって、競技場廃止の動きがなかったわけではないし、ボートレースから撤退した自治体はいくつもある。

ボートレース桐生では存廃問題が浮上した。二〇〇三年九月、ボートレース桐生を施行する大澤善隆《おおさわよしたか》桐生《きりゅう》市長が、〇三年度をもって事業撤退を表明する。桐生の施行者は桐生市と笠懸町《かさかけまち》・大間々町《おおままままち》・藪塚本町《やぶづかほんまち》で構成する阿左美水園《あざみすいえん》競艇組合だった。〇二年度は桐生市一二八日間、阿左美水園競艇組合五二日間施行していた。

ボートレース桐生の施設会社である関東開発は笹川一族のファミリー企業といっていい。桐生市のボートレースからの撤退は、この地域を地盤とする笹川堯《ささがわたかし》衆議院議員（良一の子息）と大澤の確執が根底にあったともされる。

ボートレース撤退に絡む施設利用料などを求め、関東開発は桐生市を訴え、裁判沙汰にまで発展する。また、この時期は平成の大合併の時期とも重なっている。ここではボートレース事業の継続に対する賛否が合併問題にも影響を与えている。結果的に、笠懸町・大間々町と東村《あずまむら》が合併しみどり市が誕生し、みどり市がボートレース桐生の施行者となり今日に至っている。

一九九一年度のボートレースの施行団体は四五団体だった。売上の長期低迷が続き、二〇年後の二〇一一年度には三七団体に減っている。阿左美水園競艇組合もそうだが、東松浦《ひがしまつら》競艇組合のように市町村合併で解散した施行者もあるため一概にはいえないが、多くの施行者は収益が得られないことが撤退の理由だった。

2. 拡張する公営競技

官から民へ、各競技の組織改革

大藪俊志《おおやぶとしゆき》によると、今日にいたる地方行政改革は、一九八一年発足の第二次臨時行政調査会（第二臨調、通称・土光《どこう》臨調）の答申を受け、当時の自治省（現・総務省）が「地方公共団体における行政改革推進の方針」を八五年一月に各自治体に通知したのが始まりだという。

この通知にはこれまで専ら行政がおこなっていた事業の民間委託なども盛り込まれている。

八六年には民活法（民間事業者の能力の活用による特定施設の整備の促進に関する臨時措置法）も施行されている。

だが、公営競技の「民活」はなかなか進まなかった。日本中央競馬会は別として、地方自治体にとって、公営競技の収益があるうちはいわゆる「お役所仕事」でもさして問題はないし、利益を民間に分け与える必要もない。また、一部事務組合で主催・施行する場合は、すべてを組合まかせにしておけば市役所職員が直接開催業務に関わる必要もなく、さらに組合は手頃な天下り先ともなる。

土光臨調の段階では公営競技の収益が確保できていたこともあり、公営競技の民間委託は話題にならなかった。しかし、収益が上がらなくなると「お役所仕事」の限界が露呈する。効率よりも前例が重視され、販売促進よりも経費節減が至上命題とされるお役所仕事では立ちゆかなくなっていく。

二〇〇〇年一二月、第二次森《もり》内閣は「行政改革大綱」を閣議決定する。行政改革大綱では特殊法人などの改革が真っ先に取り上げられた。〇一年一二月に策定した「特殊法人等整理合理化計画」で改革対象とされた七七の特殊法人には、日本中央競馬会、日自振、地方競馬全国協会、日動振、財団法人日本船舶振興会（現・日本財団）の五つの公営競技関連団体が含まれていた。

特殊法人改革では事業内容の見直しと共に民営化の方向性が打ち出され、公務員の「天下り」に対する世間の批判を考慮すべきことも指摘されている。

集中改革期間は〇六年三月末までとされ、各団体は改革を迫られた。一九六〇年代はじめからほぼ半世紀にわたり基本的に変わらなかった公営競技の組織が大きく変わる。とはいえ、縦割り行政ゆえか、選択された組織形態は各競技で異なった。

競馬では、日本中央競馬会（ＪＲＡ）と地方競馬全国協会（ＮＡＲ）がともに特殊法人として存続することとなった。特殊法人のままではあったが、経営組織などは変化を余儀なくされた（図表6―6、図表6―7）。

まず、ＪＲＡでは、〇七年に新たに経営委員会が設置され、委員長にはトヨタ自動車元社長で当時福田内閣の内閣特別顧問だった奥田碩《おくだひろし》が委員長に就任。競走馬の生産・流通研究の第一人者で農業経済学者の岩崎徹《いわさきとおる》札幌大学教授も委員の一人になっている。競走馬生産を重視するＪＲＡの姿勢のあらわれといえよう。

また、「天下り」批判への対応として、ＪＲＡ職員出身の土川健之《つちかわけんじ》が新たに第一四代理事長に就任した。土川はＪＲＡ初の生え抜きの理事長だ。初代安田伊左衛門、二代目有馬頼寧、三代目酒井《さかい》忠正《ただまさ》、第四代石坂弘《いしざかひろし》の後、ＪＲＡの理事長は第五代の清井正《きよいただし》（一九六六年九月理事長就任）から第一三代高橋政行《たかはしまさゆき》まで農林事務次官経験者の「指定席」となっていた。

NARも競馬法に基づく特殊法人として存続し「地方共同法人」と位置づけられた。二〇〇八年一月には新たに高橋《たかはし》はるみ北海道知事、達増《たっそ》拓也《たくや》岩手県知事らをメンバーとする運営委員会が設けられた。

またこれまで組織のトップは「会長」だったのが「理事長」となった。これまでの会長職には元水産庁長官や食糧庁長官といった農水省出身者が多かったが、新たに選出された理事長には特別区競馬組合の仲田《なかだ》和雄《かずお》が選任された。

地方競馬においては、競走馬や騎手・調教師の登録業務や騎手の育成、馬主の審査・登録といった業務はこれまでもNARが各主催者の代わりにおこなっており、元々地方競馬主催者の共同利用組織的な役割を担っていたため、地方共同法人という位置づけは実質的には大きな変更ではない。

競輪とオートレースはいずれも経産省が所管官庁ということもあり、この時期になると法律改正などの国会審議では「自転車競技法及び小型自動車競走法の一部を改正する法律」といったように一括して取り上げられることが多い。

二〇〇五年一二月に閣議決定された「行政改革の重要方針」で、日自振と日動振の事業は、指定を受けた一つの公益法人が承継することとされた。

組織変更に関わる細かい経緯は省き結果だけを述べる。

図表6-6 中央競馬運営機構図

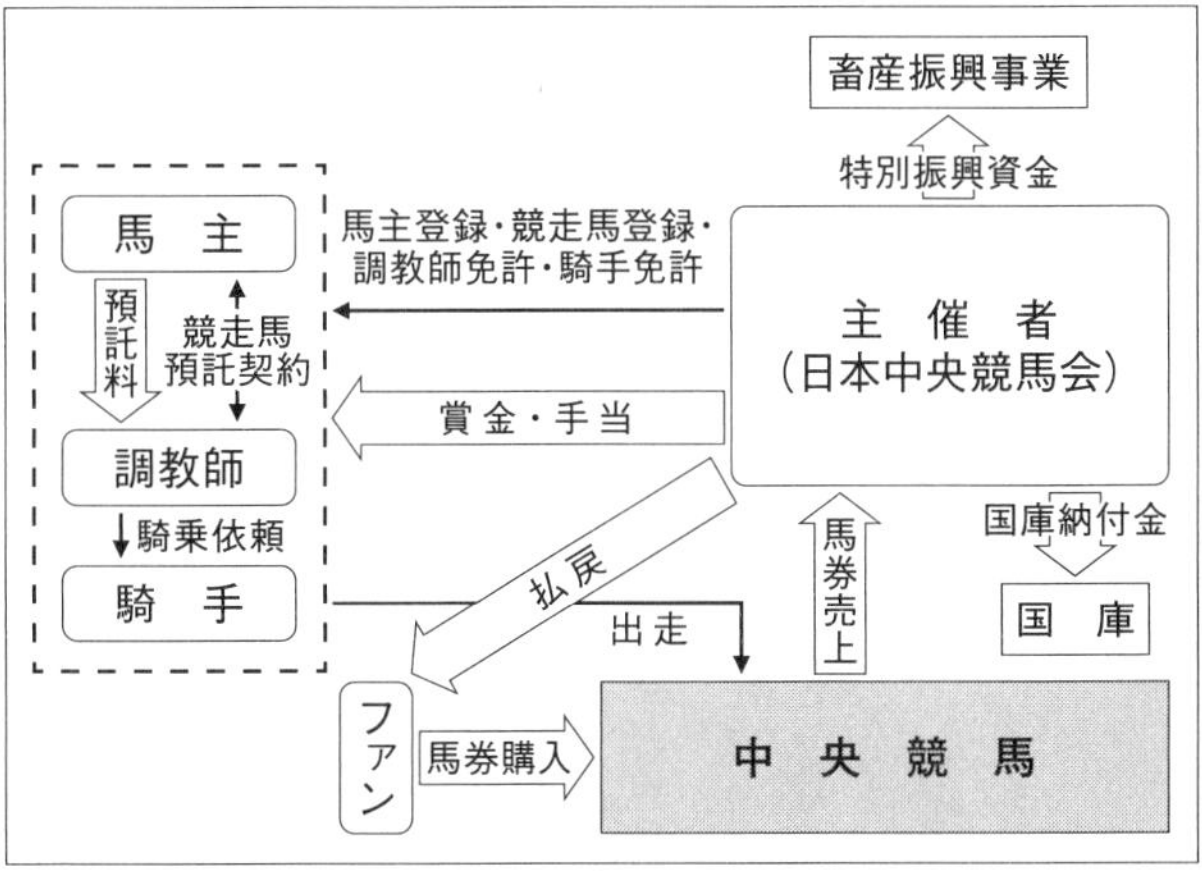

出典：JRAのホームページほかを参照し作成

図表6-7 地方競馬運営機構図

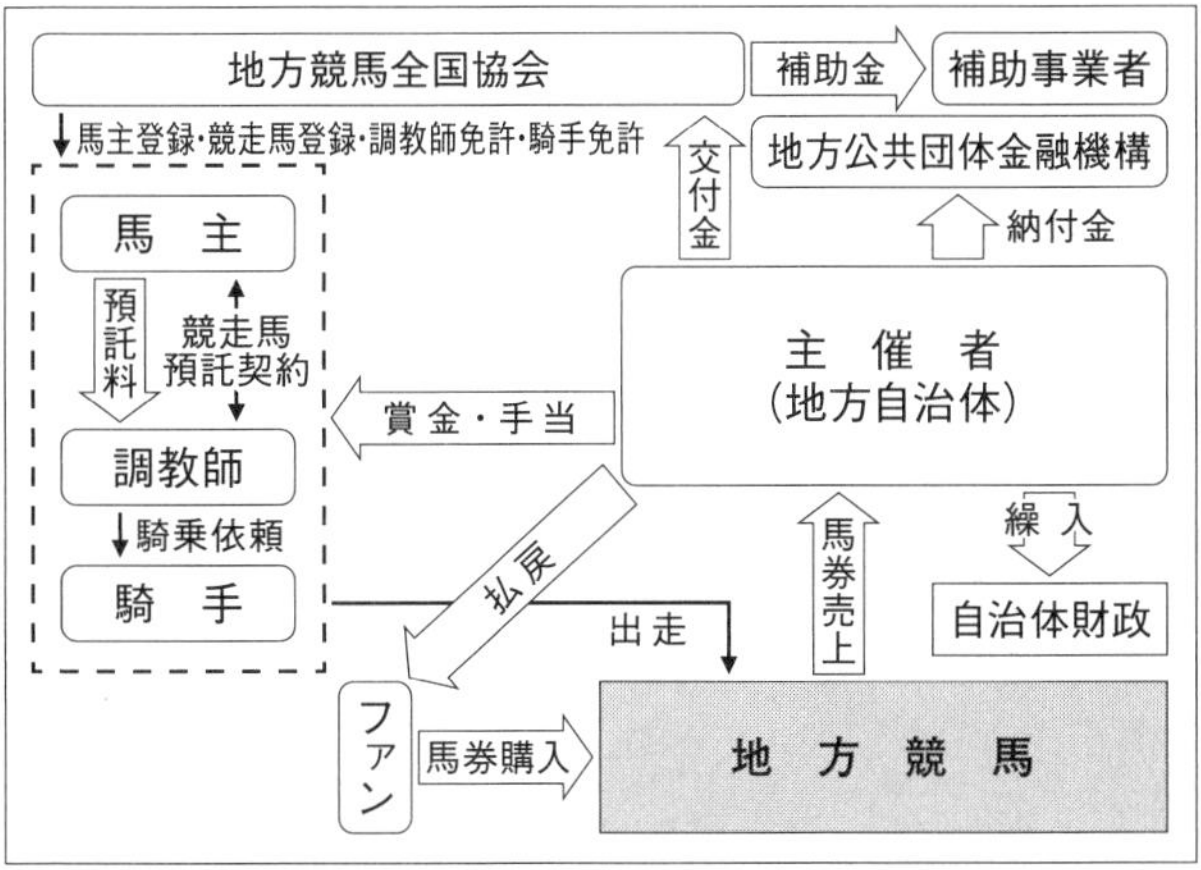

出典：NRAのホームページほかを参照し作成

〇八年に現在の名称となったＪＫＡは「競輪振興法人」と「小型自動車競走振興法人」になった（図表６―８、図表６―９）。ちなみにＪＫＡは英語の略称ではなく正式名称だ。現在の英語表記はJapan Keirin Autorace foundationだ。

さらに一四年度からは競輪の「競技実施法人」にもなっている。競技実施法人とは施行者からの委託を受け、審判や番組編成、検車などの競走実務を担う組織だ。

民主党政権下の事業仕分けにより、全国七つに分かれていた自転車競技会はＪＫＡと統合し、ＪＫＡは競技実施法人の業務も担うようになっている。

競輪事業を統括する競輪振興法人は全国に一つとされたが、競技実施法人の方は一つとはされていない。二一年一〇月から千葉競輪場で開催されている２５０競輪の競技実施法人は、ＪＫＡとは別に新たに設立された一般財団法人日本サイクルスポーツ振興会（ＪＣＳＰＡ）だ。

ＪＫＡは競輪の振興法人でなおかつ競技実施法人である。だが、オートレースについては、ＪＫＡは競技実施法人とはなっておらず、競走会（一般財団法人東日本小型自動車競走会と一般財団法人西日本小型自動車競走会）が競技実施法人となっている。

民主党政権下の事業仕分けの際、オートレースの競走会には国からの「天下り」がいないことが理由で整理の対象から外れた。その結果、競走会がＪＫＡと統合されなかったという。

こうしてみると、競輪の実施体制は、七〇年以上の長い時を経て、戦後復興期の国庫納付

図表6-8 競輪運営機構図

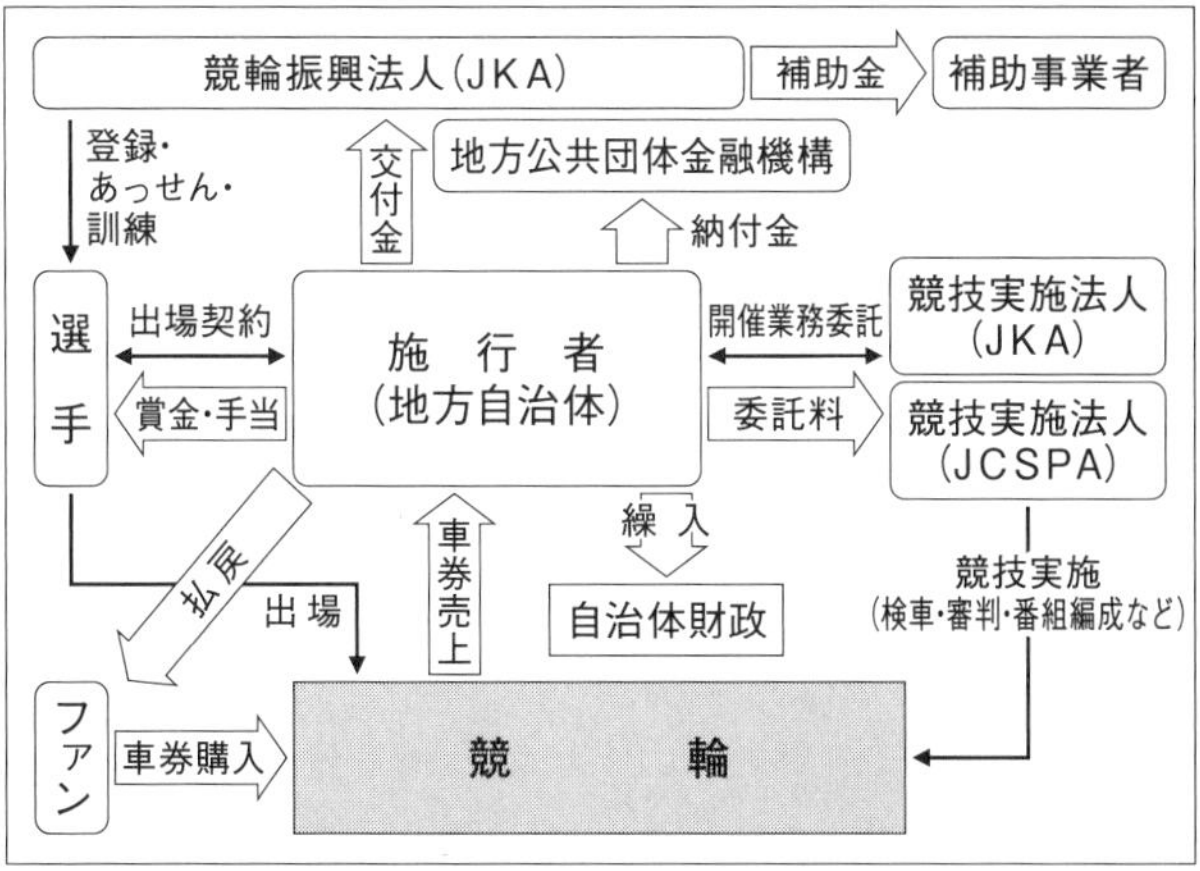

出典：JKAのホームページほかを参照し作成

図表6-9 オートレース運営機構図

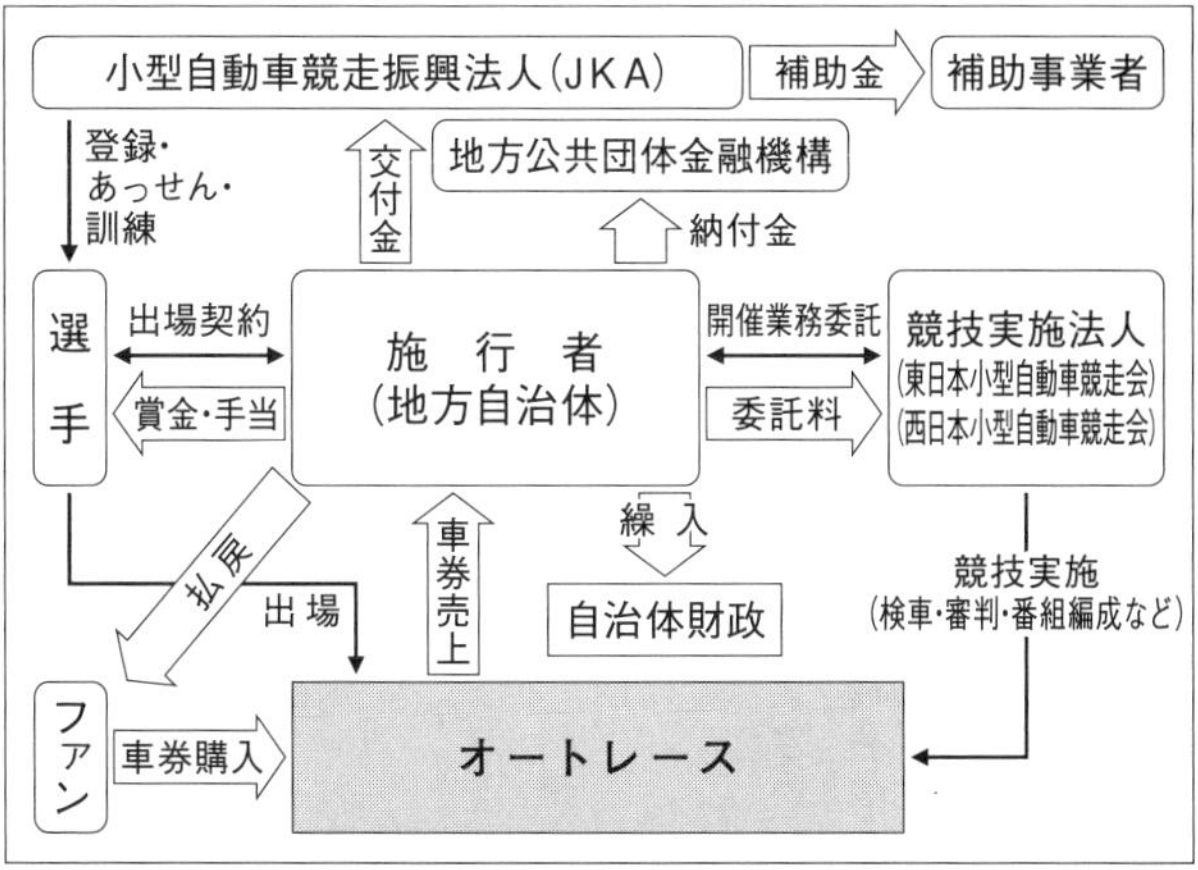

出典：JKAのホームページほかを参照し作成

金制度の廃止当時の単一の組織が競走を統括し、交付金を配分する体制に回帰したようにもみえる。一三年の社団法人・財団法人制度の改正でJKAは公益財団法人となり今日に至っている。

ボートレースは、競走業務は競走会とその上部団体の全国モーターボート競走会連合会（全モ連）が担い、施行者からの交付金は財団法人日本船舶振興会に入れられるというかたちとなっていた。

特殊法人改革で対象となった公営競技五団体のなかで、日本船舶振興会は唯一の財団法人だ。民間組織の財団法人でありながら、同時に独占的にボートレースの収益を船舶振興や体育振興事業などに配分することを認められた特殊法人的存在としても位置づけられた不思議な存在だった。

ボートレースだけが特殊法人ではないのは、笹川良一の政治力に負うところが大きい。全モ連と日本船舶振興会の両方を握った笹川がボートレースから得られる莫大《ばくだい》な交付金を私物化しているという批判は根強くあった。

「零細なギャンブラーたちの、汗のしみこんだ一〇〇〇円札を日本船舶振興会にすいあげ、それを基に無数の組織をつくりあげた」（鎌田慧「笹川良一の真相」『鎌田慧の記録4　権力の素顔』所収）という表現は事実として正しいだろう。鎌田《かまた》は笹川を厳しく批判しているが、鎌田の笹川批判は、笹川とその信奉者を除けば、世間一般的なものだ。

だが、笹川が類《たぐ》い希《まれ》な商才と統率力・政治力を発揮して強固な公営競技組織を作り上げ、後継者である子息の陽平がそれを守り抜き発展させたことは紛れもない事実である。

ビジネスとしてみた場合、国や地方自治体の「官」が強く関与した競輪と国や自治体の関与を極力排除した「民」（「民主的」ではないが）のボートレースを比較すると、その成果は明らかだ。

公益財団法人ＪＫＡと一般財団法人日本モーターボート競走会（〇八年に全国の競走会と全モ連が解散・統合して誕生）および公益財団法人日本財団を比べると、二二年三月末の固定資産・流動資産あわせた資産合計はＪＫＡが五四七億円。日本モーターボート競走会が七九九億円、日本財団が三三〇七億円だった。「五〇の競走場が四三に減った競輪」と「二四場すべてが存続したボートレース」という比較もできよう。

特殊法人ではなく民間主導（「民間」というより笹川主導だが）の財団法人であったことで資産を蓄積し、冬の時代を乗り切る体力を十分養えたといえるだろう。

〇七年三月のモーターボート競走法改正では、交付金を受け取る団体を日本船舶振興会としていたのを「船舶等振興機関」とし、その船舶等振興機関として日本船舶振興会を指定するという形となった（図表6―10）。ただ「全国に一を限って船舶等振興機関を指定」としたから日本船舶振興会の存在は事実上何も変わっていない。

一九九五年七月に日本船舶振興会初代会長笹川良一が死去、一二月に作家・曽野綾子《そのあやこ》が二代目の会長に就任し、翌九六年からは「日本財団」を団体の通称名とした。二〇〇五年に曽野綾子が退任、良一の子息・陽平が三代目の会長に就任し、一一年に公益財団に移行する際に日本財団が正式名称となっている。

民間企業の参入

地方行政改革の「官から民へ」の方針のひとつが「包括民間委託」だ。

競輪・オートレース・ボートレースでは競走実施は施行者が競走会（競輪は競技会）に委託する。それ以外の様々な業務が施行者の仕事だった。

競馬では、審判、番組編成、馬場管理、出馬投票（出走意思の確認作業）といった競走実務、調教師や騎手それぞれに馬主などへの対応など、競馬に関わる様々な業務がすべて主催者の仕事となる。包括委託とは民間業者がこうした様々な業務を一括して請け負うことだ。主催者・施行者が雇用していた従事員は、包括民間委託後、事業を受託した民間企業の雇用となる。

自治体の直接雇用では、売上が下がっても大幅な賃金カットや人員削減はおこないづらいが、民営化すれば賃金切り下げも人員削減も比較的容易だ。

図表6-10 ボートレース運営機構図

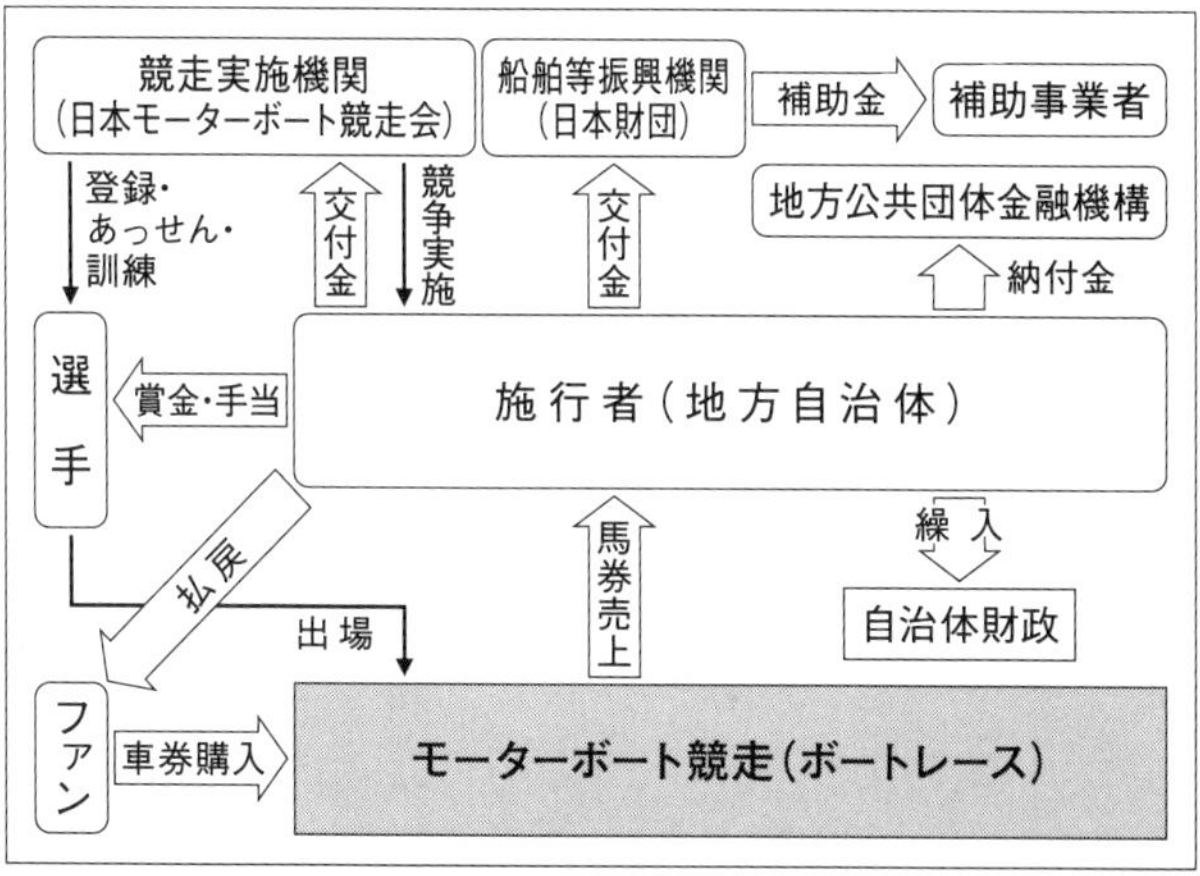

出典：日本財団のホームページほかを参照し作成

公営競技場や場外発売所で働く人たちで組織する自治労公営競技評議会（〇二年九月の自治労との組織統合以前は全国競走労働組合「全競労」）は、「包括委託は競技場廃止への中二階」と表現している。確かにそういう面があることも疑えない事実だが、包括民間委託によって廃止を免れ、その後売上が回復基調に転じたことで生き延びた競技場は少なくない。

浜松オートは包括民間委託で生き残った例だ。施行者の浜松市は〇一年に経営健全化計画を策定し、従業員二〇〇人削減、土地借上料三五パーセント削減、選手賞金二〇パーセント削減といった経費削減をおこなったものの、収支の抜本的な改善には至らなかった。

この頃浜松市はオートレース事業に関する市民アンケートをおこなっている。そのアンケートの設問は廃止が当然という結論を誘導しているようにみえるものだった。

二〇〇五年一〇月、日動振が包括民間委託を浜松市に提案する。その提案を受け、市のオートレース事業検討委員会は廃止が適当としつつも、その時期は一定期間を経た後とし、包括民間委託は有効な手段と答申する。北脇保之《きたわきやすゆき》浜松市長は即時廃止を選択しなかった。

浜松と船橋はほぼ同時期に存廃問題が起きたのだが、その結果は明暗が分かれる。いずれも日本トーターが包括委託を受託したが、浜松オートは生き残りに成功し、船橋は廃止に至る。その後、売上は下げ止まりから上昇に転じ、二〇〇〇年度を最後に途絶えていた一般会計への繰出も一一年度から復活する。

ばんえい競馬の存続は前述したが、ソフトバンクの系列会社ソフトバンクプレイヤーズが競馬事業を包括受託し存続が果たされた。その後ソフトバンク系列企業が包括受託から手をひき、競馬事業は帯広市が直接おこなうようになっている。

場外発売所の展開

前章で記した通りＪＲＡの場外発売所の展開は第一次オイルショック以降だが、他の公営競技は一九九〇年代になってようやく場外発売所を積極的に展開する。

それまで場外発売所は個々の施行者によるものだったのが、九七年の自転車競技法施行規則改正で、競輪では複数の施行者が同等に直接場外発売所を利用できるようになり、場外発売所を所有する企業は特定の施行者の意向に縛られることなく、車券を売ることが可能となったのだ。こうした場外発売所を独立型場外発売所という。これもまた「官から民へ」といえるかもしれない。

九七年度から二〇一三年度までの間に、全国に五二か所もの競輪の場外車券発売所が開設された（二一年度は七三か所）。競輪の場外車券発売所の多くは「サテライト」という愛称がつけられている。ボートレースも積極的にボートピア（現在はボートレースチケットショップ：BTS）という愛称の場外発売所を展開する。

二〇〇〇年度には一五か所だった場外舟券発売所は、一〇年度には三五か所になり、二一年度には実に八一か所にもなっている。さらにボートレース場を場外舟券発売所として活用するため、外向き発売所（場内に入場しなくても舟券が買える）の整備にも力が入れられた。

平和島の「平和島劇場」もそのひとつだ。競走場とは切り離された空間で、全国で開催される舟券を買うことができる。平和島ではナイター開催はおこなわれていないが、平和島劇場ではナイター開催の他場の舟券も買える。多いときだと朝から夜まで一二場もの舟券を買うことができる。もっとも全場全レース（計一四四レース）を購入する人は殆《ほとん》どいないだろう。

競輪やボートレースに比べると、地方競馬の場外発売所は展開が遅れた。

場外発売所の設置を容認する吉国意見書以降も、一九八三年一一月の競馬法施行令改正まで、地方競馬での場外発売所は競馬場から二キロメートル以内には設置できず、都道府県域を越えて設置してはならないという制約が課せられていた。

改正後も場外発売所の展開はあまり進まなかった。

前述したとおり、日本の競馬は「データ競馬」だ。予想紙には細かいデータがびっしり並んでいる。その細かいデータを分析して馬券を買うのだから、馬や騎手に馴染《なじ》みがなく、データもない遠隔地の地方競馬は馬券の買いようがない。

地方競馬のなかでも、売上規模も大きく頭数も揃う大井競馬場を中心とする南関東四場は、全国発売されるスポーツ新聞などの媒体に予想紙面を掲載させる資力もあるため、全国的にデータを提供できる。また、二〇〇〇年代にはいり、特別区競馬組合が益田《ますだ》や上山といった廃止された競馬場などを利用して全国に場外発売所を展開する。船橋競馬を主催する千葉県競馬組合や川崎競馬の主催者神奈川県川崎競馬組合も場外発売所を展開するようになる。その結果、大井競馬を中心とした南関東四場はある程度全国的な市場を獲得しえたが、それ以外の地方競馬はなかなか全国展開とはいかないままだった。

場外発売所には都市型と郊外型の二つのタイプがあるが、郊外型施設のなかには安直な目《もく》論見《ろみ》で施設を建設したものの、数年後にあえなく閉鎖というところも散見される。

石炭・製紙・北洋漁業で栄えた北海道東部の中心都市釧路市とその周辺には、中央競馬のウインズ釧路《くしろ》、ばんえい競馬のハロンズ釧路、競輪のサテライト釧路《くしろ》、ボートレースのボートピア釧路《くしろ》と、オートレース以外すべての競技の場外発売所が開設されていた。

海岸線を走る国道三八号線沿いに建設されたボートピア釧路も、工業用地として造成された地区の一角に建設されたサテライト釧路も今では廃墟《はいきょ》と化している。

競輪の郊外型場外発売所の一つサテライト石狩《いしかり》の開設に関する書類をみたことがある。そこでは発売見込額が年間四八億円となっていた。これは素人目に見ても甘い数字としかいいようがない。実際開業後は閑古鳥が鳴いていた。だが、その後サテライト石狩は道営競馬の場外発売所を併設することで苦境を脱し、地方競馬主催者にＪＲＡが発売を委託できるようになった（ＪＲＡの馬券を売る地方競馬主催者の発売所はＪ―ＰＬＡＣＥという）ことで経営も安定し、現在ではオートレースの車券も発売している。

サテライト石狩の場合は他競技を発売することで複合的な場外発売所に転換できたが、競輪だけだったらおそらく姿を消していただろう。

オートレースは一九八六年の省令改正で専用場外発売所の設置が可能となったが、どの施行者も長らく専用場外発売所を設置しようとはしなかった。

九九年になって、伊勢崎市が新潟県堀之内町《ほりのうちまち》（現・魚沼市《うおぬまし》）にオートレースで最初の専用場外車券発売所アレッグ越後《えちご》を開設したが、わずか三年ほどで二〇〇二年度末に閉鎖を余儀なくされている。立地に問題があったのかもしれないが、オートレースそのものの認知度が他の競技に比べて格段に低かったことが最大の原因だろう。

先に述べたサテライト石狩もそうだが、馬券や車券を売れば必ず儲《もう》かるというものではない。発売・払戻機器類などに多額の固定投資が必要だし、義務づけられる警備などのランニングコストも馬鹿にならない。アレッグ越後の失敗以降、しばらくの間はオートレースの場外発売所の展開はなかったが、一二年一二月、山梨県甲斐市《かいし》の競輪の場外発売所サテライト双葉《ふたば》（〇三年開設）内にオートレース双葉《ふたば》が開設された。

このオートレース双葉を皮切りに、全国各地の競輪場外発売所内にオートレースの発売所が併設されるようになる。競輪を買いに来たファンのなかにはオートレースを買ってみる人がいるかもしれない。初心者向けのイベントを開催することで新たなファンを獲得できる機会にもなる。二一年度末現在、オートレースの場外発売所は全国三五か所に拡がり、そのすべてが競輪の場外発売所に併設されている。

ネット投票の開始と衛星放送

場外発売所の展開は公営競技の市場空間を全国に拡げたが、それでもファンは場外発売所に足を運ばねばならない。開催場や場外発売所に行かなくても投票できる電話投票は、公営競技の市場空間を画期的に拡げた。現在の公営競技の隆盛はインターネットによるところが大きいが電話投票がその出発点だ。

電話投票には「ＣＲＴ方式」と「ＡＲＳ方式」の二種類がある。

ＣＲＴ方式は電話投票会員がオペレーターに音声で買い目や金額を伝え、オペレーターが購入申込を確認しながら端末を操作し投票をおこなう。ＡＲＳ方式は会員がプッシュホンを操作し、自分で買い目や金額を入力する。ちなみに、ＣＲＴはConversational Response Terminal、ＡＲＳはAudio Response System の略語だ。

ＡＲＳ方式は電話を単なる音声の伝達装置から多様な情報通信に発展させたプッシュホンを前提としている。プッシュホンはトーン信号を利用する通信方式で、これを契機に電話回線を使った音声通話以外の利用方法が開発されていく。一九七五年に当時の国鉄が始めた「プッシュホン電話予約・空席照会サービス」はその早い例だ。電話機をピッポッパと操作することで、特急列車の予約ができるもので、ＡＲＳ方式で馬券を購入するのも似たようなものだ。

他の公営競技の電話投票は中央競馬に大きく後れをとる。地方競馬は八三年、競輪とボートレースが八五年に、それぞれ電話投票をスタートさせている。オートレースはさらに遅れ、九一年になってようやく電話投票が始まった。ボートレースは当初場外発売が制限されていたため、電話投票と場外発売が同時期に検討課題となったが、場外発売所開設のための制度改正や施設整備に時間がかかったことから、電話投票のほうが先に実現している。

八〇年代半ば頃からパーソナルコンピュータ（ＰＣ）が急速に普及しはじめる。企業で使われ始めたＰＣは八〇年代末に個人で利用する、文字どおりの「パーソナル」な利用が増え始める。ＰＣが普及すると、パソコン通信が盛んになっていき、電話回線は単なる「電話」の回線ではなく「情報通信」の回線として利用されるようになる。八〇年代後半から九〇年代初頭はパソコン通信の全盛期だった。

パソコン通信は特定のホスト（サーバ）とその参加者をつなぐクローズドネットワークシステムだ。端末の処理能力や通信回線の伝送速度は今とは比較にならないくらい低いレベルだったから文字データの送受信がほとんどだった。

九一年四月、ＪＲＡはＰＡＴ方式のモニター運用を開始する。ＰＡＴとはPrivate Access Terminalの頭文字をとったものだ。ＪＲＡのホストコンピュータと電話回線を介して接続できる端末機器にはＰＣの他にファミコンやＰＡＴ専用のホームマスターがあった。

九月にはＰＡＴ会員の一般公募がおこなわれ、八五〇〇名の募集に対して実に一六万人を超える応募があった。

ＰＣ通信が隆盛を迎えつつあった時代のデータ伝送速度は、ギガ単位の今からみると嘘のように小さいキロ単位の二四〇〇ｂｐｓや四八〇〇ｂｐｓだったし、端末のＰＣも処理能力が低く、メモリの容量も小さくＣＰＵの処理能力も低かったので、今のようにネットでレースを楽しむことはできなかった。

自宅で投票できてもレースを観ることができなければ興味は半減する。競技を楽しむためには、「レース情報」「投票手段」「レース観戦」の三つが必要だ。中央競馬は早くからテレビ放送がおこなわれている。と言っても、放送時間帯もメインレースを中心とする午後三時から四時までの一時間程度に限られ、第一レースから最終レースまでテレビ観戦できるわけではない。

中央競馬の全レースを自宅で観戦できるようにしたのがグリーンチャンネルだ。九〇年代はじめになると、それまで地上から送信するアナログ放送しかなかったテレビ放送に衛星放送やケーブルテレビが加わる。九三年、ＪＲＡは財団法人を設立し、九五年一月一日から放送を開始した。グリーンチャンネルは土曜・日曜の中央競馬の全レースを中継するだけでなく、様々な競馬番組を提供する。平日の朝は競馬以外の農林水産情報番組も放送している。

他の競技ではボートレース界が早くからレース中継にとりくんでいる。九二年に株式会社日本レジャーチャンネルを設立し、翌九三年から有料配信を開始し、さらに九六年にはCS放送の「パーフェクTV！」誕生にともないCS放送での中継も開始する。

競輪では九七年四月に株式会社車両スポーツ映像が設立され、SPEEDチャンネルの放送がはじまり、衛星放送やケーブルテレビでレースやオッズ、さらには様々な競輪番組を視聴できるようになった。

IT企業の参入とサービス充実の新時代へ

一九九五一月、阪神淡路大震災が発生し、中央競馬の阪神競馬場が損壊するなど、関西地区の公営競技場がいずれも大きな影響を受けた。この年の一一月にウインドウズ95日本語版が発売され、本格的なインターネット社会が日本に到来する。

ISDN回線の普及やPCの性能向上、加えて携帯電話も普及し、自宅以外からの投票も可能となった。

九八年四月、函館競輪のホームページが開設される。七月には初のナイター開催が函館競輪場で実施され、ホームページでオッズの表示やレースの動画配信が開始される。九五年にリリースされたリアルプレイヤーなどを利用し、リアルタイムでレース観戦が可能となり、さらにレース後にはレースダイジェストも視聴できるようになった。

インターネットは、通信料はかかるとしても、視聴そのものは無料だ。事前に投票しておき、後からまとめてレースを観戦することも可能となり、発走時刻に制約されることがなくなった。通信環境の整備とともに携帯電話での視聴も可能となり、自宅以外でもレース投票も視聴も可能となる。出先でのレース観戦も投票も可能となったのだ。公営競技の市場がさらに広がった。

各競技の投票も専用ソフトを使ってホストコンピュータと接続するＰＡＴ方式から、専用のソフトを介さずに各競技の投票サイトにアクセスする現在のかたちに進化する。

二〇〇七年に、iPhoneが発表される。もはや携帯電話端末は小型のＰＣと言っていいものになり、インターネットの利用はより手軽になる。

〇四年の競馬法改正では馬券発売を私人に委託することが認められた。競馬法に続き、自転車競技法をはじめとする他の公営競技の根拠法も同様の改正がなされている。この改正で時代を代表するＩＴ大手二社が公営競技に参入する。ひとつはソフトバンク、もうひとつが楽天だ。

ＮＡＲの子会社日本レーシングサービス株式会社（ＮＲＳ）が全国共同在宅投票センタ（ＡＲＳ方式電話投票）の運用を一九九八年から開始し、さらにＰＡＴ方式による投票システム「Ｄ‐ｎｅｔ」をスタートさせていた。ソフトバンクの子会社がＮＲＳからＤ‐ｎｅｔの譲渡を受け、二〇〇六年四月、地方競馬総合サービスサイト「オッズパーク競馬」（会社名は「オッズ・パーク」でサービス名は「オッズパーク」）がオープンする。

オッズパークは、オッズ、投票、レース動画に加え、様々なレース情報を会員に提供するサービスを開始した。いわゆる民間ポータルサイトの誕生だ。楽天グループは〇六年八月に競馬モール株式会社を運営会社とする「楽天競馬」を発足させ、〇七年から馬券の発売を開始する。

一九九〇年代後半から二〇〇〇年代初頭にかけ、日本型金融ビッグバンとよばれた大規模な金融システムの再編が進行する。規制緩和・自由化の一連の流れのなかで、インターネットバンキングが広がる。オッズパークや楽天競馬は当初からインターネットバンキングを活用することで利便性を高めたことも見逃せない。楽天は〇八年にインターネット銀行大手のイーバンクと資本・業務提携し、一〇年にイーバンクは楽天銀行となる。二二年末現在、中央競馬を含む全競技のインターネット投票の決済に対応しているのは楽天銀行だけだ。

IT技術の発展が新たなビジネスを生み出し、その新たなビジネスを担う企業が社会・経済を変化させてきた。公営競技もその流れのなかで新たな段階に入っていった。

オッズパークと楽天競馬はともに〇四年競馬法改正で解禁された重勝式馬券も発売している。重勝式は複数のレースの一着を全て当てる賭け式で、的中者がいない場合のキャリーオーバーが採用されている。そのため理論上は的中配当が一〇億円を超えることも起こりうる。的中者に支払う金額が巨額になることも起こりうるため、現金での発売・払い戻しをおこなう本場や場外発売所では実施しにくい賭け式だった。

オッズパークは一〇年になると競輪の重勝式車券の発売を、一一年にはオートレースの重勝式車券の発売を開始し、競馬以外の競技に進出する。そして一一年八月には「オッズパーク競輪」を開設し重勝式以外の車券も発売するようになる。一方、楽天は〇九年六月に株式会社ケイドリームスを設立し、競輪の重勝式車券の発売を開始し、その後すべての賭け式の車券に対応するようになっている。

公営競技に参入したIT企業はソフトバンクグループと楽天グループだけではない。〇八年には株式会社チャリ・ロトが、ソフトバンクグループや楽天グループに先駆け、インターネットで競輪の重勝式車券「チャリロト」の発売を開始している。同社は一九年に株式会社ミクシィ（現・MIXI）に五〇億円で買収されミクシィの傘下にはいる。

ミクシィグループになったチャリ・ロトは競輪場の包括委託事業や施設所有・管理事業にも進出する。企業コンセプトには、単なる車券発売にとどまらず、競輪場の包括委託事業を通じての地域貢献を掲げている。

チャリ・ロトは玉野《たまの》競輪場の包括委託を受託し、二二年には玉野競輪場を改築し、スタジアムに選手宿舎を兼ねたホテル「KEIRIN　HOTEL　10」をオープンさせた。競輪は九人で走る。宿泊者は一〇人目のメンバーというのが「10」の由来のようだ。玉野競輪場は瀬戸内海《せとないかい》に面した風光明媚《めいび》な場所だ。

一〇年には日本トーターがGamboo（ギャンブー）という情報サイトをオープンさせ、一二年からは車券の発売を開始する。また、サイバーエージェントも一八年に株式会社WinTicketを設立し「ウィンチケット」の名称で競輪・オートレースの車券の発売を開始している。

ソフトバンク、楽天、ミクシィ、そしてサイバーエージェント。いずれもIT時代を代表する企業だ。こうした企業が今や公営競技の担い手になっている。

主催・施行者系団体によるサイトを業界では「オフィシャル」とよび、オッズパークなどの民間企業のサイトを「民間ポータル」とよんでいる。

これらインターネット投票（電話投票を含む）の会員がどのくらいなのか。正確な数値を公表していないところも多く、かなり大雑把な数値とはなるが、IPAT（中央競馬）が五六〇万人（二一年末）、CTC（競輪オフィシャル）が四四万人、テレボート（ボートレース）が約一〇〇万人、オッズパークが一五〇万人、楽天グループも楽天競馬とKドリームスを含めると、一〇〇〇万人くらいだと思われる。もちろん重複して入会している会員も相当数あるだろうが、少なくとも六〇〇万人程度が公営競技のインターネット投票に参加していることになろう。

地方競馬、競輪、オートレースが外部の民間企業にインターネット発売を委託しているのに対して、中央競馬とボートレースには今のところ民間ポータルはない。オフィシャルと民間ポータルが併存している競輪とオートレースでは、売上増大は主として民間ポータルによるところが大きく、オフィシャルは伸び悩んでいるのが実情だ。

投票券の発売に対して施行者が民間ポータルに支払う手数料率は公表されておらず、また料率は施行者と民間ポータルとの個別協議で決められているので、具体的な数値は不明だが、オフィシャルに比べるとやや高いようだ。

しかしながら、発売数量が生産数量に限定される物品の販売と異なり、投票券の発売数量は無限であるから、施行者側からみれば多く売ってくれればそれでいい。

購入するファンの側からみると、情報提供も含めて各種サービスが充実している民間ポータルの方が魅力的だ。オフィシャルが劣勢に立たされているのも当然だろう。

民間ポータルは様々な媒体を通じて広告・宣伝をおこない、顧客（会員）拡大のための努力を惜しまない。地方競馬、競輪、オートレースにおける役割は大きい。

購入年齢、賭け式、開催時間の拡大

二〇〇四年の競馬法改正までは、「学生生徒又は未成年者は、勝馬投票券を購入し、又は譲り受けてはならない」という条文があり、たとえ成年であっても学生が馬券を購入することは禁じられていた。他の公営競技根拠法にも同じ趣旨のことが盛り込まれていた。

このときの競馬法をはじめとする公営競技根拠法の改正に共産党だけが反対した。反対したのは、私人が公金（投票券の売上は公金となる）を扱うことと、「学生生徒」を削除することだった。共産党は「学生、生徒、成人した学生の購入禁止を解除することは、未成年、成人がともに学ぶ教育現場への影響を無視することができない」として反対した。

筆者は「未成年、成人がともに学ぶ教育現場」で三〇年以上働いてきたが、〇四年競馬法改正による教育現場への影響を感じることは全くない。

ボートレースでは三年後の〇七年三月の、競輪やオートレースは同じく〇七年六月の法改正で、学生生徒でも未成年でなければ舟券も車券も買って良いことになった。民法改正で二二年四月からは未成年が二〇歳未満から一八歳未満に引き下げられたが、馬券・車券・舟券は二〇歳になってからのままだ。選挙権も与えられ、クレジットカードも親の同意なしにつくることができるようになり、パチンコは以前から一八歳以上はＯＫだったのに、なぜか馬券や車券は酒や煙草と同じ扱いだ。

賭け式も拡充した。一九九一年には、中央競馬で馬番連勝複式（通称・馬連または馬複）が発売される。さらに九九年に拡大馬番二連勝複式（通称・ワイド）が加わり、三年後の二〇〇二年に馬番連勝単式（通称・馬単）と馬番三連勝複式（通称・三連複）、〇四年には馬番三連勝単式（通称・三連単）が加わる。これで賭け式は七種類となる。

一二年には重勝式馬券のＷＩＮ５が加わり賭け式は八種類となる。旧来の七賭け式は本場や場外発売所でも購入できるが、ＷＩＮ５はインターネット発売のみだ。中央競馬の賭け式は八種類だが、地方競馬のなかにはこれ以外に、枠番連勝単式（通称・枠単）を導入しているところもある。

他の競技も投票券の賭け式を増やしていった。その結果、二二年四月一日段階の各競技の賭け式は図表６―11のようになっている。

ちなみに、中央競馬の高額配当記録は二一年三月一四日に重勝式ＷＩＮ５で出た五五四万四四六〇・六倍とのことだ。一〇〇円が五億五四四四万円になった。一〇〇円が五億円になったのだから、一枚三〇〇円で一等三億円の宝くじよりすごいということになる。

現在の公営競技で売上にしめる比率は三連勝単式が最も高くなっている。とはいえ、その比率は競技によって差がある。

一レースあたりの出走頭数が多い中央競馬では三連単の比率は三割程度に過ぎない（三連

馬(車、艇)番					
2連勝複式	2連勝単式	拡大2連勝複式	3連勝複式	3連勝単式	重勝式
○	○	○	○	○	○
○	○	○	○	○	○
○	○	○	○	○	○
○	○	○	○	○	○
○	○	○	○	○	×

※○は発売、×は発売せず。
出典：各競技団体のホームページなどにより作成

勝複式が二割程度）が、一レースの出走数が六艇と最も少ないボートレースでは九割をしめているようだ。

こうした多様な賭け式の発売はトータリゼータシステムと発券機器の開発とインターネットの発達が無くしてはあり得なかった。

また、かつて公営競技の開催は日の出から日没までと定められていた。この制約は大井競馬場でナイター開催が企画されたことを契機に廃止された。大井競馬場で「トゥインクルレース」と銘打ったナイター開催は、一九八六年七月に始まった。

トゥインクルレースは本場への集客が目的だったが、その後各地でナイター開催が実施されるようになる。電話・インターネット投票が普及すると、本場への集客よりも夜間の余暇に市場を拡大する方策となる。

地方競馬では、二〇二三年二月段階で、一六ある地方競馬場のうち、九場でナイター開催がおこなわれている。

図表6-11 公営競技の賭け式

	単勝	複勝	枠番	
			2連勝複式	2連勝単式
中央競馬	○	○	○	×
地方競馬	○	○	○	○
競輪	×	×	○	○
オートレース	○	○	×	×
ボートレース	○	○	×	×

注：地方競馬の賭け式は主催者によって異なる。
　　競輪の７車立てレースでは枠番式は発売されない。

競馬以外ではオートレースが早くにナイター開催を始めた。一九八九年に伊勢崎で初めて実施しているがこの段階では大井競馬場と同様、目的は本場集客策だった。二〇一五年からは川口オートレース場でも実施されるようになった。ナイター開催で先行していた伊勢崎や飯塚と異なり、川口は住宅地のため騒音防止のために消音マフラーを装着してレースを実施している。

ボートレースでは一九九七年にボートレース桐生で、競輪では九八年に函館競輪場で、それぞれ初のナイター開催がおこなわれ、その後全国で多くのボートレース場や競輪場で実施されている。

ナイター開催は昼間開催に比べると売上はかなり良い。二〇二一年度のボートレースの例でみると、二四場のうち周年ナイター開催をおこなった七場が売上上位七場となっており、一日あたりの売上はナイター開催七場が七億九〇〇〇万円なのに対し、昼間開催の一七場は四億円にとどまっている。さらに、現在では無観客でネット投票だけで発売というミッドナイト開催が生まれ、さらに競走開始時刻を繰り上げたモーニング開催も実施されるようになっている。

ネット投票とモーニング・デイ・ナイター・ミッドナイトの開催で、公営競技の空間的・時間的マーケットはほぼ開拓しつくされたといっていいだろう。

3. 活況を担う女性選手たち

姿を消した女性選手

近年女性の活躍が求められるが、女性の活躍は時代とともに変化してきた。第二次世界大戦直後は女性の社会進出が顕著だったが、高度経済成長期になると、逆の動きが強くなる。公営競技でも同様の傾向がみてとれる。

日本における女性の社会進出は、第二次世界大戦中の男子労働力不足と戦後民主改革による男女平等政策が契機となっている。第二次世界大戦後初の衆議院選挙である一九四六年の衆議院選挙では三九人の女性議員が初めて誕生し、四七年に教育基本法が施行され中等教育で男女共学が実現する。男性のみだった大学も女性を受け入れるようになる。

女子プロ野球が誕生したように、スポーツ界でも女性の進出が一種のブームになった。初期の競輪での女子競走実施にはこうした社会的風潮が背景にあった。地方競馬でも女性騎手が各地で登場し、オートレースでも女性選手が登場する。遅れて発足したボートレースでも早い時期から女性選手を採用している。長らく女性に門戸を閉ざしていたのは中央競馬（国営競馬時代を含む）だけだった。

だが、女性選手がその後活躍することはなかった。高度経済成長期にサラリーマンの夫、専業主婦、二人の子供が「標準世帯」とされたように、女性の社会進出は必ずしも順調に発展したわけではない。

国勢調査による就業者数にしめる女性の比率は、高度経済成長が始まった頃の五五年には三九・二パーセントだったのが、高度成長末期の七五年には三七・一パーセントとわずかだが下がっている。高度経済成長期の象徴ともいうべき第一八回オリンピック東京大会が開催された六四年に女子競輪が廃止となったのは示唆的だ。

結婚したら女性は家に入るのが社会常識とされた時代に、女性選手が活躍できる余地は小さかった。公営競技の世界でも女性は姿を消していく。オートレースは岡本七重《おかもとななえ》が六七年に引退して以降、選手の養成所が女子を募集しなかったこともあり女性選手はいなくなった。

オリンピック競技で男女の別なくおこなわれる競技は馬術だけだそうだから、日本の競馬界で女性の進出が進まなかったのは競技の特性とは必ずしも言い難いだろう。実際、地方競馬では数は少ないものの女性騎手は活躍し続けている。

選手層が薄くなると、選手間の実力に差のあるレースが多くなってしまう。そうなると、投票券の妙味も薄くなり売れ行きが悪くなる。

女子競輪があった時代、田中和子《たなかかずこ》という名選手がいた。田中は圧倒的な強さを見せた名選手だったが、車券の賭け式が単・複・六枠連勝しかない時代だから、田中の出走するレースは配当が低くなり売れなかった。

競輪同様、初期のボートレースにも少なくない女性選手がいた。ボートレース発足間もない五四年に開催された第一回全日本選手権競走には、則次千恵子《のりつぐちえこ》ら三人の女性レーサーが男性選手に交じり出場している。一時期一〇〇名近い女性選手がいたものの、その数は徐々に減り七〇年代末には数名になってしまっていた。

そこに登場したのが鈴木《すずき》（旧姓・田中《たなか》）弓子《ゆみこ》だ。田中は七九年四月に第四六期生唯一の女性養成員として選手養成所に入所する。田中の入所時、女性選手はわずか四名だったという。

田中はトップクラスの成績で養成所を修了し、デビュー後も華々しい活躍をみせ、「競艇界の百恵《ももえ》ちゃん」（この頃絶大な人気のあった歌手・山口《やまぐち》百恵にちなみ、「〇〇の百恵ちゃん」が各界にいた）として、マスコミにも大きく取り上げられる。田中の活躍で女性のボートレース志望者も増え、八三年八月にはボートレース住之江で実に二三年ぶりの女子戦を開催するまでになった。

田中の活躍が話題になると、全国モーターボート競走会連合会は女子リーグの実施を企画し女性選手の大量養成に踏み切る。このあたりが機を見るに敏な笹川良一だ。

以降、数々の名選手が登場したものの、男性選手との混合戦であるSG競走で優勝する女性選手はなかなか現れなかった。二〇二二年三月、ボートレース発祥の地大村で開催された第五七回ボートレースクラシック（総理大臣杯）で遠藤《えんどう》エミが優勝し、女性選手初のSG競走覇者となった。ボートレースが生まれて七〇年、女子戦の復活から実に四〇年近い年月が流れていた。

女子戦の舟券の売れ行きはかなりいい。二一年度のボートレース一レースあたりの平均売上は五億二〇〇〇万円だが、女子戦は一日あたり九億六〇〇〇万円となっている。

ガールズケイリンの誕生と女性騎手の活躍

一九七二年、勤労婦人福祉法が施行された。八五年にこの法律は「雇用の分野における男女の均等な機会及び待遇の確保等に関する法律」（通称・男女雇用機会均等法）に改正される。法律ができたからといって、世の中が急に変わる訳ではないが、この頃から全就業者にしめる女性就業者の比率は次第に高まり、結婚後も女性が外で働くことが一般的になる。八〇年には全体の三五パーセントだった共働き世帯（「労働力調査特別調査」「労働力調査」）は九〇年代前半にはほぼ五〇パーセントとなり、二〇二一年の共働き世帯の比率は約七割になっている。

女性の社会進出が進みつつあった時代を背景に、スポーツ界では女性選手の活躍が話題になることが増えてくる。〇四年に開催されたアテネオリンピックでのなでしこジャパンの活躍や、冬季オリンピックでの女子カーリングのロコ・ソラーレはその好例だろう。

売上低迷に喘《あえ》いでいた競輪界は、女子競輪の復活を目論《もくろ》む。〇五年にＪＫＡ初の女性会長に就任した下重暁子《しもじゅうあきこ》は女子競輪の復活に強い意欲を示す。四八年ぶりに復活した女子競輪は「ガールズケイリン」と名付けられた。ガールズケイリンのルールは、牽制《けんせい》行為が制限されるなど国際的な自転車競技に近いため、「競輪」ではなく「ケイリン」という表記が用いられている。

参議院議員の橋本聖子《はしもとせいこ》の存在も大きかったようだ。橋本はスピードスケート選手として冬季オリンピックに四度、スケートのオフシーズンの練習の一環として始めた自転車競技でも夏季オリンピックに三度出場という驚異的なアスリートだ。橋本が下重を訪ね、自転車競技の女性選手を競輪場でレースの合間などに観客の前で走らせてほしいと依頼したのが、ガールズケイリンのきっかけとなったと下重は述べている（下重『ブレーキのない自転車』）。

橋本は競走馬生産大手の㊟橋本牧場の経営者・橋本善吉《ぜんきち》の娘ということもあり、苦境にあった地方競馬の支援のために立ち上げられた競馬推進議員連盟の中心メンバーでもある。

一二年七月、平塚《ひらつか》競輪場でガールズケイリンが始まった。初開催のガールズケイリンの優勝者は当時一九歳の小林莉子《こばやしりこ》だった。

選手宿舎やトイレの整備などで新たな費用が発生することや、売上向上につながるのかどうかも不明ななか、当初開催に消極的な施行者もあったが、現在ではすべての競輪場でガールズケイリンが開催されている。

公営競技界全体がこの頃から売上増加に転じたこともあるのだろうが、ガールズケイリンの成功には三連単車券の存在があると思われる。ガールズケイリンは選手層が薄いため、選手間の実力差が大きいレースとなることに加えて七車立てである。したがって一着は確実というレースが多い。三連単車券であれば、たとえ一・二着は堅くても三着以下は紛《まぎ》れも生じるため車券的な妙味もそれなりにある。ガールズケイリン発足から一〇年、二三年度からは新たに三つのG1競走が設けられ、レース体系の充実も進められている。

女子競輪復活の計画が進みつつあった頃、オートレースでも女性選手によるレースの導入がおこなわれた。

一〇年九月、オートレース選手養成所第三一期生二〇名のなかに二人の女性が入っていた。一人は佐藤摩弥、もう一人は坂井《さかい》宏朱《ひろみ》だ。佐藤はモトクロスで活躍した選手だが、坂井は自動二輪免許すらもたない全くの素人だった。二人は翌年七月、四四年ぶりの女性レーサーとしてデビューしたが、まことに残念なことに、坂井は一二年一月レース後の走行練習中の事故で命を落としてしまう。「サトマヤ」の愛称でファンに親しまれる佐藤は一六年には重賞の川口記念（GⅡ）でグレードレース初優勝を飾るなど、トップクラスの選手の一人として活躍を続けている。その後も女性レーサーは増え続け、二二年末現在二〇名が活躍中だ。

一九九六年、中央競馬で、細江《ほそえ》純子《じゆんこ》、増沢《ますざわ》（旧姓・牧原《まきはら》）由貴子《ゆきこ》、田村真来《たむらまき》の三人の女性騎手がデビューした。中央競馬では初の女性ジョッキーだった。二〇一三年に増沢が引退して以来、一六年に藤田《ふじた》菜七子《ななこ》がデビューするまで、中央競馬所属の女性騎手は不在となっていた。

一六年にデビューした藤田はこれまでの中央競馬の女性騎手を大きく上回る活躍を見せる。デビューの一六年に七勝をあげ、一九年には通算一〇〇勝（地方競馬での騎乗を含む）を達成し、二二年末までに通算一五七勝をあげている。また二二年三月初騎乗の今村聖奈《いまむらせいな》は二二年だけで五五勝をあげる活躍をみせ、今後が大いに期待されている。

中央競馬では長らく女性ジョッキー不在だったが、地方競馬では少数ながらも女性騎手は存在し続けた。一九八七年から九五年まで益田競馬場に在籍し通算三五〇勝をあげた吉岡牧子《よしおかまきこ》や、その記録を塗り替え続けている宮下瞳《みやしたひとみ》といった名騎手がいる。女性調教師も存在している。

二三年四月一日現在、地方競馬には一一人の女性騎手がいる（うち二人はばんえい競馬）。女性選手・騎手の活躍は現在の公営競技の活況の一端を担っている。

4．V字回復

バブル期に迫る公営競技の売上増

バブル崩壊後、長期にわたり低落を続けていた公営競技の売上は二〇一一年頃からようやく上昇に転じた。基本的には景気回復の影響とみるべきだが、売上回復の度合いは各競技一律ではない。特にボートレースの伸びが著しい。二一年度の売上額は二兆三九二六億円と、一九九一年度の二兆二一三七億円を上回り過去最高の売上となっている。

繰り返し述べてきたことだが、ボートレースがもっともとっつきやすい競技だということは確かにあろうが、それだけではない。有名タレントを上手《うま》く使ったテレビＣＭの多さは他の競技を圧倒しているし、吉本興業のタレントとのコラボレーションも多い。また、パチンコ関係のライターにボートレースをアピールさせるなどの手法で、パチンコ愛好者をターゲットにファン増大を狙うなど、他の競技に比べると戦略的に広報活動をおこなってきた成果も大きいだろう。

そもそもボートレースは他の公営競技に比べて開催日数が多い。中央競馬とボートレースは縮小期でも開催日数を減らさなかった。中央競馬の開催日数は七七年以来ずっと二八八日で一定だし、ボートレースも九一年度以降もほぼ同じ日数で開催を続けている。

九一年度と二〇一〇年度の開催日数を比較すると、地方競馬、競輪、オートレースはいずれも約四割減っている。競技場廃止の影響も大きいが、競輪とオートレースでは施行者が開催日数を減らしているのだ。

競輪では一九九一年一二月末に四三七九人いた選手が二〇一〇年一二月末には三三八六人に減っている。さらにその後も減り続け、一九年には二一九〇人となっている。グレードレース以外を七車立てとしたのは、選手数の減少によるところも大きい。また、オートレースでは非グレードレースでの二回乗り（一日に二回出走）を復活させている。

競技場の廃止や選手数の減少は、製造業でいえば工場や熟練工の削減にあたる。景気が良くなったからといってすぐに増やせるものではない。あくまで結果論だが、「工場」と「熟練工」を維持したボートレースの成長は当然だろう。

二一年度の地方競馬の売上額は九三三三億円で、一九九一年度の九八六二億円に迫る額となった。

九一年度は全国三〇の地方競馬場（うち三場はＪＲＡから借用）で二四の主催者が二四一七日間地方競馬を開催。二〇二一年度は一四の主催者が一七場（うち、ＪＲＡから借用の札幌と中京は長らく開催されていないので、実質一五場）で一二七一日間開催した結果だ。

開催日数はバブル期の五二・六パーセントで、売上は九四・六パーセントだ。一日あたりの売上は九一年度が四億円、二一年度が七億三〇〇〇万円と大きく増えている。だが、伸び率は主催者ごとに大きな差がある。岩手県競馬組合や石川県・金沢市（金沢）は九一年度の売上に届いていないし、特別区競馬組合（大井）も九一年度とほぼ同じ水準だ。

帯広市（ばんえい）、高知県競馬組合（高知）、佐賀県競馬組合（佐賀）、千葉県競馬組合（船橋）など、ナイター開催の比率の高いところの伸び率が高い。

「工場」と「熟練工」が減った競輪やオートレースと異なり、地方競馬は競走馬資源という「原材料」供給の問題もある。実はいま厩舎が飽和状態にある地方競馬場が多い。好景気で競走馬を所有したい人が増え、競走馬の生産頭数も増加している（価格も高騰している）のだが、受け入れ可能な厩舎が増えているわけではない。

馬だけではなく、人間の方も深刻な人手不足になっている。北海道では牧場でも門別競馬場の厩舎でもインド人を中心とする外国人労働者がいないと成り立たない状況になっている。全国の地方競馬の厩舎でも外国人厩務員が増えている。

地方競馬V字回復の理由

地方競馬のV字回復には一九九〇年代半ばに実現した中央競馬との交流が大きく寄与している。

中央競馬と地方競馬交流競走が最初におこなわれたのは七三年の中央競馬での地方競馬招待競走だった。翌七四年に大井で中央競馬招待競走がおこなわれ、八六年からは中央競馬のオールカマー競走と大井の帝王賞《ていおう》が招待競走となったが、その後長らく交流が広がることはなかった。

九五年、JRAは地方競馬所属馬に皐月賞やダービーといった伝統あるGI競走に出走する道を開いた。競馬界ではこの一九九五年を「交流元年」とよぶ。笠松競馬所属の牝馬《ひんば》ライデンリーダーが桜花賞・オークスに出走を果たし大きな話題となった。

地方競馬に見向きもしなかったファンが中央競馬の有力馬が出走する交流重賞の馬券を買うようになり、売上低迷にあえぐ地方競馬のカンフル剤にはなったが、この段階では売上の低下を食い止めるまでには至っていない。

二〇一二年一〇月、ＪＲＡはＩＰＡＴ（インターネット投票）で地方競馬のレースの発売を開始し、さらに翌一三年から地方競馬主催者が中央競馬の馬券発売を受託するＪ‐ＰＬＡＣＥが発足する。中央競馬の巨大な市場が地方競馬に開放された。

この一〇年ほどの地方競馬のＶ字回復は、ＩＰＡＴによる売上の開放が大きく寄与している。ネット投票を主体とする電話投票は二一年度の地方競馬の売上額の九割を超えた。発売企業別にみると、ＳＰＡＴ４が四四・八パーセントでシェアが最も高く、以下、楽天競馬一八・九パーセント、ＪＲＡのネット投票一五・六パーセント、オッズパーク一二・一パーセントとなっている。中央競馬のファン層の取り込みに地方競馬が成功したといえよう。

ＪＲＡの売上全体からみるとＪ‐ＰＬＡＣＥのしめる比率は小さいが、地方競馬主催者および場外発売所からすると、手数料率は低くとも売上総額が大きい中央競馬の馬券の発売が経営に資するところは大きい。

売上額の伸びほど利益は増えていない

売上増大で公営競技の収支が改善し、自治体財政への繰出も復活している。法的に「地方財政への寄与」が目的とされている以上、公営競技の収支が改善されれば自治体財源への繰入をしないわけにはいかない。

一九九一年度には三四二一億円が自治体の財政に繰り入れられた。その後公営競技「冬の時代」の二〇一一年度の繰入金は一二一億円にまで減り、その後公営競技の売上が増えるにしたがって増加し、二〇年度には七一四億円にまで回復している。

売上額がバブル期に近くなった割に繰出金が増えていないのは、これまでの赤字の補てんや今後に備えての基金の造成がおこなわれているからだ。加えて、地方競馬や競輪・オートレースでは売上にしめる民間ポータルの比率が高いため、見た目の売上額の伸びほど主催者・施行者の取り分が増えているわけではないという面もある。

公営競技からの収益金の多くはかつてインフラ整備の財源だった。初期には住宅、高度経済成長期には学校建設などが主たる使途だった。バブル期にはいわゆる「箱物行政」の財源となった。一九九一年度の使途をみると、繰入額の三六・八パーセントが土木費、三〇・四パーセントが教育費に充てられていたが、二〇二〇年度には土木費は一五・四パーセント、教育費は二三・九パーセントとそれぞれ比率を下げている。

地方財政状況調査の費目は、民生費、衛生費、土木費、農林水産業費、商工費、教育費、災害復旧費、その他、および公営事業会計へ繰出となっており、二〇年度は「その他」が五〇・七パーセントと半分をしめている。

今や公営競技の収益で何かを造るという時代ではなくなっている。

終章　公営競技の明日

新しい競輪「PIST6」の挑戦

二〇二〇年初頭から始まった新型コロナウイルスの感染拡大で、苦境に追い込まれた産業は多いが、その反面、いわゆる「巣ごもり需要」の恩恵に与《あずか》った産業があったのも事実だ。公営競技は恩恵に与った産業といえる。「巣ごもり需要」が売上増大につながったという関係者は多い。競技が無観客開催を余儀なくされ、選手の感染で競技実施ができなくなったことも多々ある。場外発売所も休業を余儀なくされたが、ネット投票の売上増大で主催・施行者の収益があったため、場外発売所のフォローもある程度できた。もし、十数年前にこの感染症があったなら、多くの公営競技場が廃止に追い込まれたに違いない。

一〇年代半ば以降の売上だけをみるとバブル期に匹敵もしくは超える活況を呈する公営競技界だが、この活況がいつまでも続くとは思えない。これまで見てきたように、インターネットによって投票券の市場は空間的に拡大し、モーニング・デイ・ナイター・ミッドナイトと競技時間帯もほぼ極限まで拡張した。空間的・時間的なフロンティアはもうない。

そうしたなか、二一年一〇月、千葉競輪場で「PIST6」という新しい競輪がスタートした。仕掛け人は株式会社JPF（旧社名は日本写真判定）社長の渡辺俊太郎だ。

一六年六月、渡辺は売上不振と施設の老朽化で競輪事業からの撤退を決めた千葉市に、これまでにない「250競輪」の開催を提案する。JPFはミクシィと提携し、千葉JPFドーム（TIPSTAR DOME CHIBA）を新たに建設し、二一年一〇月に「ＰＩＳＴ６」の愛称で２５０競輪をスタートさせた。

２５０競輪とは自転車のトラック競技の国際規格である周長二五〇メートルの木製バンクで実施される六車立ての競技で、オリンピックの種目にもなるケイリンと同じスピード感を楽しめる。

ＪＫＡは国際競技に対応できる選手を養成するため、伊豆市の競輪選手養成所に周長二五〇メートルの木製バンクを有している。東京オリンピックのトラック種目はこの競技場で実施された。近年養成所に入った選手候補生は全員がこのバンクでの訓練もおこなっている。

競技場の運営を包括受託したＪＰＦは千葉市に収益（一般会計繰出）を保証しており、施行者の千葉市はこの競輪事業で損失を被ることはない。

競技実施の実務を担うのはＪＫＡではなく、渡辺らを中心に一八年に設立された一般財団法人日本サイクルスポーツ振興会だ。競輪場を華やかなスポーツエンターテインメントの場にし、サイクルスポーツの振興、地域振興につなげるというのが渡辺らのめざすところだろう。

ＰＩＳＴ６では「紙の車券」は販売せず、TIPSTAR（ティップスター）というネット投票のみだ。初開催の二一年一〇月は六日間の開催で一〇億円を売り上げた。一日にすると平均一億六六〇〇万円だ。

これは、同月に開催された立川競輪の売上とほぼ同じくらいだ。このときの立川競輪はランキング上位のS級選手が出走しないA級選手だけの昼間開催三日間とモーニング開催三日間の計六日間だった。売上額だけで見るとPIST6は売れなかったと言わざるを得ない。

PIST6のその後の月別の売上をみると、一か月で一〇億円を超えたのは最初の一か月だけで、それ以降は二二年一〇月（一〇日間開催）の二億円が最高だ。

PIST6の今後がどうなるかはわからない。だが、250競輪の実施には屋内の木製バンクの新設が必要なので、今後手を挙げる施行者はほとんどいないだろう。

何かのきっかけで社会的に注目され、一気に売上が増えることがあれば話は別だが、投票券発売で成立する公営競技という枠組のなかで、PIST6は事業としては厳しい状況にあると言わざるをえない。

今後はわからないが、これからの競輪、ひいてはこれからの公営競技のあり方についてPIST6が投じた一石は重く受け止めるべきだろう。

「ノット・イン・マイ・バックヤード」

かつては、もしかすると今でも多分に、公営競技の競技場や場外発売所は「迷惑施設」として扱われてきた。

渡辺俊太郎は祖父が創業したＪＰＦを継いだ後、早稲田大学の大学院でスポーツビジネスの研究をおこない、その成果を修士論文「競輪場が果たすべき役割についての研究」としてまとめている。競輪場がこれまで単なるギャンブル場としてのみ活用されていたことに対し、今後は自転車競技やサイクルスポーツの場として活用されるべきだとしている。

また、以前おこなったインタビューの際、ＪＰＦが運営を受託している富山競輪場を渡辺が「改築前の東京拘置所」と形容したことが強く印象に残っている。

ＮＩＭＢＹという言葉がある。“not in my backyard”の頭文字をとった言葉で、「必要ではあるが、私のそばに存在して欲しくない」迷惑施設のことだ。ゴミ焼却施設や火葬場、場合によっては学校などもＮＩＭＢＹとされる。

第二次世界大戦後や高度成長期、たとえ僅《わず》かでも、社会インフラ整備のための財源が喉《のど》から手が出るほど欲しかった地方自治体にとって公営競技場はＮＩＭＢＹそのものだった。昼間からギャンブルにいそしむよからぬ人間が集まり近隣住民に迷惑をかける施設だった。それゆえ主催・施行者は「善良な市民」の目にできるだけ触れないようにし、競技を積極的にアピールしようとはしなかった。

かつて北海道地方競馬（道営競馬）にコスモバルクという競走馬がいた。コスモバルクは地方競馬所属のまま中央競馬に挑戦し、二〇〇四年の皐月賞で二着、秋には菊花賞の前哨《ぜんしょう》戦のセントライト記念でコースレコードを更新し、菊花賞では四着、国際GⅠ競走のジャパンカップでも二着という好成績を残す。さらに海外にも遠征し、〇六年に国際G1競走のシンガポール国際カップで優勝した名馬だ。北海道内のマスコミはコスモバルクを「道民の星」と賞賛した。当時の高橋はるみ知事も応援メッセージを送っていた。

だが、道営競馬の主催者北海道がこのコスモバルクを広報紙などで大きく取り上げることはなかった。売上低迷期で存廃問題が浮上していた時期だ。売上を少しでも増やさなければならなかったはずなのに、競馬を主催する北海道はその存在をアピールしなかったのだ。

もはや公営競技は必要ないのか

現在の日本で、自治体にとって公営競技からの収益の財源上の比率はかつてに比べ格段に小さくなっている。

では公営競技はもうなくてもいいのか？　そういう意見もあるだろう。だが、筆者はそうは思わない。むしろ、地域社会に必要とされるものとして存在するべきだと思う。

ハード面でいえば、いざというときの災害対応拠点施設としての利用が考えられる。

たとえばボートレース場の多くは大きな河川や港湾に隣接する。地震等で道路が寸断された場合、舟運の拠点としての活用が可能だろう。実際、ボートレース戸田のスタンドは河川氾濫《はんらん》時の垂直避難場所として提案されているという。

ボートレース場に比べると競輪場は市街地に比較的近いところに立地していることが多い。市街地に近くて、広い駐車場がある施設というのはなかなかない。

競馬場には広いフィールドがある。住民の避難先として活用しうるだけでなく、ヘリポートとしての利用も可能だろう。

開催日数の多いボートレース場では難しいかもしれないが、非本場開催日のほうが圧倒的に多い、競輪場やオートレース場のスタンド施設などは多目的な利用がなされてもいいのではなかろうか。

一例をあげると、二〇〇二年に竣工《しゅんこう》した函館競輪場のホールは非開催日には一般に貸し出されている。

新スタンドがオープンして間もない頃、ここで小中学校の管理職教員の研修会が開催されたという。筆者が「競輪を一番敵視しそうな人たちの会をよくやりましたね」と当時の競輪事業部長に言ったところ、部長の答えは「だからこそ開催した。会議の合間に選手たちが練習している姿が目に入る。アスリートとしての彼らをみてほしかった」というものだった。

社会の高齢化を反映し、公営競技場や専用場外発売所は高齢者の居場所にもなっている。

ナイター開催では比較的客層は若返るが、昼間は高齢者の占める比率が高い。特に、競輪や地方競馬ではその傾向が著しい。

予想紙のデータを読み解き、自らの記憶力と計算力を駆使し、選手や馬に声援（罵声《ばせい》も含め）を送り、場内を歩き回り、同好の士と語りあうことは、高齢者の心身の健康に良いのではなかろうか。すべての高齢者が家族に恵まれ、孫の相手やゲートボールに興じたいわけではない。

公営競技に限らず、日本のほぼすべての産業で高齢化社会への対応が求められている。パチンコ大手のマルハンは二三年四月に「デイサービス　ラスベガス八千代《やちよ》」をオープンさせた。興味深い試みだ。

デイサービスとまではいかないまでも、場外発売所のなかには、すでに高齢者向けの施設整備やサービスの提供をおこなっているところもある。

ネット投票が発売の中心となっている現在、その存在意義が薄れつつあるのが専用場外発売所だ。競技が投票の対象となる以上、競技をおこなう競技場がなくなることはないし、競技そのものを目の前で見たい、臨場感を味わいたい人がいなくなることもないだろう。競技場でレースを生で観たい、声援を送りたいと思う人が少なからず存在するから、野球でもサッカーでもスタジアムに人が来る。それは競輪でも競馬でもオートレースでもボートレースでも同じだ。

専用場外発売所に集うファンはスマホやＰＣに馴染《なじ》めない高齢者の比率が高いというが、これからの高齢者はＰＣもスマホも駆使する。そうなると、わざわざ専用場外発売所に足を運ぶ意味がどこにあるだろうか。これまでのように、投票券を売ることだけでは専用場外発売所の存在意義はますます薄くなっていくことは必至だ。

それでは専用場外発売所はなくなってもいいのだろうか。投票券を発売するだけの役割しか果たさないなら、いずれ過去の遺物として姿を消さざるを得ないだろう。たとえ廃止されても、利便性のいい都市型施設なら跡地利用も容易だ。

では今後、専用場外発売所は不要かといえば必ずしもそうとは言えない。ネット投票から参入したファンでも、馴染むに連れて生の公営競技を楽しみたい人も出てくる。実際に馬や選手を走らせることはできないが、専用場外発売所を使って騎手や選手にふれあう機会を提供することは可能だ。競技場よりも至近距離でふれあうことができる。

特殊な例かもしれないが、オートレースの森且行選手が来場するイベントには多くの女性が集まる。ＳＭＡＰ脱退からすでに三〇年近く経っているがその人気は絶大だ。森のファンからオートレースのファンになった人も少なくない。

広い駐車場スペースのある郊外型施設なら、競技用の自転車やオートバイに触れたり、場合によっては乗ってみることも可能だ。水面を走ることは無理でも競走用ボートを実際に触ることはできる。

すでに一部の専用場外発売所では実現しているが、複数の競技の投票券を発売することで、同時に異なる競技を楽しむことも可能だ。イベントなどを組み合わせることで、新たなファンを生み出す契機ともなる。

さらに、郊外型施設には広い駐車場が用意されている。立地条件にもよるが、天災発生時の避難先や物資の流通拠点としての利用も一考すべきだろう。

ネット投票中心の公営競技界で、今後新たな専用場外発売所が開設されることはないだろうが、広報の拠点施設として、また、アンテナショップ的な役割を果たす施設として、専用場外発売所はまだまだ活用の余地があると筆者は考える。

スター無き活況

活況に沸く公営競技界だが、不思議なことに、スター選手・スターホースが現れていない。中央競馬でもディープインパクト以降、競馬ファン以外に名を知られる馬は出ていない。

二〇二二年、競輪選手の脇本雄太《わきもとゆうた》が公営競技界初の三億円プレーヤーとなった。脇本は東京オリンピックにも出場し、これまで競輪の数々のＧ１タイトルを獲得している名選手だ。

だが、競輪ファン以外で脇本の名を知る人がどれくらいいるだろうか。

ボートレースで初の女性ＳＧ覇者となった遠藤エミの名をスポーツ新聞以外でみることはほぼない。オートレースでいえば青山周平と鈴木《すずき》圭一郎《けいいちろう》は、オートレース史に青山・鈴木時代と記されるだろう選手だ。

スポーツ新聞の販売部数が減少していることが、スター選手・スターホースが出にくい理由かもしれない。

一九八〇年頃の話だ。当時、大阪市の人口が減少し、横浜市の人口が大阪市を上回ったこともあって、近畿《きんき》圏の経済的地盤沈下が語られることが多かった。その頃「東京のサラリーマンは通勤電車で日経を読み、大阪のサラリーマンはサンスポを読んでいる。だから関西は地盤沈下する」という文章を何かで目にした。実際はどうだったか？　確かに、通勤電車内で日経新聞を読むサラリーマンは、東京ではふつうに見かけたが、大阪では殆《ほとん》ど見かけなかった。大阪のサラリーマンの多くはサンケイスポーツやデイリースポーツを読んでいた。

今の車内で新聞を読む人はほとんどみかけない。みなスマホを見つめている。新聞なら特に関心のない情報も自然に目にするが、スマホの小さな画面には関心のない情報は映し出されない。

ネット投票を楽しむ若者をみていると、予想紙やスポーツ新聞を手にしない人が多い。スマホを駆使し、くじ感覚で投票を楽しんでいるようだ。赤鉛筆（そもそも赤鉛筆そのものを触ったことがないかもしれない）の書き込みで一杯の予想紙を手にして、あれやこれやと思案しているのは中高年、いや高齢者といってもいいかもしれない。

ボートレースの売上の伸びが他を圧倒しているのは、そういう若者の嗜好《しこう》にもっともマッチしていることと、宣伝・広報活動を効果的におこなっているからだろう。

渡辺俊太郎は「このネット発売の活況はいつまでも続かない」と言う（「グローカルインタビュー・JPF社長渡辺俊太郎氏〝競輪場は賭け事のためだけの存在か　自転車振興の拠点、地域に価値生む　収益で普及強化、街おこしにつなげる〟」日経グローカル、二〇二二年九月一九日号）。

さらに渡辺は「だから裾野《すその》を拡げないといけない」と言う。確かにその通りだろう。渡辺の活動については様々な意見を耳にするが、活況がいつまでも続かないという渡辺の認識は全く正しいし、裾野を拡げないといけないという主張もその通りだろう。

これからの公営競技

数年前、ある女子短大で学生から「ボートレースを見たい」と言われ少し驚いたことがある。筆者の住む北海道は、ボートレースに縁遠い地域だ。「たまたまテレビで見て、格好いいと思った」とのことだった。その後、彼女が選手養成所に入所し現在活躍中、となれば本書の恰好《かっこう》の話題だが、実際にはそうはならず普通の企業に就職した。その後、彼女が実際に観戦したかどうかはわからないが、ボートレースというものを知り、関心を持ったことは確かだ。

ギャンブルとは全く無縁の女子学生がボートレースに興味を示す時代になったのだ。

職業体験・社会見学の一環としてボートレース場に行く小中学校もあると聞く。伊勢崎オートレース場などでは子供向けのイベントが積極的におこなわれている。先に述べた函館競輪場での教員の研修会もそうだが、現代の公営競技はすでに後ろ暗いものではなくなっている。

目を向ける人が増え、親しみを感じる人が増えることこそが裾野を拡げる第一歩だ。そしてその責をまず負うべきは主催・施行者だ。収益を得続けたいなら、収益をすぐに一般財源に繰り入れるのではなく、将来に向けての蓄積と投資に振り向けたり、事業を継続できるような基金を積み立てておく必要もあろう。

少子高齢化社会の到来で今は学校や住宅建設に多額の資金が必要な時代ではない。またバブル経済の負の遺産となったような不要不急の施設を建設する時代でもない。第二次世界大戦直後や高度成長期に求められた公営競技の社会的役割は遠い過去のこととなった。これからの公営競技の収益は少子高齢化社会に必要なかたちで使われるべきだ。

ネット投票が売上の大部分をしめる今日にあって、九七もの競技場が必要かどうかは検討の余地もあろう。特に個々の競技場の開催日数が少ない競輪で全国四三もの競輪場が必要だろうか。競輪全体の効率性だけをみるなら、ボートレース場と同程度もしくはそれ以下で十分かもしれない。各自治体が個別に主催・施行するという現行形態の合理性も疑問だ。

だがその一方で、地域社会、特に非大都市圏において、競技場や専用場外発売所は、雇用の場として、また娯楽施設としてそれなりの重要性をもっていることも事実だ。さらに、ネット投票の売上の大部分は競技を主催・施行する自治体に地域外からもたらされる収益でもある。この観点からすれば、単純に現在の競技場を集約すべきだとも言えない。

投票券の売上に依拠して営まれる以上、経済情勢の変動が公営競技の盛衰に直接影響することは今後も避けがたい。経済情勢の悪化で存廃が再び問題となる時代が到来することは十分予測できる。再び存廃が問われるとき、地域住民と行政はどのような判断をするのだろうか。競技場の存廃は、自治体にいくら収益が入ってくるかだけではなく、その競技場が目に見える貢献を果たしているかどうかで地域住民が判断することになるだろう。

公営競技場が地域住民に愛される施設として存続し、多くの人たちが公営競技を愛し続けていくことを願う。

あとがき

筆者が中央競馬の京都競馬場に初めて足を踏み入れたのはもう四〇年以上昔だ。当時と今とでは競馬場の雰囲気は全く異なる。中央競馬でも当時はまだ「鉄火場」の残り香があった。競馬とはそれ以来のつきあいだ。

一九九九年頃、縁あって競走馬の生産牧場の経営実態調査事業に加えてもらい、一〇年近くこの事業に携わった。生産牧場の人たちと親しく接することで、有益な馬券情報が得られるのではないかという下心があったことは否定できない。有益な馬券情報を得ることはついになかったが、牧場の人たちをはじめ、農協やＪＲＡのみなさんから競馬や馬産について多くのことを学ぶことができた。

本書でふれたように、九〇年代後半から競馬の売上は長期低迷期を迎えていた。北海道が主催する道営競馬でも存廃問題が浮上していた。牧場の経営実態調査に加わる機会をあたえていただいた札幌大学岩崎徹教授を中心とする研究会のメンバーにも加えてもらい、さらに北海道地方競馬運営委員を務めたことで、競馬を研究の対象としてみるようになった。

競馬を研究対象としてみるようになると、他の公営競技との共通点や差異も気になり始めたので、競輪事業について教えてもらうべく、函館市の競輪事業部にインタビューを申し込んだ。函館市を選んだのは、函館在住中に競輪場にしばしば行っており親しみを感じていたという単純な理由からだ。アポイントメントをとって競輪事業部を訪れたときの担当職員の表情は未《いま》だに忘れられない。それまで、様々な調査事業で農業・水産業を中心に多くの人に話をうかがってきたが、このときほど硬い表情で警戒心をあらわに対応されたことは後にも先にもない。

だが、自分が函館競輪場で車券を買っていたことを言うと相手の表情が和らいだ。「いやあ、大学の先生が話を聞きたいなんていうとたいてい厳しい話ですから」とのことだった。確かに、大学の研究者が公営競技事業を肯定的にとりあげた文献は殆《ほとん》どなく、否定的な立場で公営競技をみたものだけが散見される。事業としての公営競技を客観的にとりあげた論文や書物は殆どない。本書の執筆を志した遠因はここにある。

その後、ばんえい競馬の存続運動に関わったこともあって、様々な公営競技関係者に会うことができ多くのことを教えていただいた。競走馬の牧場調査事業以来、二十数年にわたり、お目にかかり話をうかがった方々の人数はおそらく数百人になると思う。

日本中央競馬会、地方競馬全国協会、日本軽種馬協会、日高軽種馬農協、ＪＡ門別、ＪＡ

ひだか東、中央畜産会、日本馬事協会、日本レーシングサービス、JKA、オートレース振興協会、日本モーターボート競走会、主催・施行者では、帯広市、北海道農政部、函館市、松阪《まつさか》市、伊勢崎市、川口《かわぐち》市、浜松市、戸田ボートレース企業団のみなさん、さらに、オッズ・パーク、楽天競馬、JPF、弘報館のみなさん、また、日本ウマ科学会の方々やばんえい競馬の仲間のみなさん、騎手、調教師、選手や元選手の方々に深くお礼申し上げたい。

また、馬産研究の師匠の岩崎徹札幌大学名誉教授、競馬の師匠の高倉克己《たかくらかつみ》氏、すべての公営競技の師匠であるフリーアナウンサー蘇武直人《そぶなおと》氏、競輪業界を道案内していただいたサテライトいしかり玉澤秀貞《たまざわひでさだ》社長、場外発売所の運営やシステムを教えてくれると同時に場立ち予想などのイベントで様々な体験をさせてくれたコンピューター・ビジネスの西館学《にしだてまなぶ》氏、現場の苦労やネット発売について教えてくれる新名貴之《にいなたかゆき》氏、そして競輪の歴史を丁寧に教えていただいた井上正巳氏の各氏には特に名をあげさせていただき深謝する次第である。

最後に、出版の機会を与えていただいたKADOKAWAと、褒めすぎではないかと思うくらい励ましていただき、さらに適切かつ丁寧な助言をいただき続けた久保奈々子さんに改めてお礼申し上げる。

古林英一

二〇二三年四月

参考・引用文献一覧

〈各競技・関連団体の年史〉

・『日本中央競馬会10年史』日本中央競馬会、一九六五年
・『日本中央競馬会20年史』日本中央競馬会、一九七六年
・『日本中央競馬会30年史』日本中央競馬会、一九八五年
・『日本中央競馬会40年史』日本中央競馬会、一九九五年
・『日本中央競馬会50年史』日本中央競馬会、二〇〇五年
・『日本中央競馬会60年史』日本中央競馬会、二〇一五年
・『地方競馬史　第一巻』地方競馬全国協会、一九七二年
・『地方競馬史　第二巻』地方競馬全国協会、一九七四年
・『地方競馬史　第三巻』地方競馬全国協会、一九七二年
・『地方競馬史　第四巻』地方競馬全国協会、一九九三年
・『地方競馬史　第五巻』地方競馬全国協会、二〇一二年
・『日本軽種馬協会50年史―国際競争力を目指して―』日本軽種馬協会、二〇〇五年
・『創立40周年記念誌　優駿のふるさと日高―10年のあゆみ　1991年～2000年』日高

軽種馬農業協同組合、二〇〇二年
・『創立50周年記念誌　優駿のふるさと日高―10年のあゆみ』日高軽種馬農業協同組合、二〇一一年
・『競輪十年史』日本自転車振興会、一九六〇年
・『競輪二十年史』日本自転車振興会、一九七一年
・『競輪三十年史』日本自転車振興会、一九七八年
・『競輪四十年史』日本自転車振興会、一九九〇年
・『競輪五十年史』日本自転車振興会、一九九九年
・『競輪六十年史』ＪＫＡ、二〇〇九年
・『社団法人全国競輪施行者協議会五十年史』全国競輪施行者協議会、二〇〇一年
・『函館競輪40年のあゆみ』函館市競輪事業部、一九九〇年
・『ＶＩＣ10年史　競輪情報処理のあゆみ』車両情報センター、二〇〇〇年
・『オートレース30年史』日本小型自動車振興会、一九八一年
・『オートレース50年史』日本小型自動車振興会、二〇〇一年
・『競艇沿革史』全国モーターボート競走施行者協議会、一九七〇年
・『モーターボート競走30年史』全国モーターボート競走会連合会、一九八四年
・『'81―'90　モーターボート競走年史　競艇元年からのあゆみ』全国モーターボート競走会連

合会、一九九一年
・『競艇からBOAT RACEへ　5年のあゆみ』BOAT RACE振興会、二〇一三年
・『全競労運動40年の記録』全国競走労働組合、一九九八年
・『日本トータリゼータ株式会社30年史』日本トータリゼータ株式会社、一九九八年
・『花月園観光30年史』花月園観光、一九八〇年
・『阪急ブレーブス五十年史』阪急ブレーブス、一九八七年
・『東京都競馬50年史』東京都競馬、二〇〇〇年

〈書籍〉

・石岡学『「地方」と「努力」の現代史　アイドルホースと戦後日本』青土社、二〇二〇年
・井上和巳『競輪選手１００人の軌跡～私の競輪記者としての半世紀の歩み～』あざみエージェント、二〇二一年
・岩崎徹『競馬社会をみると、日本経済がみえてくる　国際化と馬産地の課題』源草社、二〇〇二年
・宇井延壽『日本の競馬Ｉ　法令等の変遷及び主要事項』近代文芸社、一九九九年
・江面弘也『活字競馬に挑んだ二人の男』ミデアム出版社、二〇〇五年
・鎌田慧『鎌田慧の記録４　権力の素顔』岩波書店、一九九一年

・源城恒人『サインの報酬』東京図書出版会、二〇〇六年
・小檜山悟『尾形藤吉～競馬界の巨人が遺したもの～』三才ブックス、二〇二三年
・小山良太『競走馬産業の形成と協同組合』日本経済評論社、二〇〇四年
・近藤誠司編『日本の馬　在来馬の過去・現在・未来』東京大学出版会、二〇二一年
・自転車産業振興協会『自転車の一世紀―日本自転車産業史―』ラテイス、一九七三年
・下重暁子『ブレーキのない自転車　私のまっすぐ人生論』東京堂出版、二〇一二年
・白井新平『天皇制を裁く―その歴史的社会的考察―』啓衆社、一九四六年
・白井新平『アナーキズムと天皇制』三一書房、一九八〇年
・髙山文彦『宿命の子　笹川一族の神話』小学館、二〇一四年
・立川健治『地方競馬の戦後史　始まりは闇・富山を中心に』世織書房、二〇一二年
・道新スポーツ編『北の蹄音　ホッカイドウ競馬四十年史』道新スポーツ、一九八九年
・富塚清『オートバイの歴史』山海堂、一九八〇年
・蜷川虎三伝記編纂委員会『蜷川虎三の生涯』三省堂、一九八二年
・野辺好一『競馬専門誌80年の歩み』ホース・アイ、一九八八年
・服部勉『競輪誕生』日本自転車振興会、一九七三年
・平田竹男『スポーツビジネス 最強の教科書』東洋経済新報社、二〇一二年
・古川岳志『競輪文化「働く者のスポーツ」の社会史』青弓社、二〇一八年

・古林英一『ばんえい競馬今昔物語』クナウマガジン、二〇一九年
・北海タイムス社編『北海道の競馬』北海タイムス社、一九七五年
・松垣透『競輪に賭ける！　バンクの演出家たち』彩流社、二〇〇〇年
・松垣透『競輪選手への道　若き練習生の戦い』彩流社、二〇〇三年
・松垣透『親子二代予想屋「競輪」七十年史』彩流社、二〇二〇年
・和田晴『馬券ばかりが競馬じゃない』北海道新聞社、一九九四年

〈論文その他〉

・宇ノ木建太「戦後日本の「近代化」と新生活運動―新生活運動協会の取り組みを対象として―」立命館大学政策科学会『政策科学』一九巻四号、二〇一二年
・太田原準「日本二輪産業における構造変化と競争―一九四五〜一九六五―」経営史学会『経営史学』第三四巻第四号、一九九九年
・大藪俊志「地方行政改革の諸相―自治体行政改革の課題と方向性―」『佛教大学総合研究所紀要』第二一号、二〇一四年
・グローカルインタビュー「JPF社長　渡辺俊太郎氏　競輪場は賭け事のためだけの存在か自転車振興の拠点、地域に価値生む　収益で普及強化、街おこしにつなげる」日本経済新聞社『日経グローカル』二〇二二年九月一九日号

・小池拓自「公営企業金融公庫の廃止」国立国会図書館調査及び立法考査局『調査と情報』第556号、二〇〇六年
・関耕平・平田直樹「地方競馬の変遷―益田競馬馬主・大石正の聞き書き」島根大学法文学部山陰研究センター『山陰研究』第1号、二〇〇八年
・福井弘教「公営競技の形成と展望―競艇を中心に―」法政大学公共政策研究科『公共政策志林』編集委員会『公共政策志林』第五巻、二〇一七年
・福井弘教「公営競技撤退における首長判断をめぐって」法政大学公共政策研究科『公共政策志林』編集委員会『公共政策志林』第九巻、二〇二一年
・古林英一「産地競馬としての「ホッカイドウ競馬」」北海学園大学経済学会『北海学園大学経済論集』第四九巻第一号、二〇〇一年
・古林英一「日本競馬の現状と制度改革―コスモバルクとハルウララの意味すること―」IR＊ゲーミング学会『ギャンブリング＊ゲーミング学研究』創刊号、二〇〇四年
・古林英一、高倉克己「産地競馬としての「ホッカイドウ競馬」再論―競馬システムにおけるホッカイドウ競馬―」北海学園大学経済学会『北海学園大学経済論集』第五七巻第四号、二〇一〇年
・古林英一「ばんえい競馬の成立過程―馬産振興から公営競技へ―」北海学園大学学術研究会『学園論集』第162号、二〇一四年

・古林英一「ばんえい競馬の「近代化」―公営競技としての確立・定着―」北海学園大学学術研究会『学園論集』第163号、二〇一五年
・古林英一「公営競技の誕生と発展―競輪事業を中心に―」北海学園大学学術研究会『学園論集』第168号、二〇一六年
・古林英一「公営競技の「拡張」と「縮小」―競輪を中心に」北海学園大学学術研究会『学園論集』第172号、二〇一七年
・古林英一「公営競技オートレースの過去・現在・未来」北海学園大学学術研究会『学園論集』第176号、二〇一八年
・渡辺俊太郎「競輪場が果たすべき役割についての研究」早稲田大学大学院スポーツ科学研究科修士論文、二〇一三年度

図表作成　本島一宏

本書は書き下ろしです。

古林英一（ふるばやし・えいいち）
1958年、兵庫県生まれ。北海学園大学経済学部地域経済学科教授。博士（農学）。京都大学大学院博士課程中退。南九州大学、北海道大学を経て、2000年より現職。専門は農業経済学、環境経済論、公営競技論。1999年より公営競技の研究を開始し、2001～2003年に北海道地方競馬運営委員会委員、2022年より公益財団法人JKA評議員。著書に『環境経済論』『増訂版 現代社会は持続可能か』（共に日本経済評論社）、『ばんえい競馬今昔物語』（クナウこぞう文庫）がある。2021年より「夕刊フジ」にて「古林教授の本日もまくり不発（泣）」を不定期連載。

公《こう》営《えい》競《きよう》技《ぎ》史《し》

競馬《けいば》・競輪《けいりん》・オートレース・ボートレース

古林英一《ふるばやしえいいち》

2023年 8月 10日　初版発行

発行者　山下直久
発　行　株式会社KADOKAWA
〒102-8177　東京都千代田区富士見2-13-3
電話　0570-002-301（ナビダイヤル）

装 丁 者　緒方修一（ラーフイン・ワークショップ）
ロゴデザイン　good design company
オビデザイン　Zapp!　白金正之
印 刷 所　株式会社暁印刷
製 本 所　本間製本株式会社

角川新書
　ISBN978-4-04-082469-7 C0233